ullstein

Rund drei Millionen Menschen sind in Deutschland alkohol-krank. Experten schätzen, dass in jedem Fall mindesten drei nächste Verwandte damit unmittelbar konfrontiert sind. Das be-deutet: Fast zehn Millionen Menschen sind co-abhängig. Die Be-troffenen leben in allen Schichten unserer Gesellschaft, eines aber haben sie gemeinsam: ihre Scham, ihre Verzweiflung – und das Schweigen über ihr Schicksal.

Cornelia Hoppe hat den Mut, dieses Schweigen zu brechen. Ehr-lich und schonungslos erzählt sie die Geschichte ihres Lebens.

Sie beschreibt, wie sie sich aus ihrer Co-Abhängigkeit befreien konnte und warum es wichtig und richtig ist, sich zu öffnen und Hilfe zu suchen. Ihre wichtigste Botschaft ist: Wenn Du das Ge-fühl hast, dass etwas nicht in Ordnung ist, hör auf dein Herz.

CORNELIA HOPPE, geboren 1968, wuchs in Hamburg-St.Pauli in einer Alkoholikerfamilie auf. Sie ist zweifache Mutter und lebt heute ein freies, selbstbestimmtes Leben.

WIGBERT LÖER, geboren 1972, Journalist, ist Autor verschiede-ner Sachbücher und Biografien.

Cornelia Hoppe
Wigbert Löer

SÄUFER KIND

Mein Leben als Co-Abhängige und wie ich trotzdem
glücklich wurde

Ullstein

Besuchen Sie uns im Internet:
www.ullstein.de

Wir verpflichten uns zu Nachhaltigkeit
• Papiere aus nachhaltiger Waldwirtschaft
und anderen kontrollierten Quellen
• ullstein.de/nachhaltigkeit

MIX
Papier
FSC FSC® C021394

Zum Schutz der Persönlichkeitsrechte wurden
Namen, Orte und weitere Details verfremdet.

Originalausgabe im Ullstein Taschenbuch
1. Auflage Oktober 2024
© Ullstein Buchverlage GmbH, Berlin 2024
Wir behalten uns die Nutzung unserer Inhalte für Text und Data
Mining im Sinne von § 44b UrhG ausdrücklich vor.
Umschlaggestaltung: Jorge Schmidt, München
Titelabbildung: privat
Gesetzt aus der Quadraat by *pepyrus*
Druck und Bindearbeiten: ScandBook, Litauen
ISBN 978-3-548-06995-1

Meinen Töchtern

Inhalt

Prolog

Sonnenstrahlen fielen durch die Fenster, als Emma und ich den großen Esstisch deckten. Wir machten Rührei, holten Marmelade, Käse und Aufschnitt aus dem Kühlschrank. Emma faltete liebevoll die Servietten. Der Kaffee war fertig, und die frischen Brötchen dufteten.

Am Abend vorher war es spät geworden bei meinem Mann. Andreas hatte lange und ausgiebig getrunken.

Egal. Dieser Tag sollte mit einem gemütlichen Frühstück beginnen. Nur Paula fehlte. Unsere ältere Tochter, zwölf und damit drei Jahre älter als Emma, hatte bei einer Freundin übernachtet.

Als Andreas erschien und sich zu uns setzte, merkte ich ihm sofort eine gewisse Unruhe an. Das Gespräch kam auf Familien aus der Nachbarschaft. Andreas wollte von Emma wissen, ob sie einen Überblick hatte, wer wo wohnte. Es war ein kleiner Test, harmlos eigentlich und im Grunde unwichtig. Doch ich merkte, dass die Fragerei Emma Unbehagen bereitete.

»Komm, ist doch nicht so schwer, zähl einfach auf«, versuchte Andreas, sie zu ermuntern. Emma biss in ihr Brötchen. Dann nannte sie eine Familie, verstummte aber gleich wieder. Vielleicht wollte sie nicht weitermachen, vielleicht bekam sie es aber auch einfach nicht hin. Andreas setzte nach.

»Das glaube ich nicht, dass du das nicht weißt«, sagte er. »Du siehst die Leute doch andauernd, du kennst die. Los jetzt, das kannst du!«

Ich spürte Emmas Unsicherheit, die eindeutig die Folge der Erwartungen ihres Vaters war. Vorher hatte sie entspannt gewirkt und gut gelaunt, genauso wie ich. Jetzt warf sie mir einen ängstlichen Blick zu.

Das war mir nun zu viel Bedrängnis für unsere Kleine. Das ist ein Sonntagsfrühstück und keine Schulstunde, dachte ich. Gleichzeitig befürchtete ich, dass Andreas sich weiter hochschaukeln könnte.

»Können wir das jetzt mal bitte sein lassen?«, sagte ich mit einem gewissen Nachdruck – und merkte im selben Moment, dass ich mir damit zu viel herausgenommen hatte. Andreas' Wut kam so schnell, wie eine Lampe angeht. Sein Gesicht färbte sich hochrot, das sichere Zeichen, dass er innerlich kochte.

»Waaas?«, schrie er mich an. »Das hast du doch überhaupt nicht zu entscheiden! Wenn ich hier 'ne Frage stellen will, dann stelle ich die auch. Du fällst mir schon wieder in den Rücken. Ich will das von ihr wissen, und natürlich bekomme ich jetzt eine Antwort.«

Er schrie weiter, irgendetwas, und ich sah, wie er eine geöffnete Packung Margarine in die rechte Hand nahm, aufstand, ausholte und sie mit voller Kraft gegen die Wand warf. Ein Teil des Inhalts blieb dort kleben, die Packung selbst fiel auf ein Sideboard, das direkt darunter stand. Emma weinte sofort.

Andreas verließ schreiend das Esszimmer, die Tür knallte er hinter sich zu. Dann rannte auch Emma raus und lief in ihr Zimmer. Ich folgte ihr, fand sie auf ihrem Bett und setzte mich zu ihr. Wir weinten beide eine Weile, und nur langsam ließ sie sich von mir trösten. »Und ich hatte mich doch so auf mein Leberwurstbrötchen gefreut«, sagte sie schließlich zu mir.

Andreas war für den Rest des Tages nicht ansprechbar. Er ignorierte mich, als wäre nicht er, sondern ich ausgerastet.

»Warum ist Papa immer so?«, fragte mich Emma später. Weil Alkoholiker eben so sind, hätte ich ihr antworten können. Stattdessen versuchte ich, das zerstörte Frühstück vor meiner Tochter herunterzuspielen.

An diesem Sonntag, im Frühjahr 2011, entschied ich, dass ich genau das nicht mehr tun wollte und auch nicht mehr tun würde. Ich würde nichts mehr kleinreden, nicht vor den Kindern und vor allem nicht vor mir selbst. Ich wollte solch eine Situation nie wieder erleben. Dafür musste ich etwas Grundlegendes ändern.

Meine Töchter wuchsen als Co-Abhängige auf. Sie hatten damit – wenn auch nicht so heftig und unter materiell völlig anderen Umständen – dasselbe Schicksal wie ich. Bei mir zu Hause tranken früher beide Eltern, als ich geboren wurde und wir auf St. Pauli in einer Nebenstraße der Reeperbahn wohnten. Nun mussten meine eigenen Töchter erleben, dass der hohe Alkoholkonsum das Leben ihrer Familie prägte und immer mehr belastete. Das hatte ich auf keinen Fall gewollt. Und doch war es genauso gekommen.

Es geht vielen Menschen so, Kindern und Erwachsenen: Als Bezugspersonen sind sie unmittelbar konfrontiert mit der Alkoholsucht ihres Vaters, ihrer Mutter oder ihres Partners, sind den extremen Stimmungsschwankungen ausgeliefert und der Unberechenbarkeit, die das Trinken hervorruft. Sie fühlen mit, leiden mit, spüren eine Mitverantwortung, und ihre Co-Abhängigkeit bestimmt oft auch ihr Handeln. Experten schätzen die Zahl alkoholsüchtiger Menschen in Deutschland auf rund drei Millionen. Auf einen Süchtigen kommen im Schnitt drei Co-Abhängige. Ich war also nicht allein und meine beiden Mädchen auch nicht. Die Co-Abhängigen bilden eine riesige Gruppe. Aber das ist kein Trost. Und erst recht kein Grund, sich weiterhin alles gefallen zu lassen.

Das Leben armer Leute

Mein Vater · Meine Mutter · Der Weg nach St. Pauli
Mein erster Job · Kneipenkind · Joachim

Ich war noch nicht geboren, als meine Eltern Mitte der Sechzigerjahre mit ihren beiden Söhnen auf den Hamburger Berg zogen. Diese Straße mündet auf die Reeperbahn, parallel verlaufen die Talstraße und die Große Freiheit. »Kiez« nennt man in Hamburg diese Gegend des Stadtteils St. Pauli. Es waren vor allem Bordelle und heruntergekommene Kneipen, die den Kiez ausmachten, dazwischen Tanzlokale, Theater und Pornokinos. Und, gleich gegenüber von unserer Wohnung, ein Sadomasoklub. Heute werden auf dem Hamburger Berg TV-Dokus gedreht, in den Kneipen Elbschlosskeller und Zum Goldenen Handschuh. Die Straße ist das Ziel von Touristen und Partygängern. Wer damals dort im Herzen des Rotlichtviertels wohnte, konfrontiert mit Drogen, Kriminalität und Prostitution, war vor allem eines: arm.

Unser Zuhause, der Hamburger Berg, bildete von außen gesehen einen Block aus massiven Steinen. Das Innere unseres Hauses ist heute zusätzlich durch ein Metallgitter mit Extratür geschützt. Damals aber konnte jeder die paar Stufen hinauf zur Haustür gehen, die am Anfang unserer Zeit aus dünnem Holz bestand. Über weitere Stufen erreichte man das Hochparterre. Viel Platz war dort nicht für meinen Kinderwagen, doch das Gefährt über die steile Stiege sechsundsiebzig Stufen hinauf bis in die vierte Etage zu wuchten kam nicht infrage. Der Wagen blieb deshalb unten stehen. Leider diente er dort mitunter als Mülleimer und einmal einem Menschen, der sich Zugang verschafft hatte, sogar als Pissoir. Ich habe das nicht bewusst erlebt, doch mein Bruder Thomas erinnert sich noch daran. So was, sagt er, hatte man eben hinzunehmen, wenn man mitten auf St. Pauli wohnte. Als Elfjähriger mag er darüber damals nicht allzu sehr nachgedacht haben. Für meine Mutter muss es eine schreckliche Erfahrung gewesen sein, den Kinderwagen ihrer Tochter volluriniert vorzufinden. Sie wird Ohnmacht empfunden haben und zugleich vermutlich Wut, solchen Ereignissen ausgeliefert zu sein.

Unsere Wohnung hatte vier Zimmer. Nach hinten raus, zum Hof, hörte man Kneipenlärm und Musik. Das Wohnzimmer und ein damit verbundener Raum, den wir kaum nutzten, gingen nach vorne zur Straße hin. Von dort konnte man manchmal beobachten, wie mit viel Geschrei Freier aus dem Bordell auf der anderen Straßenseite gejagt wurden. Sie waren halb nackt und hatten sich wohl irgendetwas zuschulden kommen lassen. Jedenfalls machte der Rausschmeißer des Etablissements kurzen Prozess mit ihnen.

Die Wohnung war in keinem guten Zustand gewesen, als meine Eltern einzogen, und daran sollte sich in den nächsten Jahren auch nichts ändern. An den Innenseiten der Fenster, die nur einfach verglast waren, wuchsen im Winter Eisblumen. Eine Heizung gab es nicht, ein Kohleofen wiederum stand nur im Wohnzimmer. Ich habe die Zeit am Hamburger Berg als kalt und klamm in Erinnerung. An den Wänden der Schlafzimmer blühte der Schimmel.

Meine Brüder Thomas und Joachim, die zehn und dreizehn Jahre älter als ich waren, belegten ein Zimmer, mein kleines Bett stand im Schlafzimmer meiner Eltern. Später bekam ich tagsüber eine Ecke in dem Durchgangszimmer. Da befand sich in einem Koffer der alte Plattenspieler meiner Brüder. Ich habe dort Kinderschallplatten mit Märchen gehört, Rotkäppchen und Hänsel und Gretel. Geschlafen habe ich auch nach meiner Babyzeit im Zimmer meiner Eltern.

Die Küche hatte keinen Tisch. Im Wohnzimmer stand auch kein Esstisch, aber immerhin ein großer Couchtisch. Den hätte man höherkurbeln können, um als Familie gemeinsam daran zu essen. Doch dazu ist es nie gekommen. Dafür hätten wir nämlich Stühle gebraucht. Wir hockten uns stattdessen mit unseren Tellern auf das alte Sofa.

Die Einrichtung unserer Wohnung bestand aus Möbeln, die eher aus dritter als aus zweiter Hand stammten. Manches wirkte wie vom Sperrmüll. Am Ehebett war ein Bein abgebrochen. Damit es nicht umkippte, hatte mein Vater an der Stelle zwei Konservendosen untergeschoben.

Immerhin hatten wir eine eigene Toilette. Sie befand sich in einem Raum von der Größe eines Gäste-WCs – unser Badezimmer. Eine Dusche oder gar Badewanne gab es nicht. Später baute mein Vater in der Küche eine Duschwanne ein. Leider reichte der Wasserdruck nicht aus, um den Durchlauferhitzer zu befüllen. Obwohl mein Vater Klempnermeister war, bekam er es nicht hin, dass die Sache funktionierte. So stand die Wanne jahrelang ungenutzt in der Küche herum. Meine Eltern stellten keine großen Ansprüche an die Einrichtung ihres Zuhauses.

Mit der Hygiene verhielt es sich ähnlich. Sie begnügten sich in der Regel mit einer Katzenwäsche am kleinen Waschbecken des WCs. Uns Kinder schickten sie später ab und zu mal zum Waschen ins St.-Pauli-Bad, das auf der Reeperbahn neben einem der Theater am Spielbudenplatz lag. Die Schwimmhalle am Bahnhof Altona stand damals auch noch, das Bismarck-Bad. Dort konnte man für ein paar Münzen duschen. Manchmal badeten wir auch bei unseren Großeltern Berthold und Martha. Fotos in einem Album, das meine Großmutter für mich angelegt hat, vermitteln einen Eindruck davon, wie unsere Wohnung am Hamburger Berg eingerichtet war. Mein Stubenwagen ist im Wohnzimmer vor einem alten, verkratzten Holzschrank abgestellt, in einem ansonsten leeren Fach liegt eine Dose Babypuder. Gewickelt wurde ich auf dem Couchtisch oder auf der Couch selbst. Ein Telefon immerhin gab es, einen Fernseher auch.

Wenn ich heute an unsere Wohnung auf dem Hamburger Berg denke, steigt mir noch der Geruch von kaltem Rauch in die Nase. Meine Eltern waren klassische Kettenraucher. Gelüftet haben sie in der kälteren Jahreszeit selten, wohl auch aus dem Grund, dass die Wohnung mit dem einen Ofen ohnehin kaum warm zu bekommen war. Wir wuschen uns also wenig und lebten in stark verrauchter Luft. Entsprechend werden wir gerochen haben.

Mein Vater

Meine Eltern Karl Hoppe und Gisela Timmermann hatten 1954 in der Hamburger Kreuzkirche geheiratet. Mein Vater trug zur Hochzeit einen Zweireiher, ein weißes Hemd und eine weiße Krawatte, meine Mutter ein langes weißes trägerloses Kleid. Ich habe ein paar Fotos, die meine Mutter als junge Erwachsene zeigen. Sie sieht hübsch darauf aus. Am Tag ihrer Hochzeit gaben meine Eltern ein schönes und glücklich wirkendes Paar ab.

Ihr Trauspruch entstammt dem Brief des Apostels Paulus an die Galater: »Einer trage des anderen Last, so werdet ihr das Gesetz Christi erfüllen.« Ob meine Eltern den Bibelvers damals selbst ausgesucht haben, weiß ich nicht. Lasten brachten sie jedenfalls beide in die Ehe ein.

Mein Vater wurde als der Ältere zweier Söhne 1919 in eine Händlerfamilie geboren, die in Hamburg am Rande des heutigen Schanzenviertels lebte. Meine Großeltern Heinrich und Alice führten dort einen Laden, in dem sie Kolonialwaren anboten, Tabak, Kaffee und Zucker etwa, Tee, Reis und Gewürze. 1930, als aus dem Börsencrash in New York eine weltweite Wirtschaftskrise geworden war, entschieden sich meine Großeltern, noch einmal neu anzufangen. Sie wanderten mit ihren beiden Kindern nach Südamerika aus. Mit der Cap Polonia erreichten sie gemeinsam mit Karl und dem jüngeren Sohn Rolf Argentinien. In der Hauptstadt Buenos Aires konnten sie bald einen Laden eröffnen. Mein Vater und mein Onkel gingen dort zur Schule. Doch dann, nach einem Jahr, geschah etwas Unfassbares: Meine Großeltern schickten ihre Kinder nach Deutschland zurück. Karl und Rolf waren inzwischen zwölf und zehn Jahre alt. Einen Grund für diese Trennung, die für sie aus dem Nichts heraus kam, nannten die Eltern ihnen nicht.

Die Brüder wurden auf ein Dampfschiff gebracht und überquerten in einer sechswöchigen Fahrt den Atlantik. Mein Vater hat das später oft erwähnt. »Stell dir das mal vor, man hat uns ganz allein zurückgeschickt«, sagte er und wirkte jedes Mal berührt. Die Zeiten waren andere, doch dass Eltern sich ihrer Kinder entledigten und sie zudem noch über Wochen in die, wie er sagte, »Hände fremder Menschen gaben«, empfand er auch als Kind schon als falsch und verantwortungslos.

Mein Vater und sein kleiner Bruder zogen dann zu ihrer Großmutter. Als mein Vater die Volksschule beendet hatte, waren in Deutschland die Nationalsozialisten an der Macht. Er begann eine Lehre bei einem Handwerksbetrieb im Stadtteil Eimsbüttel, die er 1938 als Klempner und Installateur abschloss. Sein Chef übernahm ihn als Gesellen. Der NSDAP trat Karl nicht bei. Er war unpolitisch.

Währenddessen spitzte sich die Situation in Buenos Aires zu. Mein Großvater war spielsüchtig, trank und brachte das Geld, das der Laden abwarf, komplett durch. Wohl noch in den Dreißigerjahren ist er gestorben. Meine Großmutter

Alice verliebte sich dann in Pablo, einen Argentinier, der recht gut situiert war. Die beiden heirateten.

Als Deutschland die Welt mit Krieg überzog, wurden mein Vater und sein Bruder einberufen. Die Wehrmacht schickte den Soldaten Karl Hoppe zuerst nach Frankreich und dann nach Russland. Seine Truppe stieß weit nach Osten vor, bis nach Stalingrad. Der Panzergrenadier Hoppe machte einen großen Teil des Feldzugs mit. An Heiligabend 1942 würdigte man seine Teilnahme mit dem Panzerkampfabzeichen in Silber. Ein knappes Jahr später wurde er verwundet. Sein Bruder Rolf befand sich währenddessen als Teil einer Fliegerstaffel auf dem Afrika-Feldzug. Der Einsatz der Wehrmacht in Nordafrika gilt heute als weniger gefährlich als der Russlandfeldzug. Doch auch er forderte viele Todesopfer. Ende 1942 wurde der Unteroffizier Rolf Hoppe in einem Flugzeug der deutschen Luftwaffe gemeinsam mit einem anderen Soldaten abgeschossen. Sein Hauptmann und Kapitän schrieb nach Deutschland, der Verstorbene habe »sein Leben für die Größe und den Bestand von Volk, Führer und Reich hingegeben«. Mein Vater erhielt noch ein Papier mit einer Liste der Gegenstände, die sein Bruder in Afrika mit sich geführt hatte, darunter das Buch »Reichsbauernstadt Goslar«, einen Packen Briefumschläge und zwei Pfeifen. Was Rolf ansonsten gehört hatte, Kleidungsstücke, Bücher und persönliche Dokumente, befand sich zum Zeitpunkt seines Todes in der Wohnung in Hamburg. Die brannte ein halbes Jahr später aus, nachdem Bomber der Alliierten auch das Haus getroffen hatten, in dem Rolf und Karl zuletzt gewohnt hatten.

Der Krieg hat meinem Vater seinen Bruder genommen, dem er aufgrund ihrer gemeinsamen Jugend ohne Eltern besonders nahestand. Er hat den Krieg als Soldat auch selbst in seiner ganzen Grausamkeit und Unmenschlichkeit erfahren. Einmal, erzählte er, sei er mit seinem Panzer versehentlich über tote Soldaten gerollt. Er habe dann anhalten und erst einmal Menschenteile aus den Ketten des Panzers zerren müssen. Seine Erinnerungen lassen mich auch als Erwachsene noch erschaudern. Bei Kriegsende war mein Vater fünfundzwanzig Jahre alt. Ich frage mich, wie tief die psychischen Wunden gewesen sind, die mein Vater aus dieser Zeit davongetragen hat. Er muss mit schweren Traumata aus Russland zurückgekehrt sein.

Nach dem Krieg ging es jedoch erst einmal voran für ihn. Er arbeitete als Klempner und Dachdecker in der Nähe von Münster, kehrte nach Hamburg zurück, arbeitete wieder bei seinem Lehrbetrieb. Der Klempnergeselle legte bald auch seine Meisterprüfung ab. Und im Frühjahr 1947 meldete mein Vater ein Gewerbe an. Es war ein zügiger beruflicher Neustart, und er gelang. Seine kleine Firma erhielt Aufträge, und als Chef vernetzte sich mein Vater, trat der FDP und einem Tennisklub bei und verkehrte im Logenhaus der Freimaurer am Bahnhof Dammtor. Auch privat tat sich etwas. Karl Hoppe heiratete, und zwar die Tochter seines vormaligen Arbeitgebers. Ende der Vierziger-, Anfang der Fünfzigerjahre kamen die beiden Töchter Helga und Monika zur Welt.

Das alles mag wie der Anfang einer klassischen Wirtschaftswundergeschichte anmuten. Doch das Leben meines

Vaters entwickelte sich bald in eine andere Richtung. Er betrog seine Frau, die Affäre kam heraus und führte zur Scheidung. Mit seinen kleinen Töchtern, meinen späteren Halbschwestern, hatte mein Vater fortan kaum mehr Kontakt. Seine Ex-Frau heiratete erneut, und ihr zweiter Ehemann adoptierte die Mädchen.

Meinem Vater blieb nur seine kleine Klempnerfirma.

Hamburg befand sich noch im Wiederaufbau, und fast überall in der Stadt wurden Klempner gesucht. Mein Vater aber war nicht in der Lage, den Bauboom zu nutzen. Während das Wirtschaftswunder begann, steuerte er seine Firma in die Pleite. Damit hatte er auch die paar befreundeten Gesellen um sich herum verloren, mit denen er nach Feierabend oft in die Kneipe gegangen war.

Mein Vater stand nun allein da, ohne Freunde und ohne Familie. Seine Mutter Alice schickte aus Argentinien hin und wieder Fotos von sich und ihrem neuen Mann Pablo. Doch sie spielte im Leben ihres Sohnes keine Rolle mehr.

Meine Mutter

Dieser Karl Hoppe, Anfang dreißig, traf nun im Hamburger Stadtteil Ottensen auf die einundzwanzigjährige Gisela Timmermann. Die beiden lernten sich in einem Rotklinkerbau kennen, in dem Karl als angestellter Klempner arbeitete. Die Wohnungsbaugenossenschaft Pädagogischer Verein schuf hier Unterkünfte für Lehrer. Giselas Eltern Berthold und Martha Timmermann waren gerade frisch in einen der vierstöckigen Blöcke eingezogen. Anders als mein Vater ist meine Mutter im Bildungsbürgertum und in materieller Sicherheit aufgewachsen.

Geboren wurde sie im Juli 1931 in Berlin-Neukölln. Ihre leibliche Mutter hatte als Haushaltshilfe bei verschiedenen wohlhabenden Familien gearbeitet. Wer ihr Vater war, hat meine Mutter nie erfahren. Gleich nach ihrer Geburt nämlich war ihre Mutter am Kindbettfieber gestorben.

Meine Mutter kam als Säugling in ein Berliner Waisenhaus. Dann lebte sie kurze Zeit in einer Pflegefamilie, in der sie offenbar geschlagen wurde. Meine Mutter hatte später noch Angst vor Gehstöcken, die Männer in jener Zeit gern als Accessoire trugen. Nach einigen Monaten gaben die Pflegeeltern sie zurück ins Waisenhaus, und als sie ein knappes Jahr alt war, erschien dort ein Hamburger Lehrerehepaar, deren Kinderwunsch sich nicht erfüllt hatte. Die beiden adoptierten das elternlose Mädchen und nahmen es mit nach Hamburg.

Dort wuchs meine Mutter als Einzelkind und dennoch in einer großen Familie auf. Beide Eltern hatten mehrere Geschwister. Meine Großmutter Martha führte ein Fotoalbum für ihre Tochter. Dort klebte sie Fotos von den Ausflügen und kleinen Reisen der Familie ein. Die drei wanderten durch den Harz, fuhren an die Ostsee und besuchten das Hermannsdenkmal im Teutoburger Wald. An den Wochenenden kamen Onkel und Tanten, Cousins und Cousinen, man saß zusammen am weiß gedeckten Gartentisch. Im Hof der Genossenschaftshäuser stellten die Eltern ein Kasperletheater auf. Weihnachten feierte man als großes Familienfest. Den Weihnachtsbaum schmückten alle zusammen, darunter fanden die Kinder dann zahlreiche Geschenke. Meine Mutter konnte sich einmal über eine Spielküche freuen, ein anderes Mal über einen Puppenwagen.

Wenn mein Großvater Berthold zu Hause im Sessel seine Zigarre rauchte, trug er Anzug und Krawatte. Seine Frau schlüpfte im Haushalt in einen Kittel, trug darunter aber ein Kleid. Zu meinen Großeltern kam eine Haushälterin, Kisten mit Mineralwasser und Limonade ließen sie liefern. Auch Geburtstage wurden im großen Kreis gefeiert. Dann brachte der Metzger vom Othmarscher Kirchenweg kalte Platten mit Bratenscheiben, Kartoffeln und Gemüse.

Ein Foto zeigt meine Mutter als kleines Mädchen, das an der Ostsee auf einen Strandkorb geklettert ist. Neben ihr, an der Ecke des Korbs, weht eine Hakenkreuzfahne. Ihre Eltern waren Mitläufer. Während des Krieges verbrachten sie mit ihren Schülern und ihrer Tochter etliche Wochen im Erzgebirge und im Allgäu. »Erweiterte Kinderlandverschickung« nannten die Nationalsozialisten das. Der Nachwuchs sollte wegen der Bombengefahr raus aus den Städten. Die Wehrmacht hat meinen Großvater wohl deswegen nicht eingezogen.

Der Krieg ging zu Ende, und aus dem süßen Kind, das gerade noch auf Skiern gestanden und ein verletztes Rehkitz auf dem Arm gehalten hatte, wurde ein Teenager. Und der Teenager rebellierte. Meine Großmutter wusste sich manchmal nur noch zu helfen, indem sie meine Mutter in eine dunkle Kammer sperrte. Auf ihre Bildungschancen pfiff die durchaus nicht schwache Schülerin und verließ das Mädchengymnasium weit vor dem Abitur. Auf der Höheren Handelsschule schaffte sie dann doch noch einen Abschluss.

Ihre ungeklärte Herkunft nagte an meiner Mutter. Es war nicht so, dass meine Großeltern ihr von ihrer wahren Herkunft berichtet hätten. Darüber klärte man adoptierte Kinder damals in der Regel nicht auf. Doch meine Mutter hatte trotzdem davon erfahren, ausgerechnet während ihrer Pubertät. Ein Junge aus dem Block schmetterte ihr bei einem Streit entgegen, dass sie ja gar keine richtigen Eltern habe. Er hatte das wohl zu Hause aufgeschnappt. Der Junge wird nicht geahnt haben, was er meiner Mutter mit dieser Nachricht, die sich dann zügig verbreitete, antat. Sie fühlte sich fortan schlichtweg minderwertig. Noch Jahrzehnte später empfand sie es als Makel, dass sie ihre leiblichen Eltern nicht kannte und fast nichts von ihnen wusste. »Ich weiß nicht, aus was für einem Stall ich komme«, sagte sie oft. Einmal, da war sie noch nicht achtzehn, versuchte meine Mutter, mit einem Jungen durchzubrennen, nach Berlin wollten die beiden, in die Stadt, in der sie geboren wurde. Das Unterfangen scheiterte allerdings schon kurz hinter der Hamburger Stadtgrenze.

Nach der Handelsschule begann sie eine Banklehre, die sie mit Mühe zu Ende brachte. Danach fing sie als Schreibkraft in einem Büro an. Meine Mutter verliebte sich dort in Horst, einen Arbeitskollegen. Er war ihre erste richtige, vielleicht sogar ihre einzige große Liebe. Doch dieser Mann wollte in die USA auswandern. Das zu tun war ihm letztlich wichtiger als meine Mutter. Die überlegte deshalb ernsthaft, ihn zu begleiten. Sie sprach mit meinen Großeltern, versuchte sie zu überzeugen, doch die lehnten das strikt ab. Letztlich fehlte meiner Mutter wohl der Mut, mit ihm durchzubrennen. Man habe sie nicht mitgehen lassen, hat sie mir später erzählt.

Mein Vater war danach wohl der erste Mann, für den meine Mutter sich wirklich interessierte, auch wenn er ein Pleitier war, frisch geschieden und zweifacher Vater. Und er war ein gutes Jahrzehnt älter als sie. All das störte meine Mutter nicht. Ihrem Kollegen Horst hatte sie nicht folgen dürfen. Den Klempner Karl würde sie sich jetzt nicht auch noch verbieten lassen.

Die beiden gingen miteinander aus, und mein Vater ließ keinen Zweifel daran, dass er mehr als das wollte. Meiner Mutter gefiel an ihrem Verehrer wohl auch, dass es ihr mit seiner Hilfe gelingen würde, endlich bei ihren Eltern auszuziehen. Deren gutbürgerliches Idyll wollte sie schon aus Prinzip verlassen.

Der Weg nach St. Pauli

Nach der Hochzeit erwies es sich für meine Eltern als schwierig, eine ordentliche Unterkunft zu finden. Sie kamen dann auf der östlichen Seite der Alster unter, in Villen, die im Krieg halb zerstört worden waren. Im Grunde waren es Unterschlupfe in Ruinen. Die einst so stattlichen Häuser boten zwar Platz, aber keinerlei Komfort; sie waren noch nicht einmal abzuschließen. Mitunter pfiff bitterkalte Zugluft durch die Löcher in den Mauern. Meine Mutter kannte es anders, war jedoch froh, nicht mehr mit ihren Eltern unter einem Dach zu leben, und beschwerte sich deshalb nicht.

Im März 1955 brachte meine Mutter ihr erstes Kind zur Welt, meinen älteren Bruder Joachim. Im Dezember 1958 kam dann der zweite, Thomas. Meinen dritten großen Bruder habe ich nicht kennengelernt. Er wurde 1964 mit einem Herzfehler geboren und starb bereits nach vier Tagen.

Mein Vater eröffnete erneut eine Klempnerfirma. Genug zu tun gab es ja weiterhin. Meine Mutter würde ihm helfen, das war die Idee. Sie kannte sich mit Büroarbeit aus, hatte bei einer Bank gearbeitet und war aus Sicht meines Vaters eine optimale Besetzung für die Buchhaltung. Und die übernahm sie dann auch.

Mit meinen Brüdern zog die Familie in den Stadtteil Alsterdorf im Norden Hamburgs, in eine Dachgeschosswohnung, die direkt an einer Zugstrecke lag. Die Wohnung besaß eine Heizung. Die Tapete im Kinderzimmer der Jungen war mit Micky-Maus-Figuren bedruckt. Hier hatten sie es weitaus wohnlicher als in den halb zerstörten Stadtvillen.

Die zweite Selbstständigkeit meines Vaters entwickelte sich ebenfalls nicht wie erhofft. Erneut bekam er sein kleines Unternehmen nicht auf gesunde Füße gestellt und verfiel in alte Muster. Nach Feierabend ging er trinken, anstatt sich um neue Aufträge zu kümmern. Meine Mutter saß viel zu Hause. So hatte sie sich das nicht vorgestellt. Ihr Leben bestand jetzt vor allem aus Frust und Überforderung mit den Kindern. Womöglich kam auch das Gefühl hinzu, dass das Leben keine schöne Perspektive für sie bereithielt. Es wird in dieser Zeit gewesen sein, Anfang der Sechzigerjahre, dass auch meine Mutter anfing, regelmäßig Alkohol zu trinken.

Im Geschäft steuerte mein Vater unterdessen auf seine zweite Pleite zu. Er zog nicht genügend neue Aufträge an Land, und meine Mutter hatte die Buchhaltung offenbar auch nicht im Griff. Laufende Rechnungen konnten nicht bezahlt werden, das Geschäftskonto rutschte ins Minus. Die Schulden wuchsen. Irgendwann ging es nicht mehr. Der Gerichtsvollzieher erschien und forderte meinen Vater auf, einen Offenbarungseid zu leisten. Das bedeutete, dass mein Vater seine Finanzen offenlegen musste. Doch das wollte er nicht. Der Staat würde nicht nachgeben, das war ihm klar. Trotzdem weigerte er sich und begab sich lieber in Beugehaft. Natürlich wusste mein Vater, dass seine Schulden nicht verschwinden würden, wenn er ins Gefängnis ging. Aus falschem Stolz wählte er dennoch diesen Weg. Er ließ sich einsperren – und meine Mutter mit meinen beiden Brüdern und ohne irgendwelche Einkünfte allein.

Die Dachgeschosswohnung in Alsterdorf war so nicht mehr zu halten. Allerdings fand sich so leicht nichts Neues. Viele Vermieter wollten auch damals schon eine Verdienstbescheinigung sehen. Wohnungen mit solchen Besitzern kamen für meine Mutter nicht infrage.

Ihr neuer Stadtteil, Hamburg-Ottensen, steht heute in jedem Hamburg-Reiseführer, beschrieben als hippes, quirliges Quartier mit kleinen Straßen, Läden und Bars. Damals war die Gegend hinterm Bahnhof Altona alles andere als das, Fabriken und graue Fassaden prägten das Viertel. Die Wohnung, die Gisela Hoppe in Ottensen mit ihren beiden

Jungs bezog, lag im ersten Stock eines Hinterhofhauses. Sie war über eine knarzige Treppe zu erreichen, bestand lediglich aus einem großen Zimmer und hatte keine Heizung. Mein Bruder Thomas hat die Unterkunft als schäbige Bleibe in Erinnerung. Die Toilette lag im Hausflur und wurde auch von den Nachbarn benutzt.

Mein älterer Bruder Joachim besuchte nach dem Umzug eine Schule irgendwo auf St. Pauli. In seine Klasse ging auch Jan Fedder, der später als Schauspieler über Hamburg hinaus bekannt wurde. Thomas wiederum kam auf eine Grundschule im Viertel. Am ersten Tag, er kannte den Schulweg noch nicht, wartete er nach Schulschluss lange auf meine Mutter. Doch die erschien nicht. Zum Glück hatte Thomas sich die Adresse gemerkt, so brachte eine andere Mutter ihn nach Hause. Dort trafen die beiden auf meine Mutter. Sie hatte vergessen, Thomas abzuholen.

Wie lange mein Vater in Haft bleiben würde, wusste meine Mutter nicht. Fürs Erste war er jedenfalls nicht da. Sie lernte in dieser Zeit schnell einige Leute aus dem Haus kennen. Mit einer Kneipenbekanntschaft begann sie dann ein Verhältnis. Thomas und Joachim haben ihn mehrfach bei meiner Mutter im Ehebett gesehen.

Als mein Vater nach sechs Monaten aus der Haft kam, erwies sich die Einzimmerwohnung in dem Hinterhaus in Ottensen schnell als zu klein für vier Personen. Die Vorstrafe meines Vaters und die prekäre finanzielle Lage führten nun dazu, dass die Familie 1966 dorthin zog, wo man auch unter diesen schwierigen Umständen noch eine Bleibe fand: nach St. Pauli.

Mein erster Job

Mein Vater suchte sich jetzt Arbeit bei anderen Klempnereien. An Fachwissen fehlte es ihm ja nicht. Er beaufsichtigte Baustellen und konnte auch Angebote schreiben. Meine Mutter wurde bald nach dem Umzug wieder schwanger. Ich weiß nicht, ob sie in der Schwangerschaft auf Alkohol verzichten konnte – im Sommer 1968 bin ich jedenfalls gesund zur Welt gekommen. Geplant war ich nicht, das hat meine Mutter mir später oft zu verstehen gegeben. Mein Vater und sie waren schlicht damit überfordert, an Verhütung zu denken. Anfang der Siebzigerjahre – Frauen konnten sich inzwischen die Antibabypille verschreiben lassen – wurde meine Mutter deshalb nochmals schwanger. Thomas erinnert sich, wie sie mal mit blutverschmierten Beinen aus der nahe gelegenen Hein-Hoyer-Straße zurück in die Wohnung kam. »Engelmacher« nannte man die Personen, die Schwangerschaften abbrachen, illegal und meistens unter fürchterlichen hygienischen und medizinischen Bedingungen.

Meine Mutter arbeitete mittlerweile als Bürokraft bei der Berufsgenossenschaft der Bauwirtschaft. Die BG Bau hatte ihren Sitz in der Hamburger Neustadt, hinter den Wallanlagen und dem Park Planten un Blomen. Fast nebenan ging mein Bruder Thomas in die Schule Jan-Valkenburg-Straße. In die Volksschule Seilerstraße hätte er es von unserer Wohnung aus nicht so weit gehabt, sie lag gleich um die Ecke. Doch unsere Eltern wollten für ihn offenbar eine sozial bessergestellte Schülerschaft als die St.-Pauli-Kinder.

Für mich fand sich ein Kindergarten, der ebenfalls

gleich neben der Arbeitsstelle meiner Mutter lag und der in seiner Krippe auch Babys aufnahm. Der frühere Name der Einrichtung steht bis heute auf dem rot verklinkerten Gebäude am Holstenwall: »Kinderbewahranstalt von 1852«. Als ich zwei oder drei Monate alt war, nahm meine Mutter mich morgens erstmals mit zum Bus und gab mich in der Krippe zum Frühstück ab. Am Spätnachmittag holte sie mich wieder ab.

In meinem Badezimmer hängt heute ein Werbeplakat aus jener Zeit. Es zeigt eine junge hübsche Frau mit dunkler Schleife im Haar, die ein Baby an ihre Brust drückt und ihm zärtlich den Kopf küsst. »Nivea babyfein. Sicherheit für Mutter und Kind«, steht auf dem Plakat. Die Frau ist nicht meine Mutter. Aber das Baby bin ich. Es ist das älteste Foto, das ich von mir habe.

Fotomodell wurde ich mit ein paar Lebensmonaten, weil Mitarbeiter einer Werbeagentur in den Kindergarten gekommen waren. Sie suchten ein Babygesicht für ein Fotoshooting im Auftrag des Pharmaunternehmens Beiersdorf. Ihre Wahl fiel auf mich. Ein paar Tage später trug mich meine Mutter die vier steilen Treppen bis ins Erdgeschoss herunter, legte mich in den Kinderwagen und schob mich über die Reeperbahn zur Bushaltestelle am Hans-Albers-Platz. Das Ziel war das Shooting, irgendwo nördlich von Hamburg. Ihr jüngster Sohn kam mit.

Thomas hat mir später zum meinem fünfzigsten Geburtstag einen kleinen Bericht von dem Tag geschrieben. Es ging mit dem Bus in die Innenstadt, dann hinunter in die U-Bahn, mit der Linie 1 bis zur Psychiatrischen Klinik

Ochsenzoll und mit dem Bus weiter in das Dorf Garstedt. Dort entstanden in jener Zeit neue Siedlungen, und nach einem ordentlichen Fußmarsch erreichten wir ein gerade gebautes Haus. Was dort nun geschah, hat Thomas so erlebt: »Die kleine Schwester wurde aus dem Kinderwagen gehoben. Sie wurde umgezogen und ein wenig aufgehübscht. Dann wurde sie einer schönen jungen Frau in die Arme gelegt, und ein junger Mann mit einem sehr großen Fotoapparat machte gefühlt Hunderte Fotos von den beiden.« Am Ende sei ich etwas quengelig gewesen, schrieb Thomas. Mein Bruder sah das Plakat mit der Frau und mir darauf später in Apotheken und Drogerien hängen. Meine Großmutter bekam das Werbeposter als Stammkundin in ihrer Drogerie geschenkt. Hundert Mark, das weiß Thomas noch, erhielt unsere Mutter für das Nivea-Shooting als Honorar.

Kneipenkind

Thomas sagt heute, er sei auf St. Pauli schnell selbstständig geworden. Im Winter musste er die schweren Briketts zum Heizen holen, beim Kohlenhöker in der Talstraße. Sich die Säcke liefern zu lassen kostete extra, und man musste die Kohle ja ohnehin noch vom Keller in den vierten Stock hochtragen. Vom Kohlenschleppen abgesehen, hatte Thomas tatsächlich eine gewisse Freiheit. Zumindest konnte er raus aus der Wohnung, wann immer er wollte. Anfangs spielte er viel auf einer großen Straßenbaustelle am Ende des Hamburger Bergs. Später zog er auch in die andere Richtung los, auf die Reeperbahn und zum Hans-Albers-Platz.

Wenn Thomas mittags nach Hause kam, betrat er eine leere Wohnung. Meine Mutter hatte sich deshalb an die Nachbarn im Erdgeschoss gewandt. Dort wohnte ein Ehepaar mit ihrem Sohn. Der Mann war kleinwüchsig, ein Zwerg, sagte man damals, ohne darüber nachzudenken. Auf St. Pauli lebten viele Kleinwüchsige. Einige von ihnen traten in den Shows auf der Reeperbahn auf. Seine Frau war größer als ihr Mann, bewegte sich aber extrem nach vorne gebeugt und humpelte.

Man tritt der Nachbarin im Erdgeschoss nicht zu nahe, wenn man sie als extrem neugierig bezeichnet. Oft ging die Tür in dem Moment auf, wenn hörbar jemand die Treppe hinunterkam. Doch unsere Nachbarin war auch hilfsbereit. Thomas könne gerne bei ihr zu Mittag essen, bot sie an. Das tat er dann, wenn auch nur ein paarmal. »Ich konnte die Familie nicht ausstehen«, sagt er heute. Ich selbst habe sie als anständige Nachbarn in Erinnerung. Mein Bruder erzählte mir allerdings eine Begebenheit, die er erlebt hat und die mit Anständigkeit tatsächlich nichts zu tun hat.

Mein jüngerer großer Bruder wurde jedenfalls schnell zum Raviolikind. Die Dosen mit den Teigtaschen in Tomatensoße waren billig, leicht zu öffnen und schnell zu erwärmen. Thomas ernährte sich mittags jahrelang vor allem davon. Ich selbst bekam meine Mittagsmahlzeit bis zur Einschulung im Kindergarten und nachmittags dort noch einmal etwas zu essen. Hunger hatte ich also nicht, wenn meine Mutter mich irgendwann im Laufe des Nachmittags abholte, in der Regel zu einem Zeitpunkt, an dem alle anderen Kinder schon zu Hause waren. Für uns ging es dann allerdings oft nicht zurück in die Wohnung.

Dreimal im Jahr wird auf dem Heiligengeistfeld am Ende der Reeperbahn für einige Wochen der Hamburger Dom aufgebaut, eine große Kirmes mit Fahrgeschäften, Schießbuden und Imbissständen. Der Dom lag genau zwischen dem Kindergarten und unserem Zuhause. Wenn dieses Fest stattfand, konnte es passieren, dass meine Mutter auf den Bus verzichtete und zu Fuß mit mir über den riesigen Rummelplatz schlenderte. Sie kaufte mir dann Schmalzgebäck mit viel Puderzucker. Domtage waren die schöneren Tage.

An den meisten Nachmittagen nahm meine Mutter mich nach dem Kindergarten allerdings mit in eine der Kneipen, die sie auf St. Pauli regelmäßig aufsuchte. Mein Vater kam oft dazu. In den Gaststätten, das war das einzig Gute daran, hatten wir es im Winter deutlich wärmer als zu Hause. Eine dieser Kneipen lag nur ein paar Häuser weiter. Heute heißt sie Sorgenbrecher, an den damaligen Namen erinnere ich mich nicht. Ein größerer Tresen mit Barhockern stand darin, die am Nachmittag meist schon besetzt waren. Meine Eltern nahmen ihre Stammplätze am Tresen ein, bestellten jeweils ein kleines Bier und hatten bald auch den ersten Schnaps vor sich stehen. Mich setzten sie allein an einen der Tische, dort sollte ich mich beschäftigen. Meistens bekam ich ein paar Blätter und Stifte. Meine Eltern kümmerten sich nicht weiter um mich. Ich erinnere mich daran, dass die Gäste auf ihrem Weg zur Toilette bei mir haltmachten und mir über den Kopf streichelten. Das war womöglich nett gemeint, für mich aber ekelhaft. Meine Eltern hingegen fanden das harmlos. Als ich mich einmal vorsichtig darüber beschwerte, sagten sie nur, ich solle mich nicht so anstellen.

Es war düster im Schankraum, auch wenn draußen noch die Sonne schien. Zigaretten glommen, neue Schnäpse landeten auf den Tischen, gesprochen wurde nicht allzu viel. Viele der Gäste hatten kaum etwas zu sagen. Es gibt einen Dokumentarfilm aus dem Jahr 2016 mit dem Titel »Manche hatten Krokodile«. Er zeigt verschiedene Menschen in typischen St.-Pauli-Kneipen. Manche von ihnen lässt der Regisseur zu Wort kommen. Sympathische Kiezkauze sind in diesem Film zu sehen, sie beschwören die gute alte Zeit. In einigen Szenen, die der Kameramann eingefangen hat, ist diese alte Zeit regelrecht stehen geblieben. In einer Szene der Doku sitzen zwei Männer ruhig auf ihren Barhockern. Sie haben sich nichts zu erzählen, verfolgen dann aber interessiert, dass es hinter dem Tresen zum Schichtwechsel kommt und die beiden Thekenkräfte sich kurz auf den Stand bringen. In Wirklichkeit geschieht nichts, das Gespräch ist kurz und beinahe inhaltsfrei. Doch für die Gäste ist es eben das Programm, das ihnen geboten wird.

Solche Momente habe ich mit meinen Eltern ständig erlebt. Die Trinker sitzen und trinken. Da ist keine Kommunikation, sondern nur der Mensch und sein Getränk. Wenn am Tresen etwas passiert, wird es interessiert wahrgenommen, selbst wenn es nur ein belangloser Wortwechsel zweier Thekenkräfte zum Schichtwechsel ist. Sie dienen oft als Beobachtungsobjekte. Wenn sie ihre Gäste ansprechen, werden sie zum Mittelpunkt des Geschehens – und manchmal auch zur Bezugsperson ihrer Gäste.

Die Stahls waren Wirte, die ihre Kundschaft ansprachen. Das Ehepaar, etwas älter als meine Eltern, wusste den Gästen das Gefühl von Zugehörigkeit zu vermitteln. Ihre Kneipe füllte sich schon am Nachmittag. Auch meine Eltern kamen oft hierher. Wir haben die Stahls sogar mal besucht, sie lebten weit weg von St. Pauli in einem schönen Haus im Norden der Stadt. Herr Stahl fuhr, was man damals einen großen Daimler nannte.

In der Kneipe saß ich dann einfach mit am Tisch. Als Kind war ich dort natürlich ein Exot. Ich durfte eine Perri bestellen, ein Orangensaftgetränk ohne Kohlensäure, das in Hamburg hergestellt wurde. Wenn ich hungrig war, gab es eine kalte Frikadelle.

Meine Eltern ließen sich unterdessen volllaufen. In verrauchten Kneipen gefiel es ihnen besser als in der eigenen Wohnung. Bier und Korn kamen zuverlässig, solange sie die Zeche bezahlten. Ich sehe meine Eltern still am Tisch sitzen, nebeneinander, zeitweise fast schon in sich gekehrt, jeder ein Bier und einen Schnaps vor sich. Zu sagen hatten sie sich nichts. Der Alkohol verdrängte die Wirklichkeit, zu der auch gehörte, dass da noch ihr kleines Kind saß.

Irgendwann standen sie dann auf und torkelten die paar Meter nach Hause. Sie hatten jetzt noch die steile Treppe in den vierten Stock vor sich. Je nach Tagesform tranken sie oben vor dem Fernseher weiter.

Wenn meine Mutter besonders exzessiv getrunken hatte, kam sie am nächsten Morgen längst nicht immer aus dem

Bett. Im Zweifel blieb sie dann einfach liegen. Einmal hatten wir vom Kindergarten ein Weihnachtssingen, und trafen uns morgens in einer Kirche. Ich sollte ein weißes Laken überziehen und als Engel mitmachen. Ein Laken hatte meine Mutter mir besorgt. Doch auch an diesem Morgen schaffte sie es nicht, rechtzeitig aufzustehen. Irgendwann sprang Thomas ein und brachte mich zur Kirche. Als wir ankamen, war das Singen aber gerade vorbei.

In mir steigen heute keine Wut und auch keine Verachtung auf, wenn ich mich an solche Erlebnisse mit meiner Mutter erinnere. Ich habe meine Eltern damals geliebt, alle beide. Als ganz kleines Mädchen wusste ich ja auch noch gar nicht, dass sie sich völlig anders als andere Eltern verhielten.

»Suchtkranke Eltern vernachlässigen zum einen häufig die materielle Versorgung des Kindes, zum anderen erfüllen sie auch in vielen Fällen dessen emotionale Grundbedürfnisse nach Nähe, Zuwendung und Liebe nicht adäquat«, schreibt Michael Klein, Professor für Klinische Psychologie und Suchtforschung, in seinem Aufsatz »Kinder im Kontext elterlicher Suchtstörungen – ein Update«. Das muss ich leider bestätigen, ich habe es genauso schon in meiner Zeit auf St. Pauli erlebt. Umgekehrt war ich fast immer fähig, meine Mutter und meinen Vater zu lieben. Es waren eben meine Eltern. Meine Liebe zu ihnen war in gewisser Weise bedingungslos.

Joachim

Mein Bruder Joachim, fast vier Jahre älter als Thomas und gut dreizehn Jahre älter als ich, stritt sich in der Wohnung am Hamburger Berg viel mit unseren Eltern. Er verließ das Gymnasium, das er am Ende ohnehin nicht mehr regelmäßig besucht hatte, und begann eine Ausbildung bei der AOK. Doch auch dort schwänzte er. Morgens verließ er dann die Wohnung und kehrte, sobald niemand mehr zu Hause war, wieder zurück.

1970, als ich zwei und Joachim fünfzehn Jahre alt war, hat mein Vater meinen älteren Bruder wieder einmal aus einem wahrscheinlich nichtigen Grund geschlagen. Danach verschwand Joachim. Thomas erinnert sich, dass unsere Eltern das völlig emotionslos hinnahmen. Es hieß, Joachim wohne irgendwo bei Freunden. Genaueres wusste man nicht – und schien man auch nicht wissen zu wollen. Die Reaktion auf das Verschwinden eines Fünfzehnjährigen aus dem Kreis der Familie zeigt, wie wenig Interesse meine Eltern für das Wohlergehen ihrer Kinder aufbrachten. Im Alltag änderte sich nichts, außer dass Thomas nun das Jungenzimmer für sich allein hatte. Innerlich erlebte Thomas Joachims Abwesenheit allerdings als großen Verlust, wie er mir später erzählte. Er fühlte sich im Stich gelassen von seinem großen Bruder, mit dem er doch so vieles gemeinsam durchlitten hatte.

Meine Eltern führten auch niemals etwas tiefere persönliche Gespräche mit uns. Sie stellten uns im Grunde keine Fragen.

Letztlich nahmen sie sehr wenig Anteil an unserem Leben. Mit Joachim waren sie hin und wieder aneinandergeraten, das schon. Aber man kann nicht behaupten, dass sie zum Beispiel wissen wollten, was er machte, wo er sich abends aufhielt und mit wem er dann zusammen war. Ich allerdings fragte immer nach Joachim, schon als kleines Kind. Er war mein Held. Mit seinem langen dunklen Haar hat er mich später immer an Mick Jagger erinnert. Er kannte sich mit Musik aus, besaß viele Platten, war ein Frauentyp. Ihn umwehte eine Lässigkeit, auf die ich als kleine Schwester stolz war. Doch nun war er einfach fort.

Es dauerte Monate, bis Joachim wieder auftauchte. Plötzlich stand er im Treppenhaus. Ich freute mich wahnsinnig, aber kurz, denn er musste bald wieder los. So ging es dann weiter, über Jahre: Joachim zeigte sich kurz, ich dachte voller Hoffnung, dass jetzt alles gut würde, und schon war er wieder weg. Einmal, da hatte er bereits keinen Schlüssel mehr für unsere Wohnung, brach er bei uns ein. Wahrscheinlich brauchte er Geld und hoffte, bei uns etwas zu finden.

Ich habe erst später erfahren, wie Joachims Leben in den nächsten Jahren verlief. Er trank, das hatte er auch schon getan, als er noch bei uns wohnte, und nach heutiger Erkenntnis war das auch gar nicht ungewöhnlich. Söhne alkoholabhängiger Eltern haben häufig eine erhöhte Alkoholtoleranz, schreibt die »Deutsche Hauptstelle für Suchtfragen«, die Dachorganisation der Suchthilfe in Deutschland. Söhne und Töchter rechnen demnach auch häufiger mit positiv entlastenden Wirkungen von Alkohol. Und schließlich haben alkoholabhängige Erwachsene sechsmal häufiger selbst alkoholabhängige Eltern als Erwachsene ohne Alkoholprobleme.

Joachim beließ es allerdings nicht beim Alkohol. Er nahm auch andere Drogen, Haschisch, wohl auch LSD, aber kein Heroin. Joachim hat sich damals, so ließ er durchblicken, prostituiert. Er trieb sich gemeinsam mit seinem Freund Ronny offenbar in St. Georg herum, dem Stadtteil gleich hinter dem Hamburger Hauptbahnhof. Dort ging er allerdings nicht auf den Straßenstrich, wie es damals viele andere Jungen taten. Joachim und Ronny hatten Gönner.

Es gibt ein Foto, das die beiden in engen, knapp geschnittenen Badehosen auf einer Jacht im Mittelmeer zeigt. Sie sind da ungefähr siebzehn Jahre alt. Die beiden posieren, zeigen ihre Körper. Eine Gruppe Homosexueller hatte sie zu dem Törn eingeladen.

Nach ein paar Jahren, Mitte der Siebzigerjahre, bekam Joachim wieder Boden unter die Füße. Er arbeitete für einen Immobilienmakler und zog mit seiner Freundin Petra und seinem Kumpel Ronny zusammen. Nun konnte ich ihn, wenn er mir nicht im letzten Moment absagte, besuchen.

Anders als die anderen

Schönes und Schreckliches • Eifersucht und Gewalt
Auszeiten • Erstklässlerin • Aussetzer • Außenseiter

Mein Bruder Thomas traf auf St. Pauli oder auch im benachbarten Altona andere Jungs in seinem Alter. Ich selbst hatte nur wenige Kinder um mich, im Grunde genommen gar keine. In meiner Kindergartengruppe und später auch in der ersten Klasse war ich das einzige Kind, das jeden Morgen aus St. Pauli in die Neustadt kam. Ich blieb dann immer sehr lange im Hort und konnte mich deshalb nicht mit anderen Kindern verabreden. Meiner Mutter waren andere Mütter auch egal, sie wäre gar nicht auf die Idee gekommen, ein Nachmittagstreffen für mich zu organisieren. »Ich gehe heute mit soundso mit«, solche Sätze habe ich von anderen Kindergartenkindern oft gehört. Ich selbst konnte das niemals sagen.

Einmal immerhin wurde ich zu einem Kindergeburtstag eingeladen, in St. Pauli. Der Junge hieß Alfred und wurde fünf. Sein Vater zog ihn allein auf. Alfreds Vater trank auch, er kannte meine Eltern aus irgendeiner Kneipe. So kam ich zu meiner ersten Einladung. Auch wenn ich ihn niemals als Freund bezeichnet hätte, habe ich mich doch sehr darüber gefreut. Erwartungsfroh und aufgeregt, machte ich mich auf den Weg, begleitet von Thomas. Alfred wohnte mit seinem Vater in einer düsteren Erdgeschosswohnung ganz in unserer Nähe. Als ich ankam, schlug meine Vorfreude schnell in Enttäuschung um. Ich war Alfreds einziger Gast. Nun setzten wir uns mit dem Vater an einen Tisch. Es gab Kuchen. Dann spielten wir Topfschlagen. Schließlich sind Alfred und ich rausgegangen und haben dort irgendetwas gespielt.

An Tagen, an denen meine Mutter die Arbeit schwänzte, weil sie zu viel getrunken hatte, blieb in der Regel auch ich zu Hause. »Wir beiden machen uns das heute gemütlich«, sagte meine Mutter dann zu mir, wenn sie wieder einigermaßen auf den Beinen war. Für mich war es das Größte, auf den einzigen Spielplatz der näheren Umgebung zu gehen. Ich bettelte öfter mal, oft an Samstagen, da musste meine Mutter ja nicht arbeiten. »Ich will auf den Spielplatz, Mutti«, sagte ich dann. In sehr seltenen Fällen hatte ich damit Erfolg.

Abends blieb ich selbst so lange auf, wie ich wollte, weil zu Hause meist niemand auf mich achtete. Wenn ich mit meinen Eltern aus der Kneipe kam und die beiden dann vorm Fernseher weitertranken, habe ich oft noch einfach danebengesessen. Entsprechend müde war ich am nächsten Tag. Manchmal habe ich meiner Mutter dann auch selbst vorgeschlagen, dass wir es uns heute doch lieber gemütlich machen sollten. An einem Werktag, als sie sich bei der Arbeit krankgemeldet hatte, schlug ich meiner Mutter vor, zum Spielplatz zu gehen.

»Nein, ich habe eine bessere Idee«, antwortete meine Mutter.

»Was denn?«, fragte ich neugierig.

»Wirst du sehen«, antwortete meine Mutter und verließ die Wohnung. Es dauerte eine gefühlte Ewigkeit, bis sie zurückkam – mit zwei vollen Plastiktüten. Die hatte sie auf einer Baustelle mit Sand gefüllt und in der Überzeugung, dass dies doch eine geniale Idee war, in die Wohnung hochgeschleppt.

»Hier kommt deine Sandkiste«, verkündete meine Mutter stolz, ging in die Küche, legte dort auf dem Boden Zeitungsseiten aus und kippte den Baustellensand darauf. Im ersten Moment war ich begeistert. Doch nach einer Weile hatte ich dann genug Förmchen mit dreckigem Baustellensand gefüllt. Ich sah nach meiner Mutter und fand sie mit glasigen Augen auf dem Sofa. Sie hatte nicht nur Sand für mich, sondern auch Alkohol für sich besorgt. Bis unsere Küche wieder sandfrei war, hat es dann Wochen gedauert.

An einem Nachmittag im Sommer sind wir auf einen kleinen Spielplatz gegangen, er lag ganz in der Nähe an der Simon-von-Utrecht-Straße. Ich freute mich wahnsinnig, dass meine Mutter mit mir losging. Nach ein paar Minuten kam eine Frau mit ihrem Kind auf den Spielplatz. Meine Mutter sprach kurz mit ihr, die beiden kannten sich. Dann kam meine Mutter zu mir.

»Ich muss mal kurz weg«, sagte sie. »Du bleibst hier. Die Frau da passt solange auf dich auf.« Ich dachte mir nichts dabei und spielte weiter. Doch irgendwann fragte ich mich, wann meine Mutter eigentlich wiederkommen würde. Die Frau war aber weiterhin da.

Dann erschien Thomas.

»Wo ist Mutti?«, fragte ich.

»Die Treppe runtergefallen«, antwortete er.

Mein Herz begann zu rasen, ich machte mir schreckliche Sorgen, denn die Treppen in unserem Haus gingen ja steil hinab. Gleichzeitig spürte ich Enttäuschung. Nun hat sie sich mal Zeit genommen, dachte ich, und dann ist sie gleich wieder weg und kommt auch nicht wieder.

Ich empfand Angst um meine Mutter und zugleich Enttäuschung aufgrund ihres Verhaltens. Diese Kombination von Gefühlen, die eine Co-Abhängigkeit ausmachen, sollte sich auch bei mir noch unzählige Male einstellen.

An diesem Tag hatte meine Mutter kurz entschlossen die Gunst des Augenblicks genutzt. Dank der anderen Frau musste sie den Nachmittag nicht mit mir auf dem Spielplatz verbringen. Sie war gleich wieder nach Hause gegangen und hatte angefangen zu trinken. Ihre Flaschen versteckte sie immer in der Wohnung, Erdbeersekt meistens und Springer Urvater, einen Weinbrand, den es auch heute noch gibt.

Meine Mutter hatte sich offenbar so großzügig an ihrem Alkoholvorrat bedient, dass sie zwar die vier Etagen bis ins Hochparterre heruntergekommen war, nicht aber die weitere Treppe runter zur Haustür. Dort, kurz vor der Straße, hatte sie das Gleichgewicht verloren, war gestürzt und hatte sich auf den Betonstufen, die mit einer Stahlkante versehen waren, den Hinterkopf aufgeschlagen. Auf dem Boden waren mehrere große Blutflecken zu sehen. Die Platzwunde musste genäht werden. Wie und wo das geschah, weiß ich nicht mehr, aber Thomas und ich machten uns große Sorgen.

Manchmal hat sich auch meine Mutter um mich gesorgt in jener Zeit. »Ich habe so eine Angst, dass dir etwas passieren könnte«, solche Sätze sagte sie mir immer mal wieder. Ich glaubte ihr das damals und glaube auch heute noch, dass sie das so gefühlt hat. Sie konnte eben nur nicht konsequent handeln. Als ich fünf Jahre alt war, hat sie mich schon morgens früh allein zum Brötchenholen geschickt, auch im Winter, wenn es noch dunkel war. Ich musste zweimal ums Eck, in die Hein-Hoyer-Straße, dort gab es im Tiefparterre einen Krämerladen. Einmal stieß ich dabei auf einen Betrunkenen, der in einem Hauseingang saß.

»Willst du ficken?«, blaffte er mich an.

Ich rannte, so schnell ich konnte, zurück nach Hause. Aufgewühlt berichtete ich meinen Eltern, was der Mann mir gesagt hatte, doch die reagierten eher belustigt. Sie ignorierten meine Angst, und es schien sie nicht weiter zu interessieren, dass solche Typen kleine Mädchen ja nicht nur ansprechen konnten.

Schönes und Schreckliches

Nicht weit von unserer Wohnung entfernt lag im Haus Hamburger Berg 2 der Goldene Handschuh. Diese berüchtigte Kneipe, 1953 von einem Amateurboxer namens Nürnberg gegründet, haben meine Eltern häufiger aufgesucht. Die

Klientel im Goldenen Handschuh passte zu ihnen. In den Siebzigern kehrten dort noch keine Studierenden und auch keine Touristen ein.

Im Sommer 1975 gestand der Hamburger Fritz Honka vier Frauenmorde. Es kam heraus, dass Honka viel Zeit im Goldenen Handschuh und auch schräg gegenüber im Elbschlosskeller verbracht hatte. Seine Opfer, Frauen aus dem Trinkermilieu, hatte er sich in unserer Straße gesucht. Ich war gerade sieben Jahre alt, als die Zeitungen ausführlich über Honka berichteten. Meine Eltern nahmen keine Rücksicht auf mein Alter und erzählten mir, dass er die Frauen zerstückelt und die Leichenteile ins Klo gesteckt habe. Den Goldenen Handschuh hat sein berühmter Gast damals allerdings nur bekannter gemacht. Im Fenster hängt dort inzwischen sogar ein Schild mit der Aufschrift Honka-Stube. Der Mehrfachmörder Honka, der sich nach vielen Jahren in der geschlossenen Psychiatrie 1998 selbst zu Tode trank, wirkt heute zuweilen wie eine Kultfigur. Ich glaube, dass am Milieu des St. Pauli der Siebzigerjahre in Wirklichkeit nichts kultig war. Das Leben der Leute, die den Goldenen Handschuh und ähnliche Kneipen besuchten, war damals von Sucht und Perspektivlosigkeit geprägt. Bei meinen Eltern war es allerdings nicht so, dass die beiden kein Geld verdienten. Meine Mutter arbeitete weiterhin bei der Berufsgenossenschaft Bau. Mein Vater schlug sich mit Jobs bei Klempnereien durch und war ab und zu auch mal für kürzere Zeit angestellt. Wenn er mal nicht arbeitete, kam finanzielle Unterstützung vom Arbeitsamt. Das Leben armer Leute haben wir dennoch geführt – die Alkoholsucht meiner Eltern verschlang den größten Teil der Einkünfte. Oft funktionierte unser Telefon nicht, weil die Rechnung nicht beglichen worden war. Auch hat man uns immer wieder den Strom abgeschaltet und unseren Anschluss unten im Stromkasten verplombt. In solchen Fällen wurde mein Vater dann allerdings tätig. Er überbrückte die Plombe, sodass der Fernseher wieder lief und wir Licht hatten.

Wenn Geld da war, hat mein Vater am Wochenende gekocht, mitunter richtig leckere Mahlzeiten wie Kohlrouladen oder Scholle. Wir sind auch sonntags manchmal an die Landungsbrücken gegangen, dort bekam ich ein Fischbrötchen. Oder wir fuhren mit dem Auto los und spazierten dann an der Elbe entlang. Irgendein Auto, meistens ein älteres Modell, hatte mein Vater immer.

Den St.-Pauli-Fischmarkt haben wir auch öfter besucht, am frühen Sonntagmorgen. Mein Vater nahm meine kleine Hand dann in seine, wir schauten uns die Marktschreier an und die Stände, an denen Händler Stallhasen und Ziervögel anboten. Gekauft haben wir meistens etwas Gemüse, vor allem Fisch und ab und zu auch mal Krabben. Die Fischkutter legten damals direkt am Fischmarkt an mit ihrer fangfrischen Ware.

Wenn meine Mutter gute Tage hatte, nahm sie den Fisch später aus und zerlegte ihn fachgerecht. Sie hat mich dabei gern um sich gehabt, mir die Kniffe gezeigt und meine Fragen beantwortet. So lernte ich zum Beispiel, wie man eine Scholle zubereitet. Wenn wir Krabben mitgebracht hatten, haben wir die zu dritt gepult und dann gemeinsam ein leckeres Essen gekocht. An solchen Sonntagen entstand eine

Stimmung in unserer Wohnung, in der ich mich geborgen fühlte.

Ich erinnere mich auch an Besuche im Panoptikum, dem Wachsfigurenkabinett am Spielbudenplatz gleich neben der Reeperbahn. Das war in den Siebzigerjahren eher ein Ort für Liebhaber. Ich fand diesen Ort faszinierend, mit all den berühmten Leuten von der Queen über Romy Schneider bis zu Elvis Presley. Aber ein ganz bisschen gruselig war es auch zwischen all den nicht lebendigen originalgroßen Menschen.

Als Ende 1974 der neue Elbtunnel fertiggestellt worden war, konnte man zu Fuß durch dieses technische Wunderwerk unter dem Fluss hindurchspazieren. Mein Vater nahm mich mit, gut drei Kilometer hin und dieselbe Strecke wieder zurück. Er hat sich vor allem für technische Dinge interessiert, und wenn er nüchtern war, konnte er diesem Interesse auch nachgehen. Für mich war es immer ein Höhepunkt, wenn wir mit dem Auto durch die Stadt fuhren und er mir seine Baustellen und Hamburger Sehenswürdigkeiten zeigte.

Gleichfalls erinnere ich mich aber auch an Samstage, an denen sich das gesamte Bargeld meiner Eltern morgens auf gerade mal fünf Mark belief. An solchen Tagen schickte meine Mutter meinen Vater zu meinen Großeltern Martha und Berthold, damit er die beiden nach Geld fragte. Manchmal ging meine Mutter auch selbst hin, oder Thomas und ich mussten uns auf den Weg machen.

Oma und Opa hat es immer sehr getroffen, wenn jemand von uns erschien und um Unterstützung bettelte. Es tat ihnen weh mitanzusehen, dass ihre Tochter so tief abgestiegen war, dass sie nicht mal genug Geld für Lebensmittel hatte. Den Grund dafür kannten sie natürlich.

Sie konnten dann meistens gar nicht anders, als uns ein paar Scheine zu geben. Dass sie diese nicht wiederbekommen würden, war klar. Einst hatten sie jedem ihrer drei Enkel nach dessen Geburt ein Sparbuch angelegt und dann auch regelmäßig darauf eingezahlt. Diese Sparbücher hatten meine Eltern jedoch längst leer geräumt. Ihre Tochter war für Martha und Berthold ein Fass ohne Boden. Sie haben aber nie mit ihr gebrochen und immer alles dafür getan, dass wir Enkel uns bei ihnen wohlfühlen konnten.

Eifersucht und Gewalt

Im Laufe der Zeit verschlimmerte sich die Situation in unserer Wohnung am Hamburger Berg. Ich war noch ein Kind, aber es fiel mir nun doch immer deutlicher auf: dass meine Familie nicht wie andere Familien war. Unser Alltag war stark an den Alkoholkonsum meiner Eltern gekoppelt. Und der nahm zu.

Der Zustand unserer Küche trieb einen mitunter gleich wieder hinaus. Da türmte sich der Abwasch, man kam kaum an den Wasserhahn heran. Einmal hat Thomas es nicht mehr ausgehalten und angefangen zu weinen. Er war damals fünfzehn Jahre alt und hätte sich vor seiner kleinen Schwester sicher gern zusammengerissen. Doch das gelang ihm nicht. Meine Mutter bekam von der Verzweiflung ihres

Sohnes nichts mit. Sie bemerkte auch nicht, wie wir das gesamte dreckige Geschirr auf den Boden stellten, es dann Stück für Stück zusammen abwuschen, abtrockneten und wieder in den Schrank räumten. Während wir in der dreckigen und unaufgeräumten Wohnung eine kleine Insel der Ordnung schufen, lag meine Mutter völlig betrunken auf der Couch im Wohnzimmer.

Ich habe auch immer versucht, mir regelmäßig die Zähne zu putzen. Das machten meine Eltern mir nun keineswegs vor, und sie erinnerten mich auch nicht daran. Aber im Kindergarten hatten wir erklärt bekommen, dass die Zahnpflege wichtig sei. Es hat nicht immer geklappt, weil ich oft völlig übermüdet allein ins Bett ging.

Die Wäsche zu machen bekam meine Mutter halbwegs hin. Wir hatten irgendwann auch eine Waschmaschine – zum Glück. Ich achtete sehr darauf, nicht in dreckiger Kleidung in den Kindergarten und später in die Schule zu kommen.

Kleidung war mir schon früh wichtig. Wenn meine Mutter mir mal etwas Gutes tun wollte, ging sie mit mir zum C&A am Nobistor, dem unteren Ende der Reeperbahn. Gegen den Geruch von Zigaretten und wenig Waschen kam ich nicht an als kleines Kind, wahrscheinlich war er mir auch gar nicht so bewusst. Aber ich habe mich, meine ich, immer halbwegs ansehnlich anziehen können.

Meine Eltern tranken gemeinsam oder jeweils für sich. Mein Vater ging auch mit Kollegen weg, direkt nach der Arbeit. Das hatte er immer schon getan. Mein Bruder Thomas war als Jugendlicher oft auch noch lange unterwegs. So habe ich viele Abende allein mit meiner Mutter in der Wohnung verbracht. An solchen Abenden wurde sie manchmal von starken Eifersuchtsattacken gepackt.

Einmal hatte sich mein Vater zur Weihnachtsfeier einer Firma aufgemacht, für die er gerade arbeitete, vorher aber meiner Mutter den Ort des Geschehens genannt. Die Eckkneipe lag in Ottensen, genau in der Straße, in der meine Mutter mit Thomas und Joachim gewohnt hatte, als mein Vater in Beugehaft saß. Meine Mutter kannte das Lokal.

An diesem Abend ärgerte sich meine Mutter vorm Fernseher. »Der Alte« solle endlich mal nach Hause kommen, schimpfte sie. Sie hasste es, wenn mein Vater ohne sie unterwegs war. Die Sache ließ ihr keine Ruhe, und mit ihrem Alkoholpegel stieg auch ihre Wut.

Eine S-Bahn-Linie von der Reeperbahn nach Altona gab es damals noch nicht, daher hielt sie kurzerhand ein Taxi an, und wir fuhren los. Bald darauf fand ich mich vor der Eckkneipe in Ottensen wieder. Meine Mutter zögerte keine Sekunde, betrat den Schankraum und sah sofort meinen Vater, der bereits sehr betrunken war. Energisch stampfte sie an seinen Tisch.

»Du kommst jetzt nach Hause!«, schrie sie ihn an.

»Ich gehe nirgendwohin«, schrie er zurück.

Mein Vater blieb sitzen. Meine Mutter schrie ihn noch mal kurz an. Die Kollegen kommentierten die Szene belustigt. Wutentbrannt nahm meine Mutter mich an der Hand, und wir verließen die Kneipe.

Ihre Eifersucht hat meine Mutter nicht in den Griff bekommen. Im Herbst 1974, ich war sechs Jahre alt und gerade eingeschult, hatte mich eine heftige Grippe erwischt. Meine Mutter ging nicht zur Arbeit, weil ich hohes Fieber hatte. Am Nachmittag lag ich auf der Couch. Der Fernseher lief. Ob meine Mutter schon trank, weiß ich nicht, aber eigentlich war alles gut. Mein Vater mochte noch bei der Arbeit sein. Vielleicht saß er auch schon in irgendeiner Kneipe. Meine Mutter ging von Letzterem aus und begann, sich darüber aufzuregen. Bald redete sie sich in Rage. Dann rastete sie richtig aus.

»Der haut doch nur wegen dir ab!«, schrie sie mich an, sprang vom Sofa auf und stand auch schon bedrohlich erregt über mir. Sie packte fest in mein Haar, zog mich halb von der Couch und schleifte mich dann ein paar Meter durchs Wohnzimmer.

Ich weinte, doch das nützte nichts. Sie war wie im Wahn.

»Das liegt alles nur an dir«, schrie sie weiter. »Wenn es dich nicht gäbe!«

So schnell, wie sie explodiert war, beruhigte sie sich dann auch wieder. Sie hatte mir die Verantwortung dafür zugeschoben, dass ihr Mann gerade ohne sie trank. Das reichte ihr offenbar.

Heute denke ich, dass ihr nicht klar gewesen sein kann, was solche Schuldzuweisungen für ein Kind in meinem Alter bedeuteten. Meine Mutter instrumentalisierte mich in der Auseinandersetzung mit ihrem Mann, erklärte mich zum Grund des Problems. So sorgte sie dafür, dass ich mich schlecht fühlte, und schwächte mein Selbstwertgefühl.

Ich habe in den folgenden Tagen noch oft an ihren Vorwurf gedacht und überlegt, ob sie vielleicht recht hatte. War ich tatsächlich eine schlechte Tochter und trug gar dazu bei, dass es Ärger zwischen meinen Eltern gab? Lag es letztlich auch an mir, dass unser Familienleben von Streit und Gewalt geprägt war?

In dem Moment machte ich mir darüber aber noch keine Gedanken. Ich zitterte vor Angst bei dem Gedanken an ihre Aggressivität und Gewaltbereitschaft. Und Thomas konnte mich nicht schützen an diesem Abend, er war nicht zu Hause.

Vielleicht ist es sogar besser, dass Thomas nichts von dem Haareziehen erfährt, dachte ich. Joachim war ja schon weg, und ich hatte immer große Angst, dass auch Thomas uns verlassen würde. Dann wäre ich mit meinen Eltern allein gewesen.

Die Aggressionen meiner Mutter richteten sich in der Regel gegen meinen Vater. Sie ging ihn mit Worten an, da war sie die Stärkere. Mal unterstellte sie ihm irgendwelche Frauen-geschichten. Oft warf sie ihm schlicht das Leben vor, das unsere Familie führte. »Was ist das für ein Scheißleben!«, diesen Satz hat meine Mutter oft auf meinen Vater abgefeu-ert, abends nach einem Kneipenbesuch im Wohnzimmer. Sie nannte ihn auch »Versager«. Und sie schimpfte darüber, dass er die Firma in den Bankrott getrieben habe. Da konnte mein Vater immerhin kontern, dass meine Mutter mit ihrer schlechten Buchhaltung ja auch zur Pleite beigetragen habe. Doch sie setzte dann nach, einmal, zweimal, zehnmal. So wolle sie nicht leben, zeterte sie, sie habe Besseres verdient.

Meine Eltern zügelten sich kaum mehr, ließen ihre Wut und Unzufriedenheit immer öfter geradewegs raus. Der Alkohol nahm ihnen jede Hemmung. Manchmal schlug mein Vater im Laufe des Streits mit der flachen Hand, manchmal sogar mit der Faust zu. Meine Mutter fiel dann meistens hin, sie war durch den Alkohol ohnehin nicht mehr standfest. Hielt sie das Gleichgewicht, versuchte sie jedoch zurückzuschlagen. Dafür ging sie auf meinen Vater los, und es kam zu einem Gerangel. Mein Vater haute dann noch mal zu, meine Mutter ging zu Boden und gab auf. Ich versuchte oft dazwischenzugehen. »Hört auf!«, schrie ich. Wenn mein Vater dann wütend die Wohnung verlassen hatte, half ich meiner Mutter hoch. »Dieses Arschloch«, schimpfte sie dann. Sie fühlte sich jetzt als Opfer, was ich natürlich nachvollziehen konnte. An ihre Tochter, die gerade erlebt hatte, wie der Vater die Mutter verprügelt, verschwendete sie hingegen keinen Gedanken.

Meine Mutter hatte in dieser Zeit immer mal den Arm verstaucht oder das Knie aufgeschlagen. Einmal brach sie sich einen Rückenwirbel an und musste ins Krankenhaus. Hatte sie ein blaues Auge, verbarg sie das hinter ihrer großen Sonnenbrille. Ich glaube aber, dass sie niemals auch nur erwogen hat, sich von meinem Vater zu trennen.

Ihre Ehe enthielt Argwohn und Misstrauen, Vorwürfe, Streit und Gewalt. Über allem lag der Alkohol. Und auch nach dem heftigsten Streit kam es manchmal noch zu Versöhnungssex im Ehebett. Dass ich in meinem Kinderbett im selben Zimmer lag, kaum einen Meter von ihnen entfernt, hat meine Eltern nicht davon abgehalten.

Auszeiten

Feste Strukturen gab es für mich zu Hause nicht. Die einzige Verlässlichkeit war, dass meine Eltern tranken – und dass damit im Grunde immer irgendetwas passieren konnte. Ich habe mich deshalb nie frei oder unbeschwert gefühlt, war eigentlich immer in Habachtstellung.

Wenn ich heute überlege, was ich Gutes aus meinen Jahren in der Wohnung am Hamburger Berg mitgenommen habe, dann fallen mir neben einigen Ausflügen mit meinem Vater und dem gelegentlichen Kochen mit meiner Mutter vor allem die Tage bei meinen Großeltern ein.

Mit Oma Martha und Opa Berthold habe ich als Kind einige Zeit verbracht, an Wochenenden und vor allem in den Ferien. Ihre Wohnung hinter dem Altonaer Kinderkrankenhaus war nicht nur gemütlich eingerichtet. Hier hatte auch alles seine Ordnung. Das Zusammenleben lief nach klaren Regeln und einem festen Zeitplan ab. Ich mochte das sehr.

Es begann damit, dass ich ein eigenes Zimmer hatte und nachts durchschlafen konnte. Niemand schrie, niemand machte andere unangenehme Geräusche. Ich hatte meine Ruhe. Morgens gab es Frühstück an einem ordentlich gedeckten Tisch. Vielleicht erschien anschließend die Haushaltshilfe. Oma Martha machte sich dann irgendwann ans Kochen. Mittags um halb eins stand das Essen auf dem Tisch. Danach machten wir alle zusammen eine Mittagspause. In meinem Kindergartenalter malte ich dann, später, als Schulkind, las ich. Meine ersten Bücher hat meine Oma mir gekauft.

Nachmittagskaffee mit einem Stück Kuchen oder ein paar Keksen, später um halb acht Uhr Abendbrot, zwischendurch nutzte ich all die Möglichkeiten, die ich zu Hause nicht hatte. Ich habe viel gebastelt bei meinen Großeltern, im Schrank hatte Oma Martha mir mein eigenes Fach mit Materialien eingerichtet. Sie erklärte mir auch, wie man Patiencen legt. Im Dezember sangen wir Advents- und Weihnachtslieder. Im Frühling, Sommer und Herbst durfte ich auf den Spielplatz im Innenhof. Hier wuchs überall dichtes grünes Gras. Solch eine gepflegte Rasenfläche kannte ich aus St. Pauli gar nicht.

Meine Tage in der Obhut meiner Großeltern waren eine Art Gegenprogramm zu meinem gewöhnlichen Alltag, Auszeiten, die ich genoss und die mir guttaten. So lernte ich einen anderen Lebensstil kennen und sah, dass es ein Leben ohne Alkohol, Gewalt und Armut gab. Hinzu kamen die Kontakte zur Verwandtschaft, zu Tanten und Onkel meiner Mutter und deren Kindern, Menschen, die ich zu Hause in St. Pauli natürlich niemals zu Gesicht bekam.

Ich habe Oma und Opa viel zu verdanken.

Erstklässlerin

Kurz nach meinem sechsten Geburtstag wurde ich eingeschult. Vorher hatten meine Eltern niemandem eine Erklärung geschuldet, wenn ich im Kindergarten fehlte. In der Grundschule stand ich nun unter Anwesenheitspflicht.

Meine Eltern wussten das natürlich. Doch ihr Leben änderten sie nicht.

Meine Mutter trank weiterhin so gut wie täglich, oft unkontrolliert und so stark, dass sie es am nächsten Morgen nicht schaffte, rechtzeitig aufzustehen. In mein erstes Zeugnis hat meine Klassenlehrerin zwanzig versäumte Tage eingetragen. An etlichen weiteren Tagen kam ich zu spät.

Als ich anfing auf der Volks- und Realschule Jan-Valkenburg-Straße, ging Thomas dort in die zehnte Klasse. Ich habe das als Vorteil empfunden, meinen großen Bruder in meiner Nähe zu wissen, es gab mir Sicherheit. Die Schülerschaft in der Neustadt entstammte eher Arbeiter- als Akademikerfamilien. Doch den Schmuddelkindern aus St. Pauli gegenüber konnten die Neustädter Kinder sich sozial durchaus überlegen fühlen.

Ein Klassenkamerad von mir kam selbst aus schwierigen Verhältnissen. Daraus entstand allerdings keine solidarische Nähe zwischen uns, sondern das Gegenteil: Er machte mich schnell als potenzielles Opfer aus. »Du bringst mir morgen zwanzig Pfennig mit, sonst knall ich dir eine«, sagte er und schubste mich ins Gebüsch.

Ich erzählte das erst einmal niemandem. An ein paar Pfennige konnte ich durchaus drankommen. Meine Mutter schickte mich immer mal zum Edeka, und wenn ich ihr eine Flasche Springer Urvater brachte, die man einem kleinen Mädchen damals auf St. Pauli eben einfach so verkaufte, öffnete sie in der Regel sofort die Flasche und zählte nicht etwa das Rückgeld. Ein paarmal gab ich ihm Geld. Der Junge erhöhte seine Forderungen allerdings, als er sah, dass ich die Groschen brav bei ihm ablieferte.

Kurz überlegte ich, mit der Angelegenheit zu meiner Lehrerin zu gehen, doch dafür fehlte mir das Vertrauen. Ich hatte das Gefühl, dass sie mich als Schmuddelkind aus St. Pauli abgestempelt hatte. Und so sprach ich lieber mit Thomas. Das war die richtige Entscheidung. Thomas nahm ihn am nächsten Tag auf dem Schulhof zur Seite und warnte ihn eindringlich. Danach ließ der Erpresser mich in Ruhe.

Ich war eine Erstklässlerin ohne Selbstbewusstsein. Außer Thomas und meinen Großeltern und ab und zu mal Joachim hatte sich noch nie jemand für mich interessiert. Im Familienalltag durfte ich mich eher als lästiges Anhängsel fühlen, eine ungewollte Nachzüglerin, die ihre Eltern seit jeher mit in die Kneipe schleppten. Stärke und Kraft haben sie mir nicht vermittelt.

In meinem ersten Zeugnis beschrieb meine Klassenlehrerin mich entsprechend als »freundliche, aber zu stille Schülerin«. Cornelia lässt sich »zu schnell in den Hintergrund drängen«, heißt es weiter, und: »Sie ist kontaktscheu und erwartet, dass sie von anderen Schülern angesprochen wird.«

Das alles stimmte. Ich würde sagen, dass ich in der ersten Klasse vor allem abgewartet habe. Ich hielt mich zurück, weil ich das Gefühl hatte, etwas verbergen zu müssen.

Es wird auch nicht falsch gewesen sein, dass ich im Unterricht »häufig geträumt« habe, wie meine Klassenlehrerin schrieb. Oft kam ich morgens übermüdet in der Schule an. Ich las »langsam und stockend« und brauchte dabei »zeitweise Unterstützung«. In Mathematik fiel es mir »schwer, Rechenoperationen zu erfassen«. Dann stand noch in dem Zeugnistext, dass ich meine Hausaufgaben »noch nicht regelmäßig genug« mache. Auch das war korrekt, ich hockte mich tatsächlich nicht jeden Tag an unseren Couchtisch. Von meinen Eltern hatte ich in Sachen Schule keine Nachfragen oder gar Unterstützung zu erwarten. Meine Hausaufgaben interessierten sie nicht.

Meine Klassenlehrerin schloss ihren Zeugnistext mit einer positiven Beobachtung. »Cornelia macht beim Singen und Spielen gerne mit«, schrieb sie, und: »Sie malt und bastelt fantasievoll und ideenreich.«

Im nächsten Zeugnis, das ich ein halbes Jahr später erhielt, gab es erste Noten. Ich bekam eine Vier in Mathe, eine Drei in Rechtschreibung und in Schreiben sogar eine Zwei. Bei Natur und Gesellschaft, Teile des Sachunterrichts, stand eine Vier, bei bildende Kunst eine Eins. Die Lehrerin beschrieb mein Verhalten in der Klasse als »scheu und gehemmt«, meine Arbeitshaltung als »noch etwas lasch«. Dieses Zeugnis hat meine Mutter gelesen und dann das Wort »lasch« mit blauem Kugelschreiber doppelt unterstrichen und mit einem Fragezeichen versehen. Weiter unten auf das Zeugnis schrieb sie in recht großer Schrift: »Lasch ist für mich ungebräuchlich, jedenfalls als Zeugnisausdruck!« Was sie Frau Krüger damit sagen wollte, weiß ich nicht. Einen Kommentar auf mein Zeugnis zu kritzeln, hatte meiner Mutter aber offenbar gereicht.

Als ich am Montag drauf meiner Lehrerin die Zeugniskopie zurückgab, schämte ich mich für den Kommentar meiner Mutter, der aus Sicht der Lehrerin sicher völlig unangemessen war. Ein Gespräch mit meinen Eltern hat sie allerdings nicht gesucht.

Das war mir wiederum sehr recht – meine Mutter und meine Klassenlehrerin sollten bloß nicht zusammentreffen. Der Grund war einfach: Ich schämte mich für meine Mutter. Es begann schon mit ihrem Äußeren, für das sie mir peinlich war. Meine Mutter war Mitte vierzig und damit deutlich älter als die meisten anderen Mütter. Und sie sah auch, das konnte ich jeden Tag beobachten, wenn einige Klassenkameraden von ihren Müttern gebracht wurden, viel älter aus. Ihr Gesicht wirkte grau und fahl, sie hatte dicke Tränensäcke. Insgesamt wirkte ihr Äußeres eher ungepflegt. Auf St. Pauli mochte das nicht weiter auffallen, in der Schule schon. Was mir allerdings noch viel größere Sorgen bereitete als das äußere Erscheinungsbild: dass meine Mutter betrunken zum Gespräch mit meiner Lehrerin erscheinen könnte.

Mein größtes Bestreben in der Schule war, nicht aufzufallen. In der ersten Klasse forderte meine Klassenlehrerin uns montags immer auf zu erzählen, was wir am Wochenende gemacht hatten. Einmal nahm ich all meinen Mut zusammen und meldete mich. Ich sei mit meinem Vater an den Landungsbrücken gewesen, berichtete ich an dem Tag, er zu Fuß und ich mit dem Dreirad. Großes Gelächter ertönte, denn die kleine Conni fuhr noch auf dem Dreirad durch die Stadt. Am liebsten wäre ich im Boden versunken.

Ab und an noch aufs Dreirad zu steigen war für mich normal gewesen. Ein Fahrrad hatten meine Eltern mir nie gekauft, sie waren gar nicht auf die Idee gekommen. Ich konnte deshalb auch nicht Rad fahren. Dass ich aber von dem Dreirad erzählte, zeigt, dass mir schlicht der Vergleich gefehlt hat. Ich wusste nicht, dass sich in anderen Familien Eltern und Kinder gleichermaßen mit dem Fahrrad fortbewegten.

Von unserem Familienalltag habe ich danach nie wieder erzählt.

Aussetzer

Thomas genoss auf St. Pauli seine Freiheiten. Er hielt sich wenig zu Hause auf und war unseren Eltern dadurch auch nicht ständig ausgeliefert. Mit vierzehn probierte er sich am Alkohol aus, er holte seine Kumpels in unsere Wohnung, da war ja nachmittags niemand. Sie tranken dort billigen Wein aus großen Flaschen. Thomas hat seine Leute manchmal sogar auch mit nach Hause gebracht, wenn er keine sturmfreie Bude hatte. Er leitete sie dann schnell in sein Zimmer, das er sich mit Postern gemütlich eingerichtet hatte. Gestört hat ihn der Zustand der übrigen Zimmer aber natürlich trotzdem.

Einmal hat es Thomas gereicht, und er hat mit seinem Freund Michael unser Wohnzimmer tapeziert. Michael wohnte auch auf St. Pauli, aber etwas weiter von der Reeperbahn entfernt, und hatte nette Eltern. Aus Thomas' Sicht war das eine regelrechte Vorzeigefamilie. Michael hat sich gewundert, dass sich bei uns der Sohn ans Tapezieren machte und der Vater nicht einmal mithalf.

»Die Zeit am Hamburger Berg ist schon krass gewesen«, sagt Thomas heute, »allein schon, weil unsere Mutter jeden Abend besoffen auf der Couch gelegen hat.« Damals hat Thomas sie dann auch mal angeschrien – was das denn solle, immer nur saufen. Doch sein Vorwurf hat unsere Mutter in solchen Momenten kaum beeindrucken können. Sie blieb betrunken auf der Couch liegen, wo sie am nächsten Morgen aufwachte.

Ich erinnere mich zum Glück auch an Tage, an denen meine Mutter gute Stunden hatte. Einmal machte sie mal wieder blau bei der Arbeit, und ich schwänzte dann auch die Schule. Meine Mutter schlug vor, in die Hamburger Innenstadt zu fahren. Wir gingen ins Alsterhaus, ein großes Kaufhaus am Jungfernstieg. Oben, im Restaurant, ließen wir uns ein Frühstück servieren. Dann kaufte meine Mutter mir etwas Spielzeug. Wir fuhren mit dem Bus zurück, und ich dachte, dass dies doch wirklich ein schöner Tag sei. Gleich, zu Hause, würde meine Mutter womöglich Mittagessen für uns machen.

»Lass uns da vorne noch mal kurz rein«, sagte meine Mutter, als wir in St. Pauli aus dem Bus gestiegen waren.

Ich reagierte quengelig. »Nein, bitte nicht, heute nicht«, forderte ich. Meine Mutter gab mir eine Mark und sagte, ich solle mir eine Süßigkeit kaufen. Dann betrat sie die Kneipe. Gekocht hat sie an dem Tag nicht mehr.

Es war, als sauge eine automatische Kraft sie in die Kneipen oder auch in Kioske. Einer lag direkt bei uns in der Straße. In dem Laden mit Neonröhre war Platz, die Zeitungsaufsteller mit der *Bild*, der *Neuen Revue*, dem *Stern* und anderen Blättern nahmen nicht viel Raum ein. Hinter dem Holztresen standen ein Regal mit Zigaretten und der Inhaber, ein untersetzter Mann mit Hemd, dreckigem Pullover und Halbglatze. Er verkaufte auch Bier und Schnaps, zum Mitnehmen und zum Sofortkonsum.

Meine Mutter hat mich an einem Nachmittag mal mitgenommen in den Zeitungsladen, da ging ich noch nicht zur Schule. Wir waren die einzigen Kunden. Sie trank Bier, der Besitzer auch, die beiden tuschelten miteinander. »Jetzt hab dich doch nicht so«, hörte ich den Besitzer irgendwann sagen, und: »Jetzt komm mal!« Meine Mutter kicherte. Dann wandte sie sich an mich. »Warte mal kurz hier«, sagte sie, ging hinter den Tresen und folgte dem Typen durch eine Tür in ein Hinterzimmer.

Vielleicht fühlte sie sich von ihm begehrt. Vielleicht handelte sie aus dem Moment heraus. Vielleicht wollte sie meinem Vater eins auswischen. Sicher ist, dass sie zumindest angetrunken war und komplett ausblendete, dass ihre kleine Tochter im Ladenraum das eine oder andere Geräusch aus dem Hinterzimmer hörte.

Meine Mutter zeigte an diesem Nachmittag mir gegenüber weder Anstand noch Respekt. Sie hatte eine Gelegenheit bekommen, und die nutzte sie nun.

Ich wartete, bis sie wieder nach vorne kam. Dann gingen wir nach Hause. Dort presste sie mir das Versprechen ab, auf keinen Fall etwas meinem Vater zu sagen. Sonst würde sie mir die Bilderbücher wegnehmen, die sie mir im Kiosk gekauft hatte. Ich habe nicht widersprochen, denn allein schon mit meiner Mutter darüber zu reden wäre mir viel zu peinlich gewesen.

Meine Mutter selbst konnte wiederum sehr empfindlich sein, wenn ich mir so etwas wie Kritik erlaubte. Einmal, als ich mit ihr auf dem Weg zum Edeka in der Talstraße war, habe ich ihr gesagt, dass sie torkele. Sie war tatsächlich so betrunken, dass sie nicht richtig geradeaus ging, und das war mir eben aufgefallen. Meine Mutter gab mir eine Backpfeife, machte auf dem Absatz kehrt und ließ mich auf der Straße stehen.

Im Rausch war vieles möglich bei ihr. Sie war dann nicht mehr Herrin ihrer Sinne und manchmal eben auch ein leichtes Opfer für ihre Umwelt. Dass Thomas Herrn Scholzen nicht mochte, unseren kleinwüchsigen Nachbarn aus dem Erdgeschoss, lag daran, dass er ihn mal in unserer Wohnung beobachtet hat. An dem Tag war meine Mutter völlig betrunken, und Herr Scholzen kam wohl in der Annahme herein, dass sonst niemand da war. Die Wohnungstür war offenbar nur angelehnt. Meine Mutter lag im Wohnzimmer auf dem Sofa und bekam gar nichts mehr mit. Von dem Flur aus, der zu seinem Zimmer führte, sah Thomas nun, wie Herr Scholzen sich am BH meiner Mutter zu schaffen machte. Thomas erkannte, dass meine Mutter völlig hilflos war. Als er seine Zimmertür ins Schloss fallen ließ, hörte Herr Scholzen das und huschte aus der Wohnung.

Thomas hat mir das erst viel später erzählt. Einen anderen heftigen Zwischenfall in unserer Wohnung am Hamburger Berg habe ich selbst aus nächster Nähe mitbekommen. An dem Tag war es meiner Mutter nicht gut gegangen, und sie hatte darauf reagiert und zwei, drei Tage lang nichts getrunken. Solch eine Phase des Verzichts kann ja eigentlich nur gut sein, das denkt man jedenfalls. Doch nun lehnte sich ihr Körper dagegen auf. Sie lag mit Schüttelfrost im Bett. Dann kam es zu einem Krampfanfall. Meine Mutter zitterte, Muskeln zogen sich zusammen, und um ihren Mund herum war weißer Schaum zu sehen. Mein Vater war da und hielt sie fest. Sie biss sich auf die Zunge. Der weiße Schaum färbte sich rötlich und tropfte ihr auf ihre helle Bluse. Thomas, mein Vater und ich verfielen in Panik. Würde sie sterben?

Ich sehe noch vor mir, wie meine Mutter in dem Bett zappelte und zuckte. Sie war Mitte vierzig und in diesem Moment ein körperliches Wrack.

Ein Krankenwagen kam und brachte sie ins Altonaer Krankenhaus. Die Ärzte diagnostizierten ein Delirium tremens, ein organisches Psychosyndrom, das durch sehr starken Rausch oder durch Entzug ausgelöst werden kann. Sowohl das Bewusstsein als auch die Aufmerksamkeit werden beeinträchtigt. Der Patient halluziniert.

Meine Mutter blieb zwei Wochen in der Klinik. Nachdem wir sie abgeholt hatten aus dem Hochhaus, das an der A7 direkt am nördlichen Ausgang des Elbtunnels steht, fuhren wir mit ihr zum Hirschpark und machten einen Spaziergang. Sie hatte gute Vorsätze gefasst im Krankenhaus. Das Delirium hatte sie selbst stark beeindruckt und nachdenklich gemacht. Nun, sagte meine Mutter, werde alles besser.

Außenseiter

»Große Freiheit« heißt eine der Parallelstraßen zum Hamburger Berg. Freiheit mag manch einer fühlen, wenn er dort Bordelle, Kneipen oder Klubs besucht. Und auch die Menschen, die auf St. Pauli leben und ihr Geld dort hauptsächlich in Alkohol stecken, mögen ihre Aufenthalte in den Kneipen als eine Art Selbstbestimmung empfinden. Tatsächlich jedoch wird in der Kneipe die Unfreiheit zementiert, in der Alkoholiker gefangen sind. Viele von ihnen können nicht mit dem Trinken aufhören. Sie können ihren Konsum nicht einmal reduzieren. Zu diesen Menschen zählten auch mein Vater und meine Mutter.

Meine Großeltern Martha und Berthold haben meine Mutter natürlich trotzdem besucht, als sie wegen des Deliriums im Krankenhaus lag. Sie standen, soweit es ihnen möglich war, zu ihrer Tochter. Vor der weiteren Verwandtschaft haben sie den Zustand meiner Mutter allerdings nicht verbergen können und auch nicht die Verhältnisse, in denen sie mit ihrer Familie lebte. Die Hoppes, das war der Teil der Familie, der auf St. Pauli wohnte und einen entsprechenden Lebenswandel pflegte. Als ein Cousin meiner Mutter, der einen hohen Posten in einem Hamburger Unternehmen hatte, auf Sylt heiratete und dort auch im großen Stil feierte, hieß es, Kinder seien nicht eingeladen. Meine Eltern reisten deshalb allein auf die Insel. Dort sahen sie dann, dass alle anderen Familien ihren Nachwuchs durchaus mitgebracht hatten. Nur uns, die Kinder von St. Pauli, hatte man nicht dabeihaben wollen.

»Betroffene Kinder haben oft das Gefühl, nicht ›normal‹ zu sein«, heißt in dem Aufsatz »Kinder von suchtkranken Eltern – Grundsatzpapier zu Fakten und Forschungslage«, den die Professoren Michael Klein, Rainer Thomasius und Diana Moesgen verfasst haben. »Sie schämen sich deshalb und fühlen sich als Außenseiter. Dies verleitet die Kinder dazu, zu versuchen, ihre Situation vor anderen geheim zu halten, zu lügen oder Phantasiegeschichten zu erfinden.« Als Außenseiterin habe ich mich tatsächlich gefühlt in meiner Zeit auf St. Pauli, im Kindergarten wie auch in der Grundschule. Und ich habe – aus Scham – auch geheim gehalten, in welchen Zuständen ich aufwuchs. Die Geheimhaltung kommt selten ohne Lügen oder Fantasiegeschichten aus. Zu lügen wiederum ist eine typische Verhaltensweise von Co-Abhängigen. In der weiteren Familie allerdings haben meine Großeltern Martha und Berthold zum Glück verhindert, dass ich mir wie eine Außenseiterin vorkommen musste. Die ausdrückliche Nichteinladung von uns Kindern zur feinen Hochzeit auf Sylt war nur eine Ausnahme. Mögen die Verwandten uns als Schmuddelkinder abgestempelt haben – meine Großeltern haben diese Einschätzung nicht an ihre Enkel herangelassen und uns stattdessen Normalität und Geborgenheit vermittelt.

Du sollst dich doch nicht mit ihr treffen

Hoffnung und Neuanfang · Deeskalation
Andere Mütter · Freiräume

Ende Januar 1976, mit Ablauf des ersten Schulhalbjahrs, zogen meine Eltern, Thomas und ich aus St. Pauli weg. Meine Mutter hatte ihren Job verloren, aber schnell wieder etwas Neues gefunden. Sie arbeitete nun für ein traditionsreiches Hamburger Handelsunternehmen mit Sitz in der Innenstadt. Dem Unternehmen gehörte auch unsere neue Wohnung in Winterhude. Dieser Stadtteil grenzt an die Außenalster und ist heute zu großen Teilen ein schickes und teures Wohnviertel. Auch schon damals war Winterhude mindestens bürgerlich.

Von den meisten neuen Nachbarn bekam ich nichts mit, von den Schülers im Erdgeschoss schon. Susanne war ein Jahr älter als ich. Wir freundeten uns schnell an. Sie machte Eiskunstlauf, ihre Mutter hatte den Sport professionell betrieben und trainierte nun ihre Tochter. Im Sommer übte Susanne auf Rollschuhen. Ich bin bald mit ihr gefahren und besuchte sie auch zu Hause. Ihre Mutter kümmerte sich um uns und spielte hin und wieder auch einige Gesellschaftsspiele mit uns. An einem Tag ging ich mit Susanne und ihrer

Mutter die Winterhuder Einkaufsstraße Mühlenkamp entlang zu einem Lebensmittelladen. Das Geschäft war nicht groß und doch mit etlichen Regalen vollgestellt, ein Mini-Supermarkt mit dem Anspruch, halbwegs alles anzubieten, was man so braucht. Für die Kunden standen kleine, schmale Einkaufswagen bereit. In der Spirituosenabteilung griff ich mir einen Weinbrand und einen Erdbeersekt aus dem Regal und legte die beiden Flaschen in den Einkaufswagen von Susannes Mutter. Frau Schüler schüttelte empört den Kopf, sagte aber nichts. Wahrscheinlich wusste sie bereits, was bei mir zu Hause los war.

Geld hatte ich dabei und konnte meinen ungewöhnlichen Einkauf selbst bezahlen. Die Kassiererin stellte mir keine Fragen, warum sollte sie auch? Frau Schüler stand ja neben mir.

Weshalb genau ich meiner Mutter ihre Lieblingsgetränke besorgte, weiß ich nicht mehr. Vielleicht wollte ich ihr eine Freude machen. »Beispiele für co-abhängiges Verhalten: wenig hilfreiche Fürsorge. Der suchtkranken Person wird Alkohol gekauft, um sie bei Laune zu halten«, heißt es in einem Artikel der Krankenkasse AOK über Co-Abhängigkeit. Das trifft auf meine Mutter und mich ziemlich genau zu. Vielleicht hatte sie mich aber auch selbst gebeten, ihr die Flaschen mitzubringen. Oder aber ich besorgte ihr das Zeug, weil ich nicht wollte, dass sie selbst losging und torkelnd auf dem Mühlenkamp gesehen würde. Möglich ist auch, dass meine Mutter mich erpresst hatte, indem sie drohte, sie könne sonst morgen nicht zur Arbeit gehen. Dass sie ihren neuen Job verlieren könnte, war Thomas' und meine größte Angst. Uns war klar, dass wir dann auch aus unserer neuen Wohnung geflogen wären.

Ich steckte den Sekt und den Weinbrand in ein grobmaschiges Einkaufsnetz, verließ gemeinsam mit Frau Schüler und Susanne den Laden und schleppte die Flaschen nach Hause. Ich war acht Jahre alt.

Hoffnung und Neuanfang

Wir hatten uns verbessert mit unserer neuen Wohnung, und wie. Das Mehrfamilienhaus war noch relativ neu und lag nah an einem der vielen schönen Hamburger Kanäle, die in die Außenalster münden. Die Schülers im Erdgeschoss waren das, was man als ganz normale Familie bezeichnete, auch wenn Susanne selbst mit ihrem täglichen Eislauftraining ein wenig aus der Reihe fiel und außerdem immer eigenwillige Klamotten anhatte. Sie trug Oberteile und Röcke, die ihre Mutter ihr häkelte und die ein bisschen an Topflappen erinnerten. Die anderen Bewohner im Haus kannte ich allenfalls vom Grüßen.

Schon Eingangsflur und Treppenhaus unterschieden sich deutlich von unserem Haus am Hamburger Berg. Der Hauseingang war großzügig angelegt, mit Marmorplatten verkleidet und mit Spiegeln versehen, die ihn noch breiter wirken ließen. Unsere Wohnung lag im ersten Stock links, bestand aus drei Zimmern und besaß – was für ein Luxus – auch noch zwei Balkone. Vom vorderen konnten wir auf die schicke Gründerzeitvilla nebenan schauen. Ganz in der

Nähe befand sich das Mühlenkamper Fährhaus, ein Restaurant, in das auch der damalige Bundeskanzler Helmut Schmidt einkehrte.

Unsere Wohnung hatte Zentralheizung und außerdem ein richtiges Bad mit Wanne. Neben Wohnzimmer und Küche gab es noch zwei Schlafzimmer. Thomas durfte in das kleinere ziehen. Mein Bett stand erneut im Elternschlafzimmer. Immerhin durfte ich mir in unserem Wohnzimmer hinter der Couch eine Nische einrichten – mit einem Minitisch mit Schubladen. In die holzgetäfelte Wand dahinter schlug ich Nägel und hängte mir ein paar Stofftiere auf.

Unsere Küche war auch in der neuen Wohnung spärlich eingerichtet, für das Wohnzimmer aber besorgten meine Eltern einen richtigen Tisch mit Stühlen. Dort konnten wir essen. Und ich hatte einen Platz, um meine Hausaufgaben zu machen.

Mein Vater und meine Mutter freuten sich beim Einzug ebenso über den wohnlichen Fortschritt wie Thomas und ich. Die Tapeten mochten leicht vergilbt sein, dafür war unser neues Zuhause nicht klamm. Mein Bruder traute sich in Winterhude das erste Mal, seine Freundin mit nach Hause zu bringen. Ansonsten hatten wir keinen Besuch, nur meine Großeltern kamen.

Ich ging nun in die zweite Klasse der Grundschule Winterhuder Weg und kam schon mittags nach Hause. Es gab zwar einen Hort für die Schüler, deren Eltern nach Schulschluss noch arbeiteten. Doch da wollte ich auf keinen Fall hin und hatte das meinen Eltern auch gleich nach dem Umzug klargemacht. Unsere Wohnung lag ja nur ein paar Minuten von der Schule entfernt. So wurde ich ein Schlüsselkind.

In den ersten Wochen bin ich manchmal nachmittags mit der Straßenbahn in die Innenstadt gefahren und habe meine Mutter in der Firma abgeholt. Wenn ich dort ankam, war sie nüchtern. Ihr neuer Job als Schreibkraft hatte gerade begonnen, und sie riss sich zusammen. Auch das machte mir Hoffnung. Ich lebte nun schon in einer deutlich besseren Wohnung, hatte eine Art Freundin im Haus und eine Mutter, die nicht mehr regelmäßig trank – ein noch besseres Leben konnte ich mir gar nicht vorstellen.

Eine positive Veränderung sofort als neue Realität zu begreifen fällt einem als Kind leicht. In unseren ersten Wochen in Winterhude hatte ich keine Zweifel daran, dass nun wirklich alles besser würde. Für einen realistischen Blick war ich zu jung.

Während ich mich noch freute, still und leise und für mich, wie es meine Art war, fanden meine Eltern ein neues Stammlokal. Kneipen für Leute wie sie gab es auch in Winterhude. Ihr Lieblingsladen lag nur wenige Hundert Meter von unserer Wohnung entfernt. Der Wirt und seine Frau wohnten im Osten Hamburgs. Sie hatten eine Tochter in meinem Alter, und als meine Eltern die Wirtsleute besser kannten, schickten sie mich in den Ferien mal ein paar Tage dorthin. Ich weiß noch, wie sehr ich das große Haus und den riesigen Garten bestaunt habe. Die Familie besaß sogar ein Pony. Weil die Frau darauf auch sehr stolz war und außerdem sicher dachte, mir damit etwas Gutes zu tun, nötigte sie mich aufzusitzen. Ich ritt ein paar Runden, bis das Pony mich abwarf. Pferde mochte ich danach nicht mehr.

Die Frau brachte mich in einem ihrer Gästezimmer unter. Endlich konnte ich mal allein schlafen, in Ruhe, ohne die Geräusche meiner Eltern. Ich hätte das genießen können. Stattdessen lag ich auf dem Bett und war kreuzunglücklich. Das Mädchen hatte auch kein Interesse, mit mir zu spielen, und führte sich wie eine Prinzessin auf. Und dann war da noch ein Baby. Ich hatte Heimweh, sehnte mich nach meinem Zuhause. Die Besitzer der Kneipe mochten viel Platz haben und allerlei Annehmlichkeiten. Aber eine Wohnfühlatmosphäre hatten sie bei sich zu Hause nicht geschaffen.

In ihre Kneipe in Winterhude kamen neben meinen Eltern auch Leute, die keine Alkoholiker waren. Wenn ich meine Eltern zur Abendessenszeit abholte und sie aber noch nicht loswollten, bekam ich schon mal eine Bockwurst oder eine Ochsenschwanzsuppe aus der Dose. Mitunter durfte ich auch ein paar Zehn-Pfennig-Münzen in den Automaten mit den dragierten Erdnüssen stecken. Mein Vater schaute öfter in den *Stern* oder in den *Spiegel*, beide Magazine kaufte er sich hin und wieder. Ich las Micky-Maus-Hefte.

Manchmal konnten meine Eltern einfach kein Ende finden. Ich ging dann allein nach Hause und habe ferngesehen. Was ich mir anschaute, schrieb mir niemand vor, und so habe ich mehrere Dracula-Filme mit Christopher Lee gesehen. Die Horrorstreifen waren ganz sicher nichts für ein Kind im Grundschulalter. Aber bei mir war ja niemand da, der sie mir verbot.

Gelesen habe ich zum Glück altersgemäß. Thomas begann, nachdem er die Realschule abgeschlossen hatte, eine Lehre als Industriekaufmann. Von seinem ersten Lehrgeld kaufte er mir in der Buchhandlung am Mühlenkamp *Pipi im Taka-Tuka-Land* von Astrid Lindgren.

Deeskalation

Das Trinken wirkte sich bald wieder auf das Berufsleben meiner Mutter aus. Morgens kam sie längst nicht immer hoch. Manchmal schwänzte dann auch ich die Schule, allerdings nicht so oft wie vorher in St. Pauli.

Meine Mutter griff zu Hause weiterhin zu Springer Urvater und zum Erdbeersekt. Beide Getränke schenkte sie sich meistens in einen Kaffeebecher ein – als würde der Inhalt dann ein anderer. In den Sekt steckte sie manchmal noch eine Erdbeere. Den Geruch abgestandener obergäriger Früchte ertrage ich bis heute nur schwer. Meinen Vater sehe ich an einem der Holztische der Lieblingskneipe sitzen, ein Glas Bier und einen Korn vor sich. Er trinkt den Korn und schüttet dann den allerletzten Rest, der noch in dem Gläschen verblieben ist, in sein Bier, um ja keinen Tropfen des hochprozentigen Alkohols zu verschwenden. Den hatte er ja bezahlt.

Was mir auffiel: Meine Eltern konnten in der Kneipe einvernehmlich ihr Geld vertrinken und danach zu Hause trotzdem schwer aneinandergeraten. Manchmal reichte es schon, wenn nur einer der beiden so richtig auf Sendung war.

»Wie sieht es hier denn schon wieder aus?«, fragte mein Vater dann, wenn er in die Wohnung kam. Meine betrunkene Mutter antwortete mit Vorwürfen und Beleidigungen. Dass sie es nicht mehr aushalte, war noch das Mindeste, was sie meinem Vater an den Kopf knallte. Sie machte ihn wie schon so oft zuvor für die Pleite seiner Klempnerfirma verantwortlich und damit für unser Leben in Armut. Oder sie bezichtigte ihn, etwas mit Frau Fahlmann zu haben.

»Du Schwein!«, brüllte sie, »du Drecksau! Deine Mutter war doch eine Hure!«

»Und du? Was bist du denn? Du bist doch nur adoptiert. Was war deine Mutter denn?«, schrie er zurück.

Dieser Konter saß. Meine Mutter hatte niemals ihren Frieden machen können mit der Tatsache, dass sie fast nichts über ihre leibliche Mutter und gar nichts über ihren leiblichen Vater wusste.

Irgendwann kreischte sie nur noch, und vielleicht kippte sie meinem Vater den Inhalt ihres Getränks ins Gesicht. Als Antwort darauf oder auch einfach nur, um Ruhe zu bekommen, knallte mein Vater ihr dann eine. Das bedeutete allerdings nicht unbedingt, dass meine Mutter klein beigab. Wenn sie konnte, versuchte sie zurückzuschlagen.

An Wochenenden stritten und schlugen sie sich zuweilen schon am Nachmittag. Manchmal pochte es dann an der Decke, oder es klingelte. Doch meine Eltern machten nicht auf. Ab und zu haben Nachbarn an solchen Tagen die Polizei verständigt. Die Beamten kamen dann, klopften an der

Wohnungstür, und wenn mein Vater »Aufmachen, Polizei!« hörte, öffnete er auch. Ein Polizist fragte, ob alles in Ordnung sei. Er habe hier eine Meldung bekommen, dass lauthals gestritten würde. Ja, da sei etwas zu regeln gewesen mit seiner Frau, beschwichtigte mein Vater. Aber jetzt sei alles geklärt. Wenn nicht, müsse man ihn mitnehmen, sagte der Polizist noch. Dann zogen er und sein Kollege wieder ab. In die Wohnung war die Staatsmacht nicht gelangt, die Beamten hatten nicht einmal gefragt, ob sie hereinkommen dürften. Ich weiß nicht, ob mein Vater sie gelassen hätte. So jedenfalls haben sie meine Mutter nicht zu Gesicht gekriegt. Und sie haben auch nicht mitbekommen, dass da noch ein Mädchen wohnte. Die Mission der Streifenpolizisten war, für Ruhe zu sorgen, und das hatten sie fürs Erste getan. Falls sie später einen Bericht verfasst haben, werden sie nichts vom Verdacht auf häusliche Gewalt hineingeschrieben haben und schon gar nichts von möglicher Gefährdung des Kindeswohls.

Wenn meine Eltern sich stritten, hat manchmal auch mein Vater selbst deeskaliert. Seine Taktik war einfach und wirksam – er haute ab. »Nimm deine Jacke, zieh dir Schuhe an«, hat er mir gesagt, wenn meine Mutter sich so in den Streit hineingesteigert hatte, dass sie sich nicht mehr stoppen ließ. Vielleicht wollte er sich auf diese Weise selbst davor schützen, meine Mutter zu schlagen. Manchmal allerdings, glaube ich, hatte auch er Angst vor ihr.

Für meinen Vater gab es noch einen anderen Grund, meine Mutter allein weiterwüten zu lassen. Die Polizei musste sich ja nicht mit ein paar freundlichen Sätzen ab-

speisen lassen – sie konnte auch mal energisch Einlass be-
gehren. Dann würden die Beamten mich wahrnehmen. Und
dann würden sie sich womöglich an das Jugendamt wenden.
Mit dem Jugendamt, das mich in ein Heim stecken konnte,
wollte mein Vater es nicht zu tun bekommen. Meine Eltern
liebten mich, auf ihre Art. Sie wollten mich auf keinen Fall
verlieren.

Mir erklärte damals Thomas, dass es ein Jugendamt gibt
und dass die Leute vom Jugendamt Kinder in einer Notun-
terkunft unterbringen, wenn die Eltern sich nicht kümmern
und sich schlimm benehmen. Ich bekam es ziemlich mit der
Angst zu tun, als ich das hörte. Die Vorstellung, dass dieses Jugendamt zu uns käme und mich dann womöglich in
ein Heim steckte, war der blanke Horror für mich. Ich wollte
ja bei meinen Eltern bleiben, trotz allem und allein schon,
um im Rahmen meiner Möglichkeiten auf sie aufzupassen.
Ich stellte für mich klar, dass die Probleme, die es in unserer
Familie gab, nie, nie, nie nach draußen gelangen durften.
Daran hielt ich mich und verfiel in eines der für Co-Abhängige typischen Verhaltensmuster, wie man sie heute auf der
Homepage von kidkit.de nachlesen kann, einem Projekt des
Vereins KOALA und der Drogenhilfe Köln. »Wenn ein Familienmitglied suchtkrank ist, ändert sich für jeden in der Familie etwas«, steht dort. »Oft wird aber in der Familie gar
nicht darüber gesprochen, dass etwas nicht stimmt. Innerhalb der Familie wird vielleicht das Gefühl vermittelt, dass
man lieber nicht darüber reden sollte, was man fühlt und
welche Ängste man hat. Viele, denen es so geht wie dir, erzählen gar nicht mehr von ihrer Familie aus Angst, andere

könnten von der Sucht und den damit verbundenen Problemen erfahren.«

Wie die Berater von Kidkit weiter schreiben, könne es allerdings hilfreich sein, sich jemandem anzuvertrauen, um das loszuwerden, was einen beschäftigt und belastet. »Andere an deinen Gefühlen teilnehmen zu lassen heißt nicht, dass du deine Familie hintergehst! Wenn es keiner aus deiner Familie ist, dem du von deinen Sorgen und Ängsten erzählen kannst, dann gibt es vielleicht einen guten Freund oder eine Freundin? Vielleicht aber auch jemanden aus deiner Verwandtschaft oder einen Lehrer oder eine Lehrerin?«

Sich jemand anderem zu öffnen, nun ja, das wird richtig sein. Ich weinte mich bei meinem Bruder aus und fragte ihn um Rat. Aber Thomas war ja Teil unserer Familie und ebenfalls ein Co-Abhängiger. Einer fremden Person hingegen – und damit meine ich auch eine Freundin oder eine Lehrerin – vertraute ich mich nicht an. Niemals hätte ich das getan. Erstens ging das doch niemanden etwas an. Zweitens schämte ich mich viel zu sehr. Und vor allem, drittens, fühlte ich mich meinen Eltern viel zu sehr verbunden. Ich wollte sie auf gar keinen Fall verlieren, wollte nicht weg von ihnen. Sie sollten sich ändern, das ja, unbedingt sogar. Sie sollten so sein, wie sie ja manchmal auch waren, nüchtern. Und das sollten sie von selbst hinbekommen. Wenn aber andere weitererzählen würden, was bei uns ablief, konnte das alles gefährden. Stichwort Jugendamt, damit war alles gesagt. Nein, draußen musste ich die Klappe halten. Ich habe deshalb als Kind niemandem etwas erzählt von den Ausfällen und schlimmen Streitereien meiner Eltern. Mich hat aber auch nie jemand danach gefragt, weder in der Schule noch in unserem Haus.

Wenn mein Vater und ich abends oder auch nachts aus unserer Wohnung flohen, gingen wir erst mal zum Auto. Im Sommer haben wir dann dort geschlafen. Ich saß auf dem Beifahrersitz und kurbelte die Rückenlehne ganz weit nach hinten. Im Winter ist mein Vater zuerst ein bisschen herumgefahren, damit es warm wurde im Wagen. Er hat mir dann immer gesagt, ich solle schon mal einschlafen. Das ist mir zuweilen auch gelungen, bei aller Aufregung war ich ja hundemüde. Irgendwann hat mein Vater dann angehalten, geparkt und versucht, auch selbst zu schlafen. Er musste schließlich am nächsten Tag wieder pünktlich zur Arbeit.

Andere Mütter

In Winterhude hat Thomas vom exzessiven Trinken meiner Eltern weniger mitbekommen als ich. Er konnte ja wie schon vorher auf St. Pauli jederzeit weg. Manchmal hat er seine Kumpels besucht und dann auch dort übernachtet. Das heißt aber nicht, dass mein Bruder nicht versucht hätte, etwas zu ändern. Gemeinsam haben wir die Wohnung nach Alkoholverstecken unserer Mutter durchsucht. Wir taten das oft in der Hoffnung, dass sie dann weniger trinken und es so am nächsten Tag zur Arbeit schaffen würde. Der Inhalt jeder Flasche, die wir fanden, landete im Ausguss. Thomas und ich halfen uns gegenseitig dabei, klar Schiff im Haushalt zu machen. Die Wohnung in Winterhude war neuer, schöner und wärmer, aber nicht aufgeräumter. Den Abwasch hat meine Mutter selten gemacht. Da ich meistens schon um 13.30 Uhr aus der Schule zurückkam und damit viel Zeit zu Hause verbrachte, konnte ich das Chaos schwer ertragen.

Dass ich auf St. Pauli gewohnt hatte, verschwieg ich in meiner Klasse. Gefragt wurde ich natürlich, und zwar gleich zu Beginn, warum ich denn hergezogen sei und wo wir vorher gewohnt hätten. Es war ungewöhnlich, dass Familien innerhalb der Stadt umzogen und Kinder die Schulen wechselten. Ich habe mir die Wahrheit erspart und einfach gesagt, wir hätten in der Innenstadt gewohnt. Da kamen dann zum Glück keine Nachfragen.

Im Unterricht verhielt ich mich still und abwartend. Ich nehme mal an, dass meine Lehrer mich in die Schublade »liebes, nettes, ruhiges Mädchen« steckten. Da gehörte ich wohl auch hinein. An manchem Tag ging mir während des Unterrichts durch den Kopf, was ich gerade in unserer Wohnung erlebt hatte. Der Gedanke, dass das Jugendamt sich einmischen könnte, beschäftigte mich nachhaltig. »Ich bin hier weg, wenn ich achtzehn bin«, hatte Thomas mir bereits angekündigt. Schön, dann würde ich sein Zimmer übernehmen können. Aber auch schrecklich, denn dann wäre ich allein mit meiner Mutter und meinem Vater.

Nach einem halben Jahr an meiner neuen Schule hatte ich mich laut meinem Zeugnis vom Sommer 1976 »gut in die Klassengemeinschaft eingelebt«. Das Unterrichtsgeschehen verfolgte ich »mit Interesse«. In Mathe bekam ich eine Vier, meine Leistungen dort seien »teilweise schlechter als ausreichend«, schrieb mein Lehrer. In bildende Kunst hingegen erhielt ich eine Zwei. Das nächste Zeugnis ein halbes Jahr später fiel ähnlich aus. Meine Leistungen waren wohl den Umständen entsprechend.

In unserer Klasse fand ich endlich eine Freundin, Birgit. Sie wohnte mit ihren Eltern in einer schönen Hochhauswohnung. Dort habe ich sie öfter besucht. Birgits Mutter arbeitete halbtags, und mittags stand immer ein vernünftiges Essen auf dem Tisch. In den Ferien verreiste Birgit mit ihren Eltern und ihrer Schwester. Die Familie besaß auch ein Wochenendhäuschen in Schleswig-Holstein. Der Vater arbeitete bei einem VW-Händler und fuhr einen neuen Golf. Ich fand, dass Birgit eine tolle Familie hatte.

Sie mit zu mir zu nehmen, habe ich vermieden. Sie fragte mich zwar immer wieder, doch dann ließ ich mir eine Lügengeschichte einfallen. »Meine Mutter ist im Krankenhaus«, sagte ich einmal. Birgit hat das dann ihrer Mutter erzählt. Als ich beim nächsten Mal mit zu Birgit kam, sprach die Mutter, die eigentlich nett war, mich darauf an. Warum ich Birgit angelogen hätte, fragte sie mich, das gehe gar nicht. »Lügengeschichten wollen wir nicht.« Ich reagierte kleinlaut, entschuldigte mich. Damit gab Birgits Mutter sich zufrieden. Am Grund meiner Lüge war sie nicht interessiert. Heute frage ich mich, warum die Mutter nicht wissen wollte, was tatsächlich los gewesen sei. Dass irgendetwas bei uns zu Hause nicht in Ordnung war, konnte sie sich ja denken. Sie rief auch nicht bei meinen Eltern an. Vielleicht scheute sie die Auseinandersetzung. Vielleicht dachte sie auch, es sei ja nicht ihre Angelegenheit. Ich selbst war heilfroh, dass sie die Sache auf sich beruhen ließ.

Birgits Eltern nahmen mich einmal mit in ihr Häuschen auf dem Land. Es wurde ein schönes Wochenende, harmonisch, die Eltern kochten, wir hielten uns fast die ganze Zeit draußen in der Natur auf. Als die Familie mich wieder zu Hause absetzte, habe ich mich in einem Maß bedankt, das der Mutter offenbar übermäßig erschien. Birgit jedenfalls erzählte mir später, ihre Mutter habe gemeint, ich hätte mich wohl völlig übertrieben bedankt, damit ich beim nächsten Mal wieder mitdürfte.

Das Verhalten der Mutter enttäuschte mich sehr. Ich hatte das Wochenende auf dem Land wirklich schön gefunden, so eine Erfahrung hatte ich vorher noch nicht gemacht. Und beim Abschied hatte ich mich nun eben bedankt, vielleicht einmal zu viel, aber mit Sicherheit ohne jeden Hintergedanken. Wenn Birgits Mutter das Gefühl hatte, ein gutes Werk vollbracht zu haben – nun gut, das war dann eben so. Doch mich ließ sie durch ihren Kommentar spüren, dass sie und ihre Familie zur Mittelschicht zählten und ich eben nicht.

Meine Klassenkameradin Sandra habe ich auch mal besucht. Die Familie wohnte in einem typischen Hamburger Rotklinkerbau. Wir waren zuerst allein und hörten in Sandras Zimmer ABBA. Dann kam ihre Mutter nach Hause. Auch sie arbeitete halbtags, das weiß ich noch.

»Du musst jetzt leider gehen«, sagte die Mutter in eher unfreundlichem Ton zu mir. Den Grund dafür bekam ich mit, als die Wohnungstür gerade zugefallen war und ich noch im Treppenhaus stand. »Du sollst dich doch nicht mit ihr treffen. Das haben wir doch besprochen«, hörte ich Sandras Mutter sagen.

So etwas hat mich traurig gemacht. Man zeigte mir, wo mein Platz war. Dabei kannte die Mutter mich gar nicht. Warum war sie so gemein? Oder wusste sie, wie meine Eltern lebten und dass sie tranken? Und falls sie das wusste, was konnte ich denn dafür?

Einmal hatten meine Eltern tatsächlich an einem Elternabend in der Schule teilgenommen. In meinem ersten Schulhalbjahr in Winterhude hatte ich den Zettel mit der Einladung noch unterschlagen, doch vor dem nächsten Abend sagte unser Lehrer mir, dass meine Eltern diesmal ja wohl nicht wieder krank seien und doch sicherlich kommen würden. Ich traute mich nicht, den Termin für mich zu behalten, und so erschienen sie dann, ein Mann Ende fünfzig, und damit deutlich älter als alle anderen Väter, und eine Frau, die alles andere als frisch aussah und deren Atem wohl nach Alkohol roch. Einen tieferen Einblick in unser Familienleben werden meine Eltern sicher nicht gewährt haben, doch vielleicht hat Sandras Mutter an diesem Abend entschieden, dass ich kein guter Umgang für ihre Tochter sei.

Freiräume

Ich selbst habe so gut wie nie etwas von zu Hause erzählt. Einmal waren meine Eltern in der Innenstadt im Kino Streits, das direkt auf dem Jungfernstieg an der Innenalster lag. Sie sahen *Einer flog übers Kuckucksnest* mit Jack Nicholson. Von diesem Besuch, der mir wie eine große Sache vorkam, habe ich in der Klasse berichtet. Dass aber zum Beispiel an Heiligabend 1976 meine Eltern beide völlig betrunken auf der Couch lagen, erfuhr niemand in der Schule. Der Weihnachtsbaum war nur zur Hälfte geschmückt, in der Küche lagen Lebensmittel herum, die meine Eltern nach dem Einkauf nicht weggeräumt hatten. Stattdessen hatten sie gestritten und sich dann auch gegenseitig geschlagen.

Thomas weinte bitterlich an diesem Abend. Er war siebzehn und konnte die Wohnung und seine Familie nicht einfach verlassen – es war Weihnachten, und seine Freundin wie auch seine Kumpels saßen zu Hause bei ihren Eltern. Außerdem wollte Thomas mich auch gar nicht mit unseren Eltern allein lassen. Wir haben uns dann gegenseitig bemitleidet und getröstet. »Scheißweihnachten, brauchen wir eh nicht«, so in etwa halfen wir uns da heraus. Am ersten Feiertag fuhren wir immerhin alle zu Oma und Opa.

Man kann ja immer versuchen, sich einzureden, dass man etwas, das man nicht bekommen kann, auch gar nicht will. An jenem bitteren Heiligabend hat es bei mir funktioniert. Lange währte diese Kraft der Autosuggestion allerdings nicht. In mir lebte ständig die Sehnsucht, dass alles besser, alles normal würde und wir als Familie dann auch gewöhnliche Weihnachten feiern könnten. Dass eine andere Art des Familienlebens möglich ist, wusste ich auch schon im Grundschulalter. Ich musste ja nur fernsehen, die US-Serie »Die Waltons« zum Beispiel, die in jenen Jahren lief. Jede Folge ging damit zu Ende, dass sich alle gegenseitig Gute

Nacht sagten. Pure Harmonie schien über dieser Familie zu liegen.

Wenn ich es schön haben wollte, musste ich selbst etwas dafür tun, das wurde mir früh klar. In Winterhude bat ich meine Nachbarin Susanne, mir beizubringen, wie man Fahrrad fährt. Danach fragte ich meinen Vater, ob ich nicht auch ein Rad bekommen könnte. Er besorgte dann über einen Kollegen tatsächlich ein ausrangiertes Exemplar. Es war ein Klapprad und eigentlich für Jugendliche oder Erwachsene gedacht, doch der Sattel ließ sich weit herunterstellen. Dank diesem roten Rad fühlte ich mich mit einem Mal freier, es erweiterte meine Welt. Ich war mobil, konnte Straßen und Parks außerhalb meiner unmittelbaren Nachbarschaft erkunden. Was für ein Glück!

Am Wochenende fuhr ich los, den ganzen Winterhuder Weg hinunter, mehr als zwei Kilometer weit bis fast zu den Mundsburg-Hochhäusern. An einem Kiosk hielt ich an. Ich stieg ab, parkte sorgfältig mein Rad, drückte das Speichenschloss zu und kaufte mir dann feierlich ein Eis. Damit setzte ich mich auf eine Bank und bestaunte dankbar mein Gefährt, das mir dieses vollkommen neue Gefühl von Freiheit ermöglicht hatte.

Einmal fuhr ich in dieselbe Richtung, allerdings fast doppelt so weit und bis zur Wohnung meines Bruders Joachim. Es ging immer nur geradeaus, das wusste ich, weil wir die Strecke schon mit dem Auto gefahren waren. Ein gutes Orientierungsgefühl hatte ich.

Google Maps gibt für die Strecke auf dem Fahrrad heute eine Viertelstunde an. Ich habe damals mit meinem Klapprad sicher mindestens die doppelte Zeit gebraucht. Allein fuhr ich durch die große Stadt und zumindest für den Moment heraus aus meiner Misere.

Mir wurde klar, dass ich auf meinem Rad überallhin fahren konnte. Wichtig war nur, dass ich mir den Weg merkte, damit ich wieder nach Hause kam. Der Weg war mein Ziel. Ich fuhr irgendwohin und machte es mir dabei nett. Das war nicht dumm, denke ich heute. Es gab noch nicht den Begriff der Resilienz, man hätte wahrscheinlich eher von Eigenständigkeit gesprochen. Die hat sich bei mir in Winterhude gut entwickelt.

Ich hatte keine große Klappe und wenig Selbstbewusstsein. Doch ich hätte niemals gesagt, dass ich mir ein paar Kilometer allein durch Hamburg nicht zutraue. Und – ich traute mich ja auch. Mein Vater sagte mal, für eine Achtjährige sei es zu weit bis zu Joachim. Doch ich ließ mir meine neue Freiheit nicht nehmen. Eifrig legte ich weiterhin meine Strecken zurück.

Ich konnte etwas. Ich schaffte etwas. Allein das war schon ein gutes Gefühl. Hinzu kam, dass andere Mädchen sich nicht allein mit dem Fahrrad von zu Hause entfernten, ganz einfach, weil ihre Eltern ihnen das niemals erlaubt hätten.

Einmal habe ich in der Schule von meinen Touren berichtet. »Was? Das durftest du?«, fragte eine in der Runde. Damit hatte sie die Sache gleich wieder negativ belegt. Ich jedenfalls fühlte mich wie ein Exot, dem die Eltern unglaubliche Dinge erlaubten. Es war ein Fehler gewesen, überhaupt davon zu sprechen. Meine Trips blieben fortan mein Geheimnis. Sie führten allerdings bald ohnehin durch andere Gegenden.

Es war nur eine Frage der Zeit gewesen, dass meine Mutter ihre Stelle verlieren würde. Sie erschien mitunter ungepflegt, mit einer Fahne oder auch gar nicht im Büro. Als sie nach einem Jahr die Kündigung erhielt, hatte das Folgen für die ganze Familie. Mit dem Job meiner Mutter ging auch die von der Exportfirma vermietete Wohnung verloren.

Dass das jederzeit passieren konnte, muss meinen Eltern klar gewesen sein, denke ich heute – und zweifle zugleich daran. Beide waren Meister der Verdrängung. Probleme gingen sie erst an, wenn sich diese nicht mehr wegschieben ließen.

Mit der Hilfe von Arbeitskollegen ergatterte mein Vater eine Wohnung weit im Osten Hamburgs. Ich bekam zwar mit, dass wir unsere Wohnung in Winterhude nicht freiwillig räumten, doch dass ich nun erneut aus meiner Umgebung herausgerissen wurde, redete ich mir schön. So toll war es jetzt auch wieder nicht hier, sagte ich mir. Ich fand auch noch weitere Gründe, zuversichtlich nach vorne zu schauen. Thomas würde mitkommen in die neue Wohnung. Und ich selbst sollte erstmals nicht mehr im Zimmer meiner Eltern schlafen müssen.

Conni, wir müssen hier weg

Freundinnen • Sich anders fühlen
Gemeinsame Fluchten • Kinderkur
Geburtstag • Wünsche • Eskalation

Von unserer neuen Wohnung im Stadtteil Rahlstedt musste man nicht weit radeln, um das Häusermeer hinter sich zu lassen. Nach drei Kilometern wurde der Blick weiter und der Himmel höher, man hatte jetzt nur noch Wiesen, Bäche und ein Moor vor sich. Hier begann bald schon Schleswig-Holstein. Das platte Land war nah. Doch bis an den nordöstlichen Stadtrand Hamburgs bin ich nie gefahren. Während meiner Schulzeit bedeutete mir die Natur nicht viel, ich war ein Stadtkind durch und durch. Die Straße, in der wir nun wohnten, hieß immerhin Birkenallee. Unsere neue Wohnung lag in einem vierstöckigen, rot verklinkerten Block ohne Aufzug, einem von mehreren solcher Häuserreihen. Direkt hinter den Blocks verlief ein breiter Streifen Wiese mit Fußweg und etlichen Bäumen. Für mich war schon das weitaus mehr Grün als gewohnt. Wir wohnten ganz oben, mit Balkonblick nach Südwesten. In Hörweite befand sich eine Kaserne der Bundeswehr. Wenn die Soldaten zu einer Übung ausrückten, rollten dort die Panzer aus dem Tor. Mein Vater, der im Krieg selbst Panzer gelenkt hatte, verfolgte das immer mit großem Interesse.

Freundlich, hell und gut geschnitten – anders kann man die Wohnung nicht beschreiben. An den Wänden hingen Tapeten mit Wabenmuster in etwas verblasstem Gelb-Orange. Auf einem Bord an der Wand stand ein grünes Telefon. Neben dem Elternschlafzimmer und dem großen Wohnzimmer gab es zwei kleine Kinderzimmer.

Ich bekam jetzt, mit neun Jahren, endlich meine eigenen vier Wände, in die ich mich auch tagsüber zurückziehen konnte. Außerdem besorgte mein Vater mir einen Schreibtisch. Für unser Wohnzimmer kauften meine Eltern eine neue Eckcouch. Da mochten die übrigen Möbel weiterhin aus dritter Hand stammen und die Zimmerböden mit abgenutztem Teppich ausgelegt sein – das störte mich nicht. Ich fühlte mich erst einmal großartig in unserer neuen Wohnung.

Meine Mutter fand eine Anstellung bei einer Zeitarbeitsfirma, die sie als Schreibkraft in verschiedene Unternehmen schickte. Die Jobs überforderten sie nicht, denn an der Schreibmaschine machte ihr niemand etwas vor. Sie tippte schnell, beherrschte Rechtschreibung und Grammatik.

Mein Vater arbeitete weiter für Hinterhofklempnereien irgendwo in Hamburg. Als Vorteil erwies sich, dass er einen Meisterbrief besaß. Immer mal wieder stellte man ihn an, weil ein Handwerksbetrieb in Deutschland eben einen Meister haben muss.

Ich ging auf die nur zweihundert Meter entfernte Grundschule Paracelsusstraße. Die Klassenräume lagen ebenerdig und im ersten Stock, es gab Pavillons, Laubengänge und eine große Aula. Die meisten Schüler wohnten wie ich in einem der vierstöckigen Wohnblocks, manche aber auch in Reihenhäusern. Einige lebten sogar in einem frei stehenden Haus. Ich kam in die dritte Klasse. Zur Anmeldung begleitete mich mein Vater, der an dem Tag wie so oft einen grauen Mantel und eine Prinz-Heinrich-Mütze wie Helmut Schmidt trug. Ich schämte mich ein bisschen für ihn. »Guck mal, die ist mit ihrem Opa da«, sagte ein Kind im Vorbeigehen.

Meine neue Klasse entpuppte sich als eine gute Gemeinschaft, geleitet von Frau Ulrich, einer warmherzigen, mütterlichen Lehrerin. Mein Einstieg verlief allerdings unglücklich. Die Mitschüler probten gerade für eine Zirkusvorstellung, bei der jeder etwas aufführen sollte. Ich beherrschte nun aber keinerlei Tricks, und um wie die anderen ein Kunststück zu erlernen, fehlte die Zeit. Weil ich dennoch mitmachen sollte, setzte mich Frau Ulrich als Clown ein. Sie übergab mir ein entsprechendes Kostüm und dazu ein für mich viel zu kleines Rad von einem ihrer Kinder. Damit sollte ich dann auf der Bühne immer im Kreis fahren. Das tat ich auch. Dass ich so zur allgemeinen Erheiterung beitrug, konnte ich nicht genießen, dafür war ich viel zu unsicher. Ich hatte nur das Gefühl, mich lächerlich zu machen.

»Kommen deine Eltern denn auch?«, fragte mich Frau Ulrich am Tag vor der Aufführung.

»Nein, die sind krank«, antwortete ich. Damit hatte ich meiner neuen Lehrerin gleich mal ins Gesicht gelogen. Doch das war für mich das kleinere Übel.

Vorkehrungen treffen, zwischen zwei Möglichkeiten abwägen und entscheiden, welche weniger schlimm ist, sich irgendwie aus der Affäre ziehen – das habe ich während meiner Schulzeit oft machen müssen. In diesem Fall wollte ich vorbeugen. Auf keinen Fall sollte man mich sofort als Tochter komischer Eltern wahrnehmen. Und erst recht wollte ich mich nicht gleich wieder als Schmuddelkind abstempeln lassen.

Freundinnen

Meine erste Freundin in Rahlstedt, überhaupt meine erste »beste Freundin«, würde ich sagen, hieß Michaela und wohnte im Erdgeschoss unseres Hauses. Mit ihr habe ich mich schnell angefreundet. Wir spielten Gummitwist, schnallten uns die Rollschuhe unter oder spielten einfach nur die Auftritte der Stars in den Hitparaden nach. Michaela und ich waren dann zum Beispiel Baccara, ein Duo zweier Spanierinnen. Deren Single »Yes Sir, I can boogie« stand an der Spitze der Charts.

Musik hat mir schon damals viel bedeutet. Michaela und ich wuchsen mit der ZDF-Hitparade auf, liebten auch Sendungen wie Disco mit Ilja Richter und Musikladen von Radio Bremen. Um zu Liedern wie »Tanze Samba mit mir« Schritte einzustudieren, brauchten wir nur ein paar Kissen, die uns als Bühne dienten.

Ich habe mich dann auch getraut, Michaela in unsere Wohnung mitzubringen. Ich hatte ja nun ein eigenes Zimmer, und außerdem fand ich unsere Wohnung grundsätzlich schön und vorzeigbar. Michaela selbst durfte niemanden zu sich einladen.

In der Schule habe ich auch ein paar Kontakte knüpfen können. Ich war nicht unbeliebt und mit meiner zurückhaltenden Art ein Mädchen, das meine Klassenkameradinnen grundsätzlich gut mit nach Hause bringen konnten. Das taten sie auch. So bekam ich bald einen Eindruck davon, wie meine Klassenkameradinnen lebten.

Auch in unserem Haus habe ich noch eine andere Familie kennengelernt, eine englische, die zwei Etagen unter uns wohnte. Eine der beiden Töchter war in meinem Alter, und wenn ich sie besucht habe, fühlte ich mich immer sehr wohl. Die Mutter, die nicht arbeitete, schuf zu Hause eine behagliche Stimmung. Ich glaube, sie mochte mich, oder sie hatte Mitleid mit mir. Jeden Sonntag fuhr die Familie mit ihrem englischen Auto, dessen Steuer auf der rechten Seite angebracht war, zum Hauptbahnhof in der Innenstadt. Dort wurden englische Zeitungen und Süßigkeiten gekauft. Manchmal durfte ich mit. Der Vater drehte dann die Musik auf, die Kinder sangen mit oder redeten laut miteinander. Was im Auto gesprochen wurde, verstand ich zum großen Teil nicht, aber es ging in der Regel lustig und ausgelassen zu. Die müssen eine glückliche Familie sein, dachte ich immer.

Bei uns zu Hause kamen derweil öfter mal Freunde von Thomas zu Besuch. Wenn sie in seinem Zimmer auf dem Boden saßen und sich unterhielten, durfte ich dabei sein. Ich fand es spannend, vor allem, wenn auch Mädchen zur Runde zählten. Meistens verhielt ich mich ruhig, um nicht aufzufallen und beobachten zu können. Ich durfte auch schauen, was die älteren Mädchen in ihren Handtaschen hatten. Dass dann in Thomas' Zimmer auch geraucht und getrunken wurde, störte mich nicht. Das war ja in der ganzen Wohnung so. Und Zigaretten waren in den Siebzigerjahren nicht so verpönt wie heute.

Morgens bin ich meistens ohne Frühstück aus dem Haus gegangen. Wir hatten nicht immer Brot und Marmelade da, und oft wollte ich mir auch gar nicht selbst ein Pausenbrot schmieren. In unserer Straße hatte vor Schulbeginn schon ein kleiner Lebensmittelladen geöffnet. Dort ließ ich mir ein Brötchen belegen, mit Mortadella oder mit einem Schokokuss. Das kostete nicht viel, und meine Eltern überließen mir etwas Geld dafür. Getrunken habe ich den Morgen über eher gar nichts. Man achtete damals nicht groß darauf, dass Kinder Flüssigkeit zu sich nahmen. Trinkflaschen brachte niemand mit zur Schule, allenfalls eine Capri-Sonne, Limonade in dünner Aluminiumpackung. In der Schule konnte man ein Päckchen Kakao kaufen. Wer wirklich Durst hatte, hängte sich in den Toilettenräumen unter den Wasserhahn.

Wenn ich mittags nach Hause kam, kochte ich mir mein Essen weiterhin selbst. Pfannkuchen machte ich nun manchmal und regelmäßig Nudeln mit einer Instant-Tomatensoße aus der Tüte. Als Nachtisch bereitete ich mir einen kalt gerührten Schokoladenpudding zu. Ein elektrisches Rührgerät besaßen wir nicht, deshalb schlug ich das Pulver samt Milch mit einem Schneebesen auf.

Wenn ich es mir mittags gemütlich machte, störte mich niemand. Manchmal habe ich mich auf die Anrichte direkt vors Fenster gesetzt. Von dort hatte ich die Straße im Blick und sah, wer kam und wer ging. Ich wusch ab, oft nicht nur das Geschirr, das ich soeben benutzt hatte. Ich wollte ja zu Hause grundsätzlich helfen und dadurch meine Eltern entlasten. Sie würden später müde von der Arbeit nach Hause kommen. Eine unaufgeräumte Küche konnte schnell Streit unter ihnen auslösen, das wusste ich. Ich spülte aber auch für mich selbst. Ich wollte es schön haben in unserer Wohnung. Die Waschmaschine konnte ich problemlos bedienen.

Damals habe ich das als normal empfunden, heute weiß ich, dass es atypisch war. Andere Kinder wurden wie selbstverständlich versorgt, wenn sie nach Hause kamen. Ich erledigte – vordergründig freiwillig – einen Teil des Haushalts.

Kinder von Alkoholikern »fühlen sich für ihre Eltern verantwortlich und übernehmen früh Aufgaben, für die sie noch viel zu klein sind«, schreibt der Verein NACOA Deutschland, eine Interessenvertretung für Kinder aus Suchtfamilien. »Sie erledigen z. B. den Haushalt, versorgen jüngere Geschwister, kontrollieren den Alkoholkonsum des abhängigen Elternteils, besorgen Alkohol oder gießen Alkohol in den Abfluss. Oft verhalten sich die Kinder, als wären sie die Eltern ihrer Eltern.«

Ich hatte keine kleinen Geschwister, aber die Alkoholvorräte meiner Mutter habe ich in der Tat oft vernichtet. Der Rollentausch von Eltern und Kind, den der Autor von NACOA Deutschland anspricht, beginnt im Kopf des Kindes, und das, zumindest in meinem Fall, sehr früh. Das Delirium tremens, in das meine Mutter auf St. Pauli fiel, auch der Treppensturz meiner Mutter, als ich auf dem Spielplatz war — solche Vorfälle haben mich verängstigt. Ich überlegte ständig, wie ich ihr helfen, wie ich ihre und damit auch meine Lage verbessern konnte.

Dass meine Mutter immer wieder nicht zur Arbeit ging, konnte ich während unserer Jahre auf St. Pauli noch genießen. Ich musste dann ja auch nicht in den Kindergarten. Aber schon in Winterhude habe ich verstanden, dass es nicht gut für unsere Familie war, wenn meine Mutter blaumachte. An ihrem Job hing unsere Wohnung und damit unser Zuhause. Als ihr gekündigt wurde, war die Konsequenz, dass wir umziehen und ich woanders neu anfangen musste. Das war eine Erfahrung, die mir im Kopf blieb.

Viel mehr als ich machten meine Eltern im Haushalt auch nicht. Unsere Wohnung wurde nicht regelmäßig geputzt, sondern eher nach Bedarf. Und der Bedarf ist ja immer Sache des persönlichen Ermessens. Ich habe immer mal ein bisschen für Ordnung gesorgt, wenn ich den Zustand nicht mehr ertragen konnte, mir zum Beispiel einen Lappen geschnappt und damit den bespritzten Badezimmerspiegel gereinigt. So übernahm ich, ohne dass es mir bewusst war, Mitverantwortung für den Zustand unserer Wohnung.

Anders ging es aber auch nicht. Es stand mir, fand ich, nicht zu, meine Mutter zu ermahnen, das Bad zu putzen. Es stand mir nicht mal zu, sie freundlich darum zu bitten. Wenn ich nicht im Dreck leben wollte, musste ich selbst sauber machen.

In gewisser Weise folgerichtig, wandte sich Thomas an mich, als er zu seinem Geburtstag einige Leute eingeladen hatte. Ob ich das Bad machen würde, WC und Waschbecken, fragte er mich. Ich könne das doch so gut.

Thomas' Kompliment schmeichelte mir, doch es hätte dessen nicht gebraucht. Natürlich half ich meinem Bruder. Er war schließlich auch immer für mich da. Außerdem freute ich mich auch selbst auf seine Freunde.

Sich anders fühlen

Meine Eltern interessierten sich zwar nicht für meine schulischen Leistungen, doch meine Hausaufgaben machte ich inzwischen trotzdem fast immer. Ich wurde deshalb nicht gleich eine gute Schülerin, zumal es mir im Unterricht längst nicht immer gelang, mich zu konzentrieren. Gleichwohl fiel mein erstes Zeugnis in Rahlstedt nicht schlecht aus. Ich hatte viele Dreien, in Kunst und Musik eine Zwei, in Rechtschreibung und Lesen auch. »Durch ihr stilles und freundliches Wesen ist sie bei den Mitschülern beliebt und hat schnell Kontakt gefunden«, merkte Frau Ulrich an.

Im Halbjahreszeugnis der vierten Klasse sind mir einundzwanzig Fehltage eingetragen. »Durch ihr häufiges Fehlen aus Krankheitsgründen bilden sich immer wieder Lücken, sodass sie nie ganz unbelastet alle Kräfte für die Arbeit im Unterricht einsetzen kann und Mühe hat, befriedigende Leistungen zu halten.« Nie ganz unbelastet, damit traf meine Lehrerin die Situation recht gut. »Aus Krankheitsgründen« habe ich allerdings fast nie gefehlt.

Ich hatte jetzt, in der vierten Klasse, öfter mal das Gefühl, dass mein Ansehen litt. Guckten die anderen mich komisch an? Machten da bestimmte Gerüchte die Runde? Viele ließen mich spüren, dass ich mich von ihnen unterschied. Es war, als wolle man sich abgrenzen von mir. Die Folge war, dass ich mich nicht mehr so zugehörig fühlte.

»Was hattest du denn schon wieder?«, fragten mich Mitschüler, wenn ich einen Tag gefehlt hatte.

»Erkältung«, antwortete ich nur und hoffte, dass Nachfragen ausblieben.

Einmal, etwas später, in der fünften Klasse und inmitten des legendär harten Winters 1978/79, fragte mich eine Lehrerin vor versammelter Klasse: »Sag mal, Cornelia, kannst du nicht mal andere Schuhe anziehen? Du kannst doch nicht den ganzen Winter mit Gummistiefeln kommen!«

Andere trugen bei den konstanten Minustemperaturen Moonboots oder hohe Lederstiefel mit Fütterung. Ich hatte hingegen in der Tat nur meine Gummistiefel. Die Lehrerin hätte mich nach der Stunde darauf ansprechen können, unter vier Augen. Stattdessen machte sie mein Problem öffentlich. Warum? Die Szene hat sich mir eingebrannt. Ich saß da, unfähig zu antworten, und schämte mich unendlich.

Meine Eisfüße von jenem Winter spüre ich fast noch heute, genau wie die Kälte, in der ich als Kind in unserer Wohnung auf St. Pauli gefroren habe. Fünf Jahrzehnte später ist es bei mir zu Hause immer kuschelig warm. Meinen Kindern habe ich später eher zu oft als zu selten eine Wärmflasche gemacht.

Inhaltlich hatte die Lehrerin in jenem Rekordwinter natürlich recht: Es war trotz der kurzen Distanz zur Schule alles andere als schön, sich in Gummistiefeln auf den Weg zu machen und in den Pausen auf dem Schulhof schon nach wenigen Minuten an den Füßen zu frieren. Dass sie meine Misere aber während des Unterrichts ausgesprochen hatte, machte mir schwer zu schaffen. Jetzt wissen alle, dass wir kein Geld für Winterschuhe haben, dachte ich. Was werden sie bloß von mir denken?

Ich war sensibel, hatte Antennen für Stimmungen, und solche Gedanken waren Gift für mein ohnehin schwaches Selbstbewusstsein. Aufmerksam verfolgte ich, wie die Mädchen reagierten, die in der Klasse den Ton angaben. Die Jungs interessieren sich vor allem für Fußball, aber wir Mädchen achteten bereits darauf, wer welche Klamotten trug. Ich glaube nicht, dass die Lehrerin mir schaden wollte, als sie sich zu meinem Schuhwerk äußerte. Ihr Kommentar kam eher spontan und unbedacht, hat mich aber über Wochen beschäftigt.

Durchzuhalten war mein Versteckspiel auf Dauer allerdings ohnehin nicht. Dass ich unsere Wohnungstür für Mitschüler verschlossen hielt, bedeutete ja nicht, dass meine Eltern sich nirgendwo blicken ließen. Neben dem Haus, in dem eine Mitschülerin wohnte, lag eine Gaststätte, die meine Eltern gern besucht haben. Von uns aus waren es nur ein paar Hundert Meter bis in die Kneipe. Ich erinnere mich nicht mehr an den Namen, aber was dort ausgeschenkt wurde: Bier der Marke Moravia.

Meine Eltern kamen meist nach Feierabend, aber auch mal zum Frühschoppen am Sonntagmorgen. Bier und Korn standen dann auf dem Tisch, mein Vater las die *Bild am Sonntag*. Meine Mutter saß daneben und rauchte. Ich weiß das, weil ich sie häufig dorthin begleitete – und einmal zu viel. Als wir nämlich an einem Mittag von dort nach Hause gingen, hatten meine Eltern schon so viel Schnaps intus, dass sie über den Gehweg torkelten. Und als wir nun zu dritt in Richtung Birkenallee unterwegs waren, erkannte mich eine Klassenkameradin, die dort wohnte.

Am Montag darauf hatten wir in der ersten Stunde immer Sportunterricht bei Frau Ulrich, und dasselbe Mädchen stand nun in der Schlange vor irgendeinem Turngerät und tuschelte mit Mitschülerinnen. Ich wusste im ersten Moment nicht, worum es ging, doch dann spürte ich die Blicke, die auf mich fielen. Jetzt war alles klar. Eine andere Schülerin sprach mich auch gleich direkt an:

»Stimmt das, dass deine Eltern gestern Mittag aus der Kneipe getorkelt sind?«

Die Frage triefte vor Schadenfreude und Sensationsgier. Kinder können brutal sein. Das Mädchen stellte mich an den Pranger.

Kinder mit einer alkoholkranken Mutter berichten von mehr negativen Interaktionen mit Klassenkameraden als andere Kinder, hat der Kölner Suchtforscher Michael Klein in der Fachzeitschrift *SuchtAktuell* festgestellt. Klein bezieht sich auf verschiedene Studien. Die dort befragten Kinder erzählten den Wissenschaftlern von »offenen oder subtilen Hänseleien, Ausgrenzungen, Provokationen und Verletzungen«.

Mir fehlte jedwede Schlagfertigkeit, um eine derartige

Attacke zu kontern, die man heute als klassisches Mobbing bezeichnen würde. Und so schwieg ich nur und drehte mich zur Seite weg. Es stimmte ja. Sich die Wahrheit einzugestehen tat in diesem Moment ganz besonders weh.

Mindestens die halbe Klasse wusste jetzt, dass meine Eltern sonntagmorgens so viel tranken, dass sie nicht mehr gerade gehen konnten. Ich hätte mich nun öffnen können gegenüber meiner Klassenlehrerin Frau Ulrich etwa oder gegenüber einer Mitschülerin, der ich vertraute. Mein Problem war jedoch, dass ich im Grunde niemandem vertraute. »Auch wenn es schwer ist, überwinde dich! Du hast keinen Grund, dich für die Sucht deiner Eltern zu schämen«, heißt es bei den zehn Tipps für Kinder von Alkoholabhängigen auf der Homepage Kidkit (siehe auch Anhang, Seite 264). »Du wirst feststellen, dass deine Freunde auch Probleme bewältigen müssen, vielleicht sogar ähnliche, über die sie vielleicht auch mit dir reden wollen. Gute Freunde sind dafür da, sich gegenseitig zuzuhören, sich zu unterstützen und Rat zu geben.« All das ist richtig. All das findet man heute mit ein paar Klicks. All das hat mir aber damals niemand gesagt. Und das Internet gab es noch nicht. Ich hätte wahrscheinlich ohnehin Hemmungen gehabt. Doch auf der Homepage von Kidkit, hätte es sie damals schon gegeben, hätte ich dann gelesen, dass es auch eine Online-Beratung gibt für alle, die nicht direkt mit jemandem reden möchten. »Oder schau doch mal auf unserer Pinnwand vorbei«, heißt es weiter, »da können sich alle unterhalten, und manchmal bekommt man da ein paar gute Tipps von Gleichaltrigen, die vielleicht sogar das gleiche Problem zu Hause haben.«

Bei meiner Klassenlehrerin habe ich es tatsächlich einmal zaghaft probiert. Es war eher der Hauch eines Versuchs, aber immerhin. Frau Ulrich wohnte in Alt-Rahlstedt, und in einem der Sommermonate bin ich zu ihr geradelt. Ich traf sie im Garten an, grüßte höflich und wurde auch hereingebeten. Im Garten fragte sie mich nach meinen Eltern und ob ich Geschwister hätte. Sie war also durchaus interessiert, baute mir sogar eine Brücke.

Ich habe es nicht geschafft, über diese Brücke zu gehen. Frau Ulrich erhielt von mir nur ein paar einsilbige Antworten. Als sie sich einem ihrer noch kleinen Kinder zuwandte, verabschiedete ich mich schnell.

Heute frage ich mich, warum ich am Ende doch davor zurückschreckte, meiner Klassenlehrerin Hinweise auf die Sucht meiner Eltern zu geben. Wahrscheinlich dachte ich, als Lehrerin müsse sie das dem Jugendamt melden. Das Jugendamt aber war für mich kein Freund, es hatte etwas Bedrohliches.

Gemeinsame Fluchten

Meine Eltern hatten in Rahlstedt nach allem, was ich mitbekam, einen guten Start gehabt. Nach ein paar Wochen allerdings tranken und stritten sie wieder. Meine Mutter verfiel zuweilen in regelrechte Schreiattacken, sie steigerte sich tiefer und tiefer in ihre Wut hinein. Der Alkohol nährte ihre Aggressivität. Praktisch jederzeit konnte sie die Kontrolle über sich und ihre Impulse verlieren.

Manchmal erschöpften ihre Ausraster sie so sehr, dass sie mitten im Gefecht auf der Couch einschlief. Mein Vater verzog sich dann ins Schlafzimmer. Damit war die Nachtruhe für ihn aber noch nicht gesichert. Meine Mutter konnte jederzeit wach werden. Vielleicht hatte sie sich eingenässt, das passierte öfter, die neue Couch roch bald wie die alte. Vielleicht hatte auch ein schlechter Traum sie aus dem Schlaf gerissen. Jedenfalls war sie in solchen Momenten meistens fürchterlicher Stimmung.

Hellwach und mit einer Flasche in der Hand erschien sie nun im Schlafzimmer. Ich habe dort manchmal selbst geschlafen, auf ihrer Seite des Bettes, wahrscheinlich hatte ich ein Schutzbedürfnis und wollte meinem Vater nahe sein. Mit lautem Geschrei weckte sie uns jetzt, stand vor uns, hochrot der Kopf, wutverzerrt das Gesicht, und warf meinem Vater mit derben Worten vor, dass er sie mit seiner Kollegin Frau Fahlmann betrüge.

»Conni, wir müssen hier weg«, sagte mein Vater leise zu mir.

Unsere Nachbarn müssen das mitbekommen haben. Hätten sie aus dem Fenster nach draußen auf den Hauseingang geschaut, so hätten sie einen alten Vater mit seiner Tochter aus dem Eingang flüchten sehen. Dazu hätten sie gehört, wie meine Mutter uns aus dem aufgerissenen Fenster im vierten Stock hinterherbrüllte: »Hau doch ab zu ihr!« Wir hatten uns eine Jacke übergeworfen. Mein Vater trug an solchen Abenden selbst im Bett Hose und Pullover. So konnte er im Ernstfall schneller fliehen.

Ich habe solche Aktionen auch im tiefen Winter erlebt.

Einmal mussten wir auf den Autoscheiben Eis kratzen, bevor wir losfuhren. Nüchtern wird mein Vater bei den Fahrten auch nicht immer gewesen sein.

Thomas beendete nach unserem ersten Jahr in Rahlstedt seine Lehre und musste seinen Wehrdienst ableisten. Damit begann ein Abschied auf Raten. Während seiner Zeit bei der Bundeswehr wohnte er in einer Kaserne in Neumünster. Danach zog er zusammen mit seiner Freundin Annette nach Bramfeld.

Auch wenn dieser Stadtteil nicht allzu weit von Rahlstedt entfernt lag, sorgte Thomas' Auszug für einen Einschnitt in meinem Leben. Meinen großen Bruder und Beschützer hatte ich nun nicht mehr direkt an meiner Seite. Ich reagierte einigermaßen verzweifelt, konnte mir überhaupt nicht vorstellen, mit meinen Eltern allein zu sein.

Thomas war gleichwohl auch weiterhin für mich da. Mein Vater und ich klingelten immer zuerst bei ihm, wenn wir nachts aus der Wohnung geflohen waren. Annette mochte mich und hatte auch lange Zeit Verständnis dafür, dass wir nachts urplötzlich auftauchten. Irgendwann allerdings ging es ihr doch ein bisschen weit. »Wir können doch nicht andauernd deinen Vater aufnehmen«, hörte ich sie im Flur zu Thomas sagen, als ich mich gerade im Wohnzimmer auf die Couch legte.

Zuvor, als Thomas bei der Bundeswehr war, arbeitete mein Vater gerade für eine kleine Klempnerei im Westen Hamburgs, mehr als eine halbe Autostunde von unserer Wohnung entfernt. Zur Werkstatt gehörte auch ein Büro mit einem alten, schäbigen Sofa. Auch dieses Büro diente uns als nächtlicher Zufluchtsort.

»Versuch zu schlafen«, sagte mein Vater, der einen Schlüssel für die Werkstatt hatte, wenn wir ankamen. Er selbst setzte sich in einen Bürosessel.

Für meinen Vater müssen solche Nächte unglaublich kraftraubend gewesen sein. Morgens, bevor seine Kollegen zur Arbeit kamen, machten wir uns schon wieder aus dem Staub. Er fuhr mich dann zurück nach Rahlstedt und anschließend oft gleich wieder in die Klempnerei.

Ich selbst bin aufgrund unserer Fluchten auf eine stattliche Anzahl schulischer Fehltage gekommen. Wenn wir nämlich morgens zurück zu unserer Wohnung kamen, hatte meine Mutter in der Regel die Tür abgeschlossen und den Schlüssel von innen stecken lassen. Damit hatte sie das Schloss, das kein Sicherheitsschloss war, sondern dem einer Zimmertür glich, blockiert. Das tat sie natürlich absichtlich, um meinen Vater zu bestrafen. An mich dachte sie in ihrer Wut nicht.

Mein Vater und ich standen dann im Treppenhaus und wussten zum Glück, was wir zu tun hatten. Er nahm einen Schraubenzieher und löste damit den Türbeschlag. Danach musste ich mit einer Nagelschere, die wir ebenfalls im Auto aufbewahrten, den Türschlüssel so bewegen und drehen, dass er nach innen herausfiel und wir anschließend von außen aufschließen konnten. Währenddessen durfte uns allerdings meine Mutter in der Wohnung nicht ins Gehege kommen. Sie hätte den Schlüssel ja nur festhalten müssen, um uns weiterhin auszusperren. Oft schlief sie aber, und wir kamen rein.

Je nach Zeitpunkt konnte ich mich nun noch in die Schule aufmachen. Das tat ich manchmal auch, nach einer Katzenwäsche, mit ungekämmten Haaren und ohne mir groß überlegt zu haben, was ich anziehen könnte. An anderen Tagen blieb ich nach so einer Fluchtnacht einfach zu Hause. Wenn es meiner Mutter schlecht ging und sie die Arbeit schwänzte, habe ich mich dann um sie gekümmert. Kinder mit einer alkoholkranken Mutter zeigen unregelmäßigen Schulbesuch, um für den suchtkranken Elternteil zu Hause präsent sein zu können, schreibt der Suchtforscher Michael Klein.

Die nächtlichen Fluchten mit meinem Vater waren immer mit der Ungewissheit verbunden, was wir am nächsten Morgen vorfinden würden. Meine Mutter konnte schlafen, konnte uns aussperren, sie konnte uns auch pöbelnd empfangen. Oder es ging ihr – auch das war möglich – richtig schlecht. Ich weiß noch, dass ich einerseits immer erleichtert war, wenn sich in dem Moment, wenn wir die Operation Türöffnung starteten, nichts in der Wohnung regte. So würde meine Mutter keinen Widerstand leisten. Gleichzeitig habe ich dann, wenn ich drin war, sofort nach ihr gesehen. Ich hatte Angst, dass ihr im Suff irgendetwas passiert sein oder dass sie sich etwas angetan haben könnte.

Meine Eltern musste man letztlich vor sich selbst schützen, das hatte ich früh erkannt. Dass ich in Rahlstedt nicht die Verantwortung für sie übernehmen konnte mit meinen neun, zehn oder elf Jahren, war mir irgendwie auch bewusst – ich habe es aber selten so gefühlt. Wenn meine Eltern Probleme hatten, versuchte ich, zu helfen und Schlimmeres zu verhindern, ob mein Vater nun meine Mutter schlug oder meine Mutter sich halb ins Koma trank. Ich habe darüber dann gar nicht nachgedacht. Etwas zu tun war wie ein Reflex.

Kinder von Alkoholikern »erleben emotionale Wechselbäder, durch die sie stark verunsichert werden«, schreibt heute die Interessenvertretung NACOA Deutschland und fügt hinzu, dass die Kinder letztlich der Unberechenbarkeit der Familiensituation ausgeliefert seien. Ich habe das in der Tat so erlebt. Alle Versuche, etwas daran zu ändern, den Alltag einschätzbar oder gar vorhersehbar zu machen, scheitern. Als Kind wusste ich das aber nicht, und ich habe den Kampf um etwas Normalität auch nicht aufgegeben.

Mein größerer Bruder Joachim, der ja mit fünfzehn Jahren von uns geflüchtet und inzwischen Mitte zwanzig war, hat das Verhalten meiner Eltern mit größerem Abstand betrachtet. Konfrontiert wurde aber auch er damit, weil mein Vater und ich nachts auch mal bei ihm geklingelt haben. Joachim schien sein Leben inzwischen halbwegs im Griff zu haben. Er wohnte mit seiner Freundin in Winterhude, und wenn er zu Hause war, öffnete er auch, und wir durften auf seiner Couch bleiben. Er hat unsere Flucht aber nicht einfach so hingenommen, sondern meinem Vater kräftig ins Gewissen geredet.

Auch Joachim wusste letztlich, was bei uns ablief, wenn auch nicht so genau wie Thomas. Meinen jüngeren großen Bruder störte es ebenfalls, dass ich den Stimmungen unserer Eltern so sehr ausgesetzt war. Als er mit seiner Freundin Annette in Bramfeld wohnte, überlegte er einmal sogar, die Vormundschaft für mich zu übernehmen. Daraus ist aber nichts geworden.

Kinderkur

Die Barmer Ersatzkasse machte das Angebot, der Schularzt warb dafür, und meine Eltern sahen keinen Grund zu widersprechen. So bin ich im Spätwinter 1978 zum ersten Mal in meinem Leben verreist und habe Rahlstedt, die Schule, unsere Wohnung und meine Eltern zurückgelassen. Es war keine klassische Mutter-Kind-Kur, auf die ich geschickt wurde, sondern eine reine Kinderkur. Sie dauerte fast zwei Monate und führte mich nach Wyk, dem Hauptort der Nordseeinsel Föhr.

Dem Schularzt war es nicht um das Reizklima gegangen, das dort oben an der nordfriesischen Küste herrscht. Ich war auch nicht unterernährt wie all jene Kinder, die während der Kur vor dem Schlafengehen immer noch einen Extra-Snack zu essen bekamen, damit sie zunahmen. Zu dick war ich ebenfalls nicht. Der Arzt hatte mich ausgewählt, weil ich körperlich weniger weit entwickelt war als meine Altersgenossinnen. Dann bist du mal raus hier, das kann ja auch nicht schaden, sagte ich mir, als der Termin immer näher rückte. Ich hoffte auf eine schöne und unbeschwerte Zeit.

Am Tag vor meiner Abfahrt bügelte ich mir noch Etiketten in meine Kleidungsstücke und schrieb meinen Namen drauf. Das war verpflichtend. Später, auf dem Mehrbettzimmern, sah ich dann, dass andere Kinder ihren Namen fein und säuberlich in die Hosen und Pullover hineingenäht bekommen hatten. Das machte mich traurig. Meine Mutter hatte mir an jenem Nachmittag nicht mal beim Einbügeln helfen können. Sie lag betrunken auf der Couch.

Das »Schloss am Meer«, in dem wir untergebracht waren, lag direkt am Strand. »Kinderheim der Barmer Ersatzkasse« stand in großen Buchstaben an der Fassade. Die Krankenkasse hatte das Gebäude schon vor dem Zweiten Weltkrieg besessen, mehrfach erweitert und stets für volle Schlafsäle gesorgt. 1980 schickte die Barmer Ersatzkasse Tausende Kinder ins »Schloss am Meer«.

Schlossähnliche Zustände herrschten dort allerdings nicht. Mehr als hundert Kinder aus allen Bundesländern schliefen in sehr spartanischen Achterzimmern. Jedem hatte man ein schmales Bett und einen Spind zugeteilt. Tische gab es in den Stuben nicht. Spürbar beheizt wurden sie auch nicht.

Den Tagesablauf gaben die Mahlzeiten vor. Zwischendurch ging es nach draußen, oder wir spielten und bastelten. Wir haben mit den Erzieherinnen auch viel gesungen, meistens Lieder aus dem roten Heftchen *Die Mundorgel*. Zum großen Höhepunkt kam es an den Wochenenden. Da durften wir fernsehen.

Ein anderes Mädchen, das auch aus Hamburg kam, weinte abends vor Heimweh. Dieses Gefühl ergriff viele Kinder und auch mich. Zu Hause anzurufen, war nicht drin, und so habe ich meinen Eltern viele Postkarten und Briefe geschickt. Sie haben mir auch zurückgeschrieben, was mir viel bedeutet hat. Die Post haben die Erzieherinnen immer vor dem Mittagessen verteilt. Da saßen dann all die Kinder und hofften sehnlich, dass etwas für sie dabei wäre. Einmal bekam ich sogar ein Päckchen zugeschickt. Wenn eine Süßigkeit darin gewesen sein sollte, ich erinnere mich nicht mehr daran, wurde die allerdings beschlagnahmt und später unter allen verteilt.

Zum Heimweh kam bei mir noch eine hartnäckige Mandelentzündung, auch damit war ich nicht das einzige Kind. Mitleid erhielten wir dafür allerdings nicht. Das hätte auch nicht gepasst zu dem rauen, wenig liebevollen Ton, der in der Kureinrichtung herrschte.

Das »Schloss am Meer« war eines der Heime für Ferienfreizeiten und sogenannte Verschickungskinder. Deren Geschichte ist in den vergangenen Jahren von Betroffenen aufgerollt worden, die als Kinder zu Kuraufenthalten in Heime wie diese geschickt worden sind. Sie haben sich dort offenbar schrecklich unwohl gefühlt, weil die Pädagogik, die sie erfahren haben, in Teilen noch an die Ideologie des Nationalsozialismus angelehnt war.

Die Barmer Ersatzkasse hat über ihre drei Heime einen Untersuchungsbericht anfertigen lassen. Darin ist festgehalten, dass der Blick aufs Kind in den Fünfzigerjahren »geprägt war von Strenge, Gehorsamkeitsforderung und dem Anspruch auf Pflichterfüllung. Konformes Benehmen und (Selbst-)Kontrolle standen oben auf der Werteskala«. In kleinen Schritten sei es in den Siebzigerjahren in Richtung einer »mehr zugewandten Haltung« gegangen. Die Berichte von Verschickungskindern würden allerdings zeigen, dass dieser Wandel »zumindest zum Teil nicht vollzogen wurde«.

Die Barmer Ersatzkasse hat das »Schloss am Meer« 1997 verkauft. Ich will mir nicht vorstellen, dass Kinder, denen man mit einer Kur ja etwas Gutes tun will, heute auf diese Art untergebracht und betreut werden. Für mich ging es damals nur ums Durchhalten.

Nach sechs harten Wochen auf Föhr bin ich an einem späten Samstagmittag wieder am Bahnhof Hamburg-Altona angekommen. Ich ging davon aus, dass meine Eltern mich abholten, und fragte mich im Zug, in welchem Zustand sie wohl erscheinen würden. Ich malte mir aus, wie schön es wäre, wenn sie mit dem Trinken aufgehört hätten und wir endlich wie eine normale Familie leben könnten.

Als ich meine Mutter sah, bemerkte ich sofort ihren Glimmerblick. Sie hatte getrunken. Damit war alles beim Alten und jede Hoffnung verflogen. Neu war der Hund, den Joachim mit zum Bahnhof gebracht hatte. Auch Thomas war gekommen, genauso wie meine Großeltern Martha und Berthold. Ich freute mich sehr über den großen Empfang. Dass Joachims Hund den Kuchen weggefuttert hatte, der für mich gedacht war, fand ich nicht weiter schlimm. Über den Zustand meiner Mutter konnte ich leider nicht hinwegsehen. Das verlieh meiner Rückkehr einen Beigeschmack von Enttäuschung.

Meine Mutter hat selbst übrigens nie eine Kur gemacht, schon gar nicht gegen ihre Alkoholsucht. »Du musst zur Kur!«, dieser Satz fiel durchaus oft bei uns, und damit meinte mein Vater natürlich eine Entziehungskur. Meine

Mutter hat das stets als völlig unberechtigten Vorwurf abgetan und ist nicht weiter darauf eingegangen. Zur Kur mussten doch nur krankhafte Säufer. Meine Mutter hat ihre Sucht immer verharmlost.

Auch ich habe ihr in Rahlstedt öfter mal gesagt, dass sie betrunken sei. »Was du immer hast«, entgegnete sie mir dann, »das stimmt doch gar nicht. Was heißt schon betrunken? Man wird sich ja wohl noch ein Schlückchen gönnen dürfen. Guck dir deinen Vater an, der tut das ja auch.«

Geburtstag

Die Wochen nach meiner Kinderkur habe ich als schön in Erinnerung. Ich war wieder dort, wo ich hingehörte, zu Hause. Und da war ja auch nicht alles schlecht. Ich begann, Tagebuch zu schreiben. Für den 1. Mai 1978 habe ich notiert:

Ich bin als Erste aufgewacht und hab den Frühstückstisch gedeckt. Wir waren ja gestern bei Joachim, und dort haben wir Spiegeleier gegessen. So lecker wollte ich die auch machen, aber es gelang mir nicht. Mutti und Papi haben sich wieder so ein bisschen in der Wolle, aber jetzt fahren wir in den Sachsenwald.

Am 19. Mai nahmen mich Joachim und sein Kumpel Ronny mit in Hagenbecks Tierpark. Ich bilanzierte zufrieden:

Elefant geritten, in einer Höhle gewesen, Märchenbahn gefahren. Zwei Eis gegessen und ein Stofftier als Andenken bekommen. Und bei McDonald's waren wir auch noch.

Im Sommer 1978 endete meine Grundschulzeit. Ich

blieb auf der Schule Paracelsusstraße, die auch die sogenannte Beobachtungsstufe anbot, die Klassen fünf und sechs. Aber erst einmal wurde ich zehn.

Es hatte sich zuletzt alles eher gut angefühlt zu Hause. Meine Eltern tranken zwar noch, aber die ganz großen Ausraster blieben seit ein paar Wochen aus. Dass meine Mutter an einem Morgen stockbetrunken mitten in der Unterrichtszeit vor meinem Klassenraum aufgetaucht war, lag auch schon länger zurück. An dem Tag hatte sie mich mitnehmen wollen, weil ich die Nächte zuvor gezwungenermaßen bei Thomas verbracht hatte.

Ich riskierte nun also, meinen Geburtstag zu feiern, zum ersten Mal in meinem Leben, und lud dafür ein paar Nachbarskinder und einige Freundinnen aus der Klasse in unsere Wohnung ein. Insgesamt würden wir zu acht sein.

Das Blöde an einer Feier ist, dass man sie nicht kurzfristig wieder absagen kann. Das hätte ich gerne getan, denn an jenem Sonntagnachmittag, als ich meinen Geburtstag feierte, geschah genau das, was niemals hätte passieren dürfen: Meine Mutter lag besoffen im Bett. Sie war nicht etwa verkatert vom Vortag, sondern hatte an dem Tag getrunken. Ihr Zustand war aus zwei Gründen eine Katastrophe für mich. Zum einen würde mir ihr Anblick unendlich peinlich sein. Zum anderen, und das war noch schlimmer, bestand nun das Risiko, dass sie ausflippte und die Feier sprengte.

Vorbereitet hatte meine Mutter auch nichts, im Gegenteil: Die Wohnung war völlig unaufgeräumt und dreckig. Thomas wiederum hatte mir schon vorher gesagt, dass er nicht dabei sein könne.

Hektisch machte ich mich gemeinsam mit meinem Vater daran, das Nötigste in Küche und Wohnzimmer aufzuräumen und zu putzen. Wir entschieden, meine Gäste in mein Zimmer zu lotsen. Das schien uns mit Blick auf meine Mutter am sichersten zu sein. Ich rückte einen kleinen Zustelltisch neben meinen Schreibtisch. Zum Eindecken reichte es nicht mehr.

Ich hatte damals durchaus schon konkrete Wünsche und Ideen, wie mein Geburtstag ablaufen sollte. Aber selten habe ich sie so unterschritten wie an diesem Tag ohne Geburtstagstisch, Kuchen, Kerzen und Ständchen.

Es klingelte, und die Kinder kamen, natürlich in freudiger Erwartung. Kuchen essen, Spiele, Süßigkeiten – im Alter von zehn Jahren kennt und schätzt man solche Nachmittage. An diesem Tag merkten die Kinder allerdings ziemlich schnell, dass irgendetwas anders war. Wir saßen ein wenig in meinem Zimmer herum und wussten nicht so richtig, was wir machen sollten.

Ich packte die Geschenke aus, doch das war schnell geschehen. Nach draußen konnten wir nicht gehen, weil es absurderweise auch noch regnete. Thomas hätte jetzt mein Retter in der Not sein können. Unter meinen Gästen hatte ich keine besonders enge Freundin, die mir jetzt hätte helfen können, die sich irgendetwas ausgedacht hätte, nur damit es einfach weiterging. Ich war völlig verunsichert, schwankte zwischen der Frage, was wir bloß machen konnten, und der Angst, dass meine Mutter auftauchte. Sie konnte sich auch nur in Unterhose bekleidet zeigen in solch einer Situation, das war absolut denkbar.

Nach einer guten Stunde kam mein Vater ins Zimmer. »Wir müssen das jetzt auflösen«, sagte er, »es ist heute nicht so passend.« Ich war verzweifelt und unglücklich und zugleich auch erleichtert.

Die Kinder schauten kurz irritiert, doch die seltsame Gesamtstimmung hatten sie ja vorher ebenfalls gespürt. Schnell verließen sie unsere Wohnung. Als alle weg waren, konnte ich meine Tränen nicht mehr zurückhalten. Ich weinte aus Verzweiflung, denn jetzt musste ich doch sicher damit rechnen, dass ich einige Freunde verloren hatte. Eine Geburtstagsfeier dieser Art war ein hervorragendes Tuschelthema. Allein die Eltern meiner Gäste, die das ja alles mitbekamen, weil ihre Kinder schon nach einer Stunde von der Feier zurückkehrten – was würden sie über meine Familie denken? Sicherlich nicht, dass bei uns alles halbwegs normal lief. Ich ärgerte mich über meinen Mut, überhaupt zur Feier eingeladen zu haben, über meinen Optimismus, dass ich das schon hinbekommen würde. Jetzt hatte ich die Quittung erhalten. Gegen eine völlig betrunkene Mutter im Nebenzimmer war nichts auszurichten.

Ich habe über solche Erfahrungen mit niemandem sprechen wollen und können, allenfalls mit meinen Brüdern, die in gewisser Weise Leidensgenossen waren und jedenfalls meine emotionale Achterbahnfahrt einigermaßen nachvollziehen konnten. Viele Ereignisse, die mich in diesen Jahren bedrückt haben, machte ich mit mir selbst aus. Das war wohl auch ein Grund dafür, dass ich als Kind und auch noch als Jugendliche eher nachdenklich und in mich gekehrt war und nicht allzu offen und fröhlich. Ich habe meinen Kummer, das sage ich aus heutiger Sicht, viel zu wenig geteilt. Eine Anlaufstelle für Kinder von Alkoholikern hätte mir sicher helfen können. Doch davon war mir nichts bekannt.

Wünsche

Mein Übergang in die Beobachtungsstufe war ein kleiner schulischer Neustart. Einige verließen unsere Klasse, weil sie aufs Gymnasium wechselten. Dafür kamen ein paar Neue. Und wir erhielten einen neuen Klassenlehrer, Herrn Zeise. »Cornelia fällt es nicht leicht, neue Kontakte zu schließen«, schrieb er in mein erstes Halbjahreszeugnis.

Ich ging im Grunde gern zur Schule, und anders als befürchtet, hatte der schlimme Geburtstag keine nachhaltigen Auswirkungen. Meine Vertrauenspersonen waren weiterhin meine beiden großen Brüder. Joachim lebte inzwischen ein für seine Verhältnisse geregeltes Leben. Wie Thomas wohnte er aber nicht gleich um die Ecke.

Herr Zeise hat mich in den nächsten drei Halbjahren manches Mal gefragt, warum ich so oft krank sei und immer wieder zu spät komme. Routiniert antwortete ich ihm irgendetwas, das nicht auf die wahren Gründe schließen ließ, zum Beispiel, dass ich mich bessern würde. So nahm ich die Schuld auf mich. Dass ich selbst im Grunde gar nicht für meine Verspätungen verantwortlich war, hat Herr Zeise entweder nicht verstanden oder ignoriert. Meine Eltern hat er jedenfalls nie angerufen oder sie zu einem Gespräch in die Schule gebeten.

Bei unserer Abschlussfahrt Ende der sechsten Klasse lernte er sie dann trotzdem kennen. Wir fuhren an die Ostsee, in eine Jugendherberge bei Kellenhusen. Vielleicht verspürte meine Mutter Sehnsucht nach mir, obwohl ich gerade mal zwei Tage weg war, jedenfalls erschien sie plötzlich und völlig unerwartet mit meinem Vater in der Jugendherberge. Wir waren gerade alle im Garten, als mir Herr Zeise sagte, meine Eltern stünden an der Tür.

Mein Herz schlug bis zum Hals. Ich ging zur Tür, zum Glück kam niemand mit. Und dann sah ich meine Mutter vor mir, betrunken.

»Wir wollten mal gucken, wo du hier so bist. Wir sind am Strand. Kommst du mit?«

Die Idee, die Tochter während einer Klassenfahrt aufzusuchen, ist allein schon absurd. Aber wie konnte sie auch noch in die Tat umgesetzt werden? Und dass man mich dann auch noch aus der Gruppe herausholen wollte?

»Nein, das geht nicht, ich bin ja jetzt hier mit meiner Klasse«, antwortete ich.

»Schämst du dich für uns?«, fragte meine Mutter.

Damit konfrontierte sie mich mit der Wahrheit. Ich versuchte, nett zu bleiben, damit sie bloß keinen Aufstand machte. Das tat sie auch nicht, drehte sich vielmehr wortlos um und ging in Richtung Parkplatz.

Der Besuch hat mich in dem Moment aus der Bahn geworfen. Nicht einmal hier war ich vor meinen Eltern sicher. Völlig durch den Wind kehrte ich in den Garten zurück.

Ein paar Minuten später hieß es dann auch noch, wir würden jetzt alle an den Strand gehen. Oh nein, dachte ich, nicht dass Mutti und Papi uns sehen und dazukommen – und dass Mutti dann mit einer ordentlichen Alkoholfahne irgendwelche Leute aus der Klasse anquatscht.

Ich bekam Panik. Jetzt gleich, am Strand, drohte mir eine der peinlichsten Situationen, die ich mir vorstellen konnte. Ich hätte nun zu meinem Lehrer gehen und ihn bitten können, heute einmal nicht in Kellenhusen an den Strand zu gehen. »Herr Zeise, bitte, ich will auf keinen Fall, dass wir auf meine Eltern treffen, denn die sind Trinker, und meine Mutter war eben stockbesoffen«, hätte ich sagen können, »lassen Sie uns bitte heute Nachmittag etwas anderes machen.«

Ich hätte mich dafür Herrn Zeise öffnen müssen. Ich hätte ihm vertrauen müssen. Nie war das so einfach wie jetzt, ich befand mich in einer Drucksituation, in einer Zwangslage, und außerdem hatten wir nur noch zwei Wochen Schule. Dann waren Sommerferien.

Doch ich schwieg.

Wir gingen alle zum Strand, und ich hoffte inständig, dass meine Eltern uns nicht entdecken würden. Ängstlich blickte ich nach rechts und nach links, sie konnten jederzeit auftauchen. Doch das taten sie zum Glück nicht. Vielleicht befanden sie sich schon wieder auf dem Rückweg nach Hamburg.

In jenen Monaten, auch schon vorher, unternahm ich viel mit Iris. Sie wohnte in einer Hochhaussiedlung im Nachbarstadtteil. Ich verbrachte den Silvesterabend 1979 dort, an dem wir zuerst Rummelpott liefen und wie die Kinder heute an Halloween mit einem Eimer von Haus zu Haus zogen. Danach gossen wir Blei mit ihren Eltern. *Viele Süßigkeiten und 15 DM*, bilanzierte ich am 1. Januar 1980 in meinem neuen Tagebuch, das ich zu Weihnachten geschenkt bekommen hatte und dann wünschte ich mir an diesem Neujahrstag noch etwas:

Jetzt bin ich zu Hause. Hoffentlich bleibt das mal ein ruhiger Abend. Vielleicht. Bitte, bitte, laß alles gut werden!!!!!! Alles!

Mit Iris bin ich in diesem Winter mehrfach per U-Bahn oder im Schnellbus in die Hamburger Innenstadt gefahren. An Fasching, der in unserer Schule gefeiert wurde, wollte sie bei mir übernachten, weil ich ja nah an der Schule wohnte. Der Plan war, dass wir uns am nächsten Morgen gemeinsam verkleiden würden, sie als Discoqueen, ich als Pirat. Ich ließ mich darauf ein.

Iris musste dann leider an dem Abend miterleben, wie meine Mutter schwer betrunken herumschrie. Wir machten in der Nacht kaum ein Auge zu. Angst hatte Iris aber nicht. Angst hatte nur ich – dass Iris alles in der Schule herumerzählen könnte.

Anfang Januar, am 3.1.80, schrieb ich in mein Tagebuch, dass sich etwas ändern müsse:

Wenn Mutti nicht bald mal auf Entziehungskur kommt! Heute ist sie ausnahmsweise mal nüchtern.

Ich erfuhr in diesen ersten Tagen des Jahres auch, dass wir wohl demnächst aus unserer Wohnung ausziehen würden, weil meine Eltern mit den Monatsmieten im Rückstand waren.

Ich möchte, daß mir der Abschied nicht schwerfällt, wünschte

ich mir und machte mir Mut: *Bestimmt wird jetzt alles besser,*
weil Mutti und Papi jetzt immer nett zueinander sind. Ich frag auch
immer Mutti, ob alles gut wird immer und ewig. Sie sagt ja. Juhu!

In solchen Einträgen erkenne ich heute eine wohl typisch kindliche Gutgläubigkeit. Am nächsten Tag setzte sich meine Mutter sogar mal mit mir hin:

Ich spiele jetzt mit Ma öfter Scrabble. Wir waren auch noch Kuchen
kaufen. Morgen ist wieder Schule. Bitte lass alles schön sein immer und
ewig.

In diesem Winter liefen wir an vielen Nachmittagen Schlittschuh, auf dem Teich an der Schule.

Der Tag war sehr schön + witzig, halte ich für den 16. Januar
fest. *Lass das Eis noch so lange frieren. Ich mag hier doch wieder gern*
in die Schule gehen.

Mein Tagebuch habe ich damals als eine Art höhere Instanz empfunden. Ich war nicht religiös, nicht einmal getauft, das hatten meine Eltern nur bei Joachim und Thomas hinbekommen. Doch ich brauchte jemanden, an den ich Wünsche wie diese richten konnte:

Ich möchte, dass alles schön wird!!! Und ich möchte unbedingt in
einen Sportverein, erst in einen mit Gymnastik, dann Judo.

Sport war mir an sich nicht wichtig, in unserer Familie gab es dafür auch keinerlei Vorbilder. Doch viele Mitschüler gingen eben nachmittags in Sportvereine. Und sie erzählten davon. Als ich meine Eltern darauf ansprach, bekam ich ein »Müssen wir mal gucken« zur Antwort. Das bedeutete, dass sie die Sache wahrscheinlich nicht verfolgen würden.

Immerhin gab es auch ein Nachmittagsprogramm in unserer Schule, Jazzdance zum Beispiel, da ging ich ab und zu mit Iris hin. Dann allerdings sollten meine Eltern einen Vertrag unterschreiben und einen kleinen Mitgliedsbeitrag bezahlen. Das taten sie nicht.

Ich freue mich schon, wenn ich groß bin!!!, schrieb ich am 2. Februar 1980. Da hatte ich gerade mein Halbjahreszeugnis mit einem Notendurchschnitt von 2,8 erhalten. Tags drauf notierte ich: *Heute war hier nichts los. Ab und zu mal Krach. Fernsehen geguckt. Hoffentlich bleibt es heute ruhig.*

Wie abgebrüht ich war, denke ich heute, wenn »etwas Krach« schon gewöhnlich war. Meine Eltern werden sich auch an diesem Tag laut gestritten haben. Das ging schlimmer und war offenbar noch kein Grund für mich, in Alarmbereitschaft zu gehen.

Zwei Monate später muss es dann schlimmer gewesen sein. Ich schreibe noch mal von Judo und Gymnastik, *das ist der schönste Wunsch*, und formuliere dann eine *Bitte an meine kleine Fee: Bitte laß alles gut werden, daß es wie früher mit unserer Familie wird.*

Wie früher: Das zeigt, dass Menschen manches Schlechte verdrängen können. Zugleich passt der Eintrag zu meinen Erinnerungen an unsere letzten Monate in Rahlstedt. Die Streitereien zwischen meinen Eltern häuften sich wieder, und meine Mutter verlor immer öfter die Kontrolle über sich selbst.

Eskalation

Beruflich hatte sie sich erstaunlicherweise verbessert. Bei ihrem neuen Arbeitgeber, einer namhaften Bank, saß sie in deren Großraumbüro in der Innenstadt, tippte viel, schickte Mahnungen raus, kam gut klar mit ihren Aufgaben und verdiente mehr als vorher bei der Zeitarbeitsfirma. Meine Mutter trank manchmal auch schon in der Mittagspause. Und sie blieb auch weiterhin immer mal wieder vermeintlich krank zu Hause. Beides hat die Bank ihr durchgehen lassen.

Manchmal fuhr ich nachmittags in die Stadt, um meine Mutter abzuholen. Es konnte dann vorkommen, dass wir noch in die Mönckebergstraße zu C&A gingen. Wenn auch mein Vater dazustieß, ging es noch auf ein Feierabendbier in eine Kneipe. Mein Vater fuhr uns anschließend – er hatte nun zwei oder drei Bier getrunken – wie selbstverständlich noch dreizehn Großstadtkilometer nach Rahlstedt.

Die nächtlichen Fluchten nahmen in den letzten Monaten in Rahlstedt zu. Am Wochenende wurde es bald zur Normalität, dass mein Vater und ich abhauten. Einmal klingelten wir bei Joachim in Winterhude, und weil es in jenen Wochen nicht das erste Mal war, reagierte er heftig.

»Bist du noch ganz dicht, hier nachts immer wieder mit Conni durch die Stadt zu fahren?«, fuhr er unseren Vater an.

»Soll ich Conni etwa bei ihr lassen?«, fragte der eher kleinlaut zurück.

Joachim warf die Ausraster unserer Mutter indirekt auch meinem Vater vor. Die Streitereien unserer Eltern sah er als Gemeinschaftswerk.

Es gab mir ein gutes Gefühl, dass sich Joachim für mich einsetzte. Gleichzeitig erschien mir seine Kritik etwas ungerecht. Joachim wusste nicht, wie es war, wenn unsere Mutter plötzlich wie im Wahn die Schlafzimmertür aufriss, herumschrie und sich so ereiferte, dass ihr der Speichel am Kinn herunterlief. Einmal habe ich sie mit einem Brotmesser in der Hand vor dem Ehebett stehen sehen. Mein Vater konnte in solchen Situationen nur Angst haben, um sich und auch um mich.

Alter schützt nicht vor Gewaltbereitschaft. Dass meine Eltern sich gegenseitig geschlagen haben, zog sich durch ihre Ehe. Ich habe es jedenfalls schon auf St. Pauli erlebt und auch noch nach unseren vier Jahren in Rahlstedt.

Einmal ging es bei einem Streit besonders schlimm zu. Es war noch nicht spät, aber schon dunkel draußen. Mein Vater hatte selbst viel getrunken und wollte sich diesmal offenbar nichts gefallen lassen. Er war wütend und weit davon entfernt, die Wohnung zu verlassen. Wahrscheinlich würde er meine Mutter irgendwann schlagen.

Jetzt konnte nur noch Thomas helfen. Von seiner Wohnung aus waren es sieben Kilometer zu uns, vielleicht würde er schnell genug hier sein. Ich schnappte mir das Telefon, doch als meine Mutter das bemerkte, riss sie einfach am Telefonkabel. Die Buchse sprang aus der Wand, der Anschluss war tot. »Jetzt kann hier keiner mehr telefonieren«, stellte sie belustigt fest.

An diesem Sonntagabend bin ich allein aus der Wohnung gestürmt. Weinend setzte ich mich auf mein klappriges Rad ohne funktionierende Beleuchtung. Ich fuhr durch menschenleere Straßen nach Bramfeld und hoffte, dass mein Bruder zu Hause war. Den gut sieben Kilometer langen Weg kannte ich, die Fahrt fühlte sich trotzdem schrecklich an. Ich war zehn Jahre alt und fühlte mich unterwegs so allein wie noch nie. Was sollte ich machen, wenn mir niemand öffnete?

Ich klingelte. Zum Glück machten Thomas und Annette auf. Ich musste ihnen nicht viel erklären. Es war klar, dass ich die Nacht bei ihnen verbringen würde.

Von diesem Abend an wusste ich, dass ich auch allein flüchten konnte, wenn es zu brenzlig wurde. In den nächsten Monaten stand ich noch mehrfach abends bei Thomas und Annette vor der Tür. Einmal rief meine Mutter an. Sie wollte wissen, ob ich da sei.

»Ja, und sie bleibt jetzt auch hier«, antwortete Thomas ihr erregt.

Eine halbe Stunde später klopfte es allerdings – meine Mutter stand direkt vor der Wohnungstür, betrunken und schwer atmend. Sie hatte sich offenbar gleich ins Taxi gesetzt, war dann die Treppen heraufgeeilt und wollte mich jetzt abholen. Vielleicht meinte sie es gut, wollte die Sache wieder einrenken. Aber bei Thomas biss sie jetzt auf Granit.

»Was willst du hier? Hau ab aus unserem Haus! Conni kommt nicht mit.«

»Doch! Ich hol sonst die Polizei.«

Meine Mutter zuckte mit dem Kopf, als sie das sagte. Sie war offenbar wahnsinnig erregt.

»Hau ab aus unserem Treppenhaus«, befahl Thomas ihr. »Die Polizei kannst du gerne rufen.«

Vor allem Thomas, aber auch Joachim habe ich in diesen Zeiten als Beschützer empfunden. Zu wissen, dass sie zumindest meistens da waren, gab mir wenigstens etwas Sicherheit und hat mir viel bedeutet. Dass die beiden trotz allem nicht mit unseren Eltern gebrochen haben, beruhigte mich zusätzlich. Ich träumte ja unbeirrt weiter davon, eine halbwegs normale Familie zu haben.

Im Sommer 1980 standen Joachim, Thomas und Annette als Umzugshelfer bereit. Die Wohnung sei zu teuer, sagten meine Eltern. In den letzten Monaten hatten sie die Miete schon nicht mehr regelmäßig bezahlt.

Die Vorbereitung des Umzugs hatte meine Eltern völlig überfordert. Am Umzugstag hatten sie weder unsere Kleidung noch unser Geschirr komplett verpackt. Überall standen noch leere Kartons herum, in die wir alles stopften, was mitsollte. Die alte Schrankwand aus den Fünfzigerjahren würde auch in der neuen Wohnung stehen, genau wie das fleckige Sofa, auf dem meine Mutter viele Nächte verbracht hatte. Den Laster fuhr Thomas, der bei der Bundeswehr den Lkw-Führerschein gemacht hatte.

Morgen ist der vorletzte Schultag, schade, traurig, schluchz, beginnt mein letzter Tagebucheintrag in Rahlstedt. *Die Klasse wird mir sehr fehlen, ich liebe sie alle sehr!! Aber man muss immer Abschied nehmen. In den Ferien ziehen wir um. Übermorgen habe ich Geburtstag (scheiße).*

Ein bisschen Abschiedsschmerz habe ich also verspürt. Doch der Ortswechsel kam zur richtigen Zeit. Wenn wir mal einen guten Ruf gehabt haben sollten in unserem Wohnhaus, dann war der aufgrund der Schreiereien, Fluchten und gelegentlicher Polizeibesuche ruiniert. Ganz am Ende des Schuljahrs nahm mich mein Klassenlehrer am Ende eines Schultags zur Seite.

»Sag mal, Cornelia, was ist denn eigentlich los bei dir zu Hause?«, fragte Herr Zeise. »Ich habe das Gefühl, dass nicht alles okay ist.«

Meine Eltern trinken. Diese drei Wörter hätten jetzt gereicht. Sie hätten alles erklärt.

»Nein, alles in Ordnung«, sagte ich stattdessen und sah zu, dass ich schnell aus der Klasse kam.

Innerhalb von sechs Jahren war dies der allererste Versuch eines Lehrers zu erfahren, ob ich zu Hause Probleme hätte. Er kam spät und genau dann, als wir wegzogen. Heute bin ich mir sicher, dass es mir gutgetan hätte, mich auch in letzter Sekunde zu öffnen. Ich hätte Verständnis für meine Situation bekommen, endlich einmal. Doch ich schaffte es nicht, mich Herrn Zeise anzuvertrauen, und er fragte auch nicht weiter nach.

Wir zogen ins Grindelviertel, das nicht weit von der Innenstadt, nahe der Hamburger Universität und des Bahnhofs Hamburg-Dammtor, liegt. Meine neue Schule lag im Schanzenviertel. Hier würde ich einmal mehr ganz neu beginnen müssen.

Besser in der U-Bahn als zu Hause

Musik • Freundschaft • Dämonen
Ablenkung • O-Ton • Lebensgefahr

Der Suchtforscher Michael Klein schreibt in der Fachzeitschrift *SuchtAktuell*, dass man bei Kindern, deren Eltern suchtkrank sind, »parentifizierende Verhaltensmuster« beobachten kann. Damit meint er: Diese Kinder erfüllen Aufträge und Pflichten, die eigentlich ihren Eltern zukommen. Das Problem: »Betroffene Kinder können dadurch ihre alterstypischen Entwicklungsaufgaben nicht adäquat bewältigen und sind chronisch überfordert. Insbesondere Mädchen scheinen hiervon betroffen zu sein.«

Vordergründig, führt Professor Klein weiter aus, entstehe beim Kind zwar das Gefühl, gebraucht zu werden und wichtig zu sein. Auf Dauer jedoch sei diese Parentifizierung des Kindes »eine Gefahr für dessen gesunde psychische Entwicklung. Es können sich übermäßig sorgende, kümmernde und ängstlich-dependente sowie narzisstische Verhaltensmuster entwickeln.«

Ich habe diesen Rollentausch Stück für Stück erlebt. Am Anfang sorgte ich mich vor allem um die Gesundheit meiner Eltern. Dann wuchs die Angst, dass sie ihren Job verlieren könnten – und wir dadurch wieder unsere Wohnung. Parallel dazu verspürte ich das Bedürfnis, zu Hause für ein gewisses Niveau an Wohnlichkeit und Ordnung zu sorgen.

Unseren Haushalt im Grindelviertel habe ich zum großen Teil allein geschmissen. Ich ging einkaufen, kochte und wusch. Kam meine Mutter ab und zu mal auf die Idee, mir morgens ein Schulbrot zu schmieren, lehnte ich ab. Das machte ich mir inzwischen lieber selbst.

Gebeten hat mich im Grunde niemand darum, ich wollte das so. Und einiges bedingte sich ja auch. Wollte ich mir mittags etwas halbwegs Leckeres zubereiten, klappte das nicht mit einem leeren Kühlschrank. Also musste ich einkaufen. Wenn ich wiederum einigermaßen gut angezogen sein wollte, konnte ich mich nicht darauf verlassen, dass meine Mutter irgendwann mal meine Kleidung waschen würde.

Musik

Im Grindelviertel waren – bis sie von den Nationalsozialisten deportiert und ermordet wurden – viele jüdische Menschen zu Hause. Zahlreiche sogenannte Stolpersteine auf den Gehsteigen vor bestimmten Häusern zeugen heute davon. Achtzig Jahre später stellt das Viertel eine fast ausschließlich teure Wohngegend voller luxuriös renovierter Altbauwohnungen dar. Als wir Anfang der Achtzigerjahre hierherzogen, lebten Menschen aus fast allen sozialen Schichten in der Gegend. Im Supermarkt traf man ab und zu

Ida Ehre. Die Theaterschauspielerin und Regisseurin leitete die Kammerspiele, den kulturellen Mittelpunkt des Viertels. Umgekehrt waren wir nicht die einzigen Leute mit wenig Geld.

Ich hatte ja inzwischen ein paar Stadtteile näher kennengelernt und einen Blick für die Menschen auf der Straße gewonnen. Im Grindelviertel lebten weniger Familien als in Rahlstedt, es war alles etwas quirliger, ein kleiner Kolonialwaren Meyer hier, ein Haushaltswarengeschäft dort, ein Restaurant der Block-House-Gruppe und eine Kneipe namens Assmann. Studierende trafen auf Omis. Die Gentrifizierung des Viertels hatte noch lange nicht begonnen.

Unsere sechzig Quadratmeter große Wohnung in der Straße Rutschbahn lag im Obergeschoss eines Hinterhofhauses: drei Zimmer, Küche und ein Duschbad dort, wo einst eine Speisekammer gewesen war. Das WC hatte kein Fenster und keine Belüftung, deshalb benutzten wir immer wieder Raumspray. »Bei euch hat damals die ganze Wohnung nach Latschenkiefer gerochen«, erinnerte sich letztens meine Freundin Anja, die mich damals häufiger besucht hat.

Im Winter sorgte eine Nachtspeicherheizung für Wärme, wobei in meinem Zimmer kein Heizkörper stand. Dass mein Zimmer auch keine Tür hatte, erklärte mein Vater zum Vorteil: »Die brauchen wir ohnehin nicht, sonst kommt da ja gar keine Wärme rein.« Damit ich trotzdem etwas Privatsphäre hatte, setzte er mir ein Provisorium ein: eine Schiebetür aus Lamellen. So richtig ungestört war ich dadurch aber nie, allein schon, weil die Geräusche aus der ganzen Wohnung zu hören waren.

Mit mangelnder Privatsphäre hatten meine Eltern keine Probleme. Als die Steckdose in ihrem Schlafzimmer nicht mehr funktionierte, holte sich mein Vater den Strom mit einem Verlängerungskabel aus dem Wohnzimmer – was zur Folge hatte, dass sie nun die Schlafzimmertür nicht mehr richtig schließen konnten. Sie wollten aber nicht den Hausmeister bitten, die defekte Steckdose zu reparieren. Denn der hätte dann ja in die Wohnung kommen oder jemanden schicken müssen. Und das wäre meinen Eltern zu peinlich gewesen.

Die Fenster in unserem Hinterhaus waren nur einfach verglast, es zog deshalb ständig in unserer Wohnung. In den kalten Monaten wurde es nie richtig warm. Ich bekam für mein heizungsloses Zimmer irgendwann einen Heizlüfter. Weil der viel Strom verbrauchte, durfte ich ihn aber nur in Ausnahmefällen anstellen. Dass ich mich in meinem Zimmer trotzdem einigermaßen wohlgefühlt habe, verdanke ich Thomas und Annette. Sie hatten den Raum himmelblau gestrichen und dann noch ein paar weiße Wolken an die Wand gemalt. Ich hängte Poster aus der Zeitschrift *Mädchen* auf, besorgte mir ein paar Pflanzen und schuf mir so mein kleines Reich.

Auch wenn wir für die Wohnung in der Rutschbahn weniger Miete als zuvor in Rahlstedt zahlten – das Geld blieb knapp. Ende Juli 1981 schauten meine Mutter und ich zusammen die Hochzeit von Charles und Diana an. Lady Di schwebte gerade samt ihren Brautjungfern durch die St Paul's Cathedral, und wir bestaunten die fast acht Meter lange Schleppe, als der Fernseher plötzlich ausging. Als wir im Treppenhaus nachschauten, hantierte dort am Verteiler-kasten ein Mitarbeiter der HEW, der Hamburgischen Elek-tricitäts-Werke.

»Was soll das denn?«, fragte meine Mutter ihn mittel-freundlich.

»Hab ich gerade verplombt«, antwortete der Mann unge-rührt.

»Dann haben wir ja keinen Strom.«

»Dann zahlen Sie mal Ihre Rechnung.«

Wir lebten zu dem Zeitpunkt seit einem Jahr in unserer neuen Wohnung und waren beim Strom sicher schon ein paarmal säumig gewesen. Der HEW-Mann blieb gelassen, Situationen wie diese waren sein Alltag. Wir trollten uns in unsere Wohnung und konnten die Trauung in London nicht weiterverfolgen.

Meine Mutter hat sich in solchen Fällen meist zügig Geld bei einer dieser Banken besorgt, die auf Kleinkredite spezia-lisiert waren. Wie das ablief, konnte ich an diesem Tag mit-erleben, denn da gerade Sommerferien waren, durfte ich sie begleiten. Wir fuhren mit dem Bus zum Hauptbahnhof und gingen von dort zielstrebig zum nur wenige Schritte entfern-ten Kaufhaus Horten. In diesem großen Gebäude nahmen wir dann die Rolltreppen bis in den obersten Stock. Genau dort befand sich nämlich die Filiale dieser Bank. Über man-gelnde Kundschaft konnte sie nicht klagen, allein schon, weil bei vielen Kaufhausbesuchern die Wünsche größer wa-ren als der Geldbeutel.

Die Kreditvergabe lief denkbar einfach. Meine Mutter zeigte einem Bankmitarbeiter ihren Arbeitsvertrag und bekam wenige Minuten danach zu einem sehr üppigen Zinssatz ein paar Hundert Mark geliehen. Das reichte, um die Stromrechnungen zu begleichen, aber nicht auf Dauer.

Meine Eltern kamen nie mit dem Geld aus, das sie verdienten. Der Gerichtsvollzieher klingelte deshalb auch in der Rutschbahn regelmäßig, musste allerdings einsehen, dass bei uns nichts zu holen war. Die Waschmaschine durfte er ja genauso wenig pfänden wie den Fernseher, der allerdings ohnehin keinen großen Wert hatte.

Musik hat mir in diesen Zeiten unheimlich viel bedeutet und auch sehr geholfen. Ich konnte mich mit ihr zurückziehen, sie half mir auszublenden, was um mich herum geschah. Meine erste Schallplatte habe ich mir von dem Geld gekauft, das meine Großeltern mir 1978 zu Weihnachten geschenkt hatten. Thomas' Freundin Annette nahm mich damals mit in einen Plattenladen, ich hatte die freie Auswahl, wusste aber genau, was ich wollte. Wir waren einige Wochen zuvor gemeinsam im Kino gewesen und hatten *Grease* gesehen. Die Musical-Verfilmung mit John Travolta und Olivia Newton-John hatte mich tief beeindruckt und mein Interesse für Musik so richtig geweckt. In dem Geschäft griff ich zielstrebig nach der Platte mit dem Soundtrack. Ich hörte sie dann so oft, dass ich fast jede einzelne Textzeile auswendig kannte.

Zwei Jahre später bekam ich zu Weihnachten einen Walkman geschenkt. Dieses kleine tragbare Kassetten-Abspielgerät mit Kopfhörern war eine Offenbarung für mich und wurde fortan mein ständiger und heiß geliebter Begleiter.

Abends, wenn ich im Bett lag und meine Eltern streiten hörte, nahm ich meinen Walkman, setzte die Kopfhörer auf und drückte auf Play. Die Musik versetzte mich nicht in eine andere Welt, verschaffte mir aber für den Moment ein gutes Stück Abstand zur Wirklichkeit.

Dank meinem älteren Bruder Thomas hörte ich damals auch Supertramp, The Police, Bruce Springsteen und Roxy Music. Für die Neue Deutsche Welle mit Nena, Falco und Trio konnte ich mich hingegen nicht begeistern.

Am 8. Dezember 1980 erschoss ein geistesverwirrter Fan in New York John Lennon. Diese Nachricht berührte mich aus irgendwelchen Gründen tief und entfachte meine große Liebe für die Beatles und ihre Musik. Ich wollte jede Platte der Band hören. Das war mit Thomas' großer Plattensammlung auch möglich. Seitdem hörte ich die Beatles bei Thomas rauf und runter und wollte alles über die Band wissen. *Ich habe Yoko Ono geschrieben, oder vielmehr, ich bin noch dabei, ich hoffe sehr, sie gibt Antwort,* notierte ich am 14. März 1981 in mein Tagebuch.

In den Frühjahrsferien durfte ich ein paar Tage bei Thomas und Annette wohnen. Im Wohnzimmer stand ihre Musiksammlung, und ich genoss es, die prächtige Auswahl an Platten zu durchforsten. Meine Mutter war, wie ich in mein Tagebuch schrieb, *besoffen. Sie hat sich den Magen verkorkst (kein Wunder) und musste die ganze Nacht kotzen. Jetzt trinkt sie nur noch Selter (ist gut so).*

Heute ist hier gottseidank alles ruhig. Ma und Pa sind nüchtern, notierte ich für den Tag drauf. Und mit guten Nachrichten

ging es eine Woche später weiter: *Ma und Pa nüchtern, hoffent-*
lich für immer.

Im Sommer wollte ich mit Thomas und Annette und einem mit ihnen befreundeten Pärchen in den Urlaub an die
Costa Brava. Meine Eltern allerdings stellten sich quer. *Sie*
haben gesagt, ich darf nicht mit in den Urlaub u. dass ich kein Rad
bekomme, weil wir dafür kein Geld haben, heißt es im Tagebuch.
Aber denen werde ich es schon zeigen!

Thomas und Annette nahmen mich dann tatsächlich
mit. Sie luden mich für drei Wochen ein und schenkten mir
so meine erste Auslandsreise.

Freundschaft

Das Hamburger Schanzenviertel, in dem die Haupt- und Realschule Altonaer Straße lag, machte 2017 weltweit Schlag-
zeilen als Zentrum der militanten Proteste und Attacken auf
das G-20-Gipfeltreffen. Zu meiner Schulzeit war die
Schanze, wie man sie in Hamburg auch nennt, erst in An-
sätzen links-alternativ und nicht im Entferntesten cool und
hipp. Wo später Restaurants, Cafés und Boutiquen eröffne-
ten, wohnten damals vor allem Leute mit geringem oder
ohne Einkommen.

Die Straßenzüge präsentierten sich trist und grau, seit
dem Krieg hatten die Fassaden keinen frischen Anstrich
mehr erhalten und wirkten entsprechend heruntergekommen. Vom nahe gelegenen Schlachthof waberte regelmäßig
der Gestank frisch geschlachteter Tiere und der Abfälle der

Fleischproduktion durch das Viertel. Der Gewürzhandel Hermann Laue, bekannt durch seinen Curry-Ketchup, hatte seinen Firmensitz in der Schanzenstraße und befüllte dort seine großen Gewürzsilos. So roch es an manchen Tagen in den Straßen nach Curry oder Paprika. Das waren eindeutig die besseren Gerüche.

Eigentlich lag eine andere Realschule, die heutige Ida-Ehre-Schule, weitaus näher bei unserer Wohnung. Der Schulleiter dort sagte uns aber klipp und klar, ich könne mir den Versuch einer Anmeldung ersparen. Seine Schule sei mehr als voll und würde mich auf keinen Fall aufnehmen. Die Schule Altonaer Straße hingegen hatte Platz für mich. Sie galt als Auffangbecken, lehnte niemanden ab. Ich kam in eine Realschulklasse und hoffte, dass mir nun kein weiterer Umzug mehr dazwischenkäme. Die letzten vier Schuljahre bis zum Abschluss wollte ich allesamt hier absolvieren.

Heute erinnert eine schwarze Tafel auf rotem Backstein an die Geschichte des Ortes. »Von diesem Schulgebäude aus wurden 1500 jüdische Männer, Frauen und Kinder am 15. und 19.7.1942 nach Theresienstadt (Terezín) deportiert. Fast alle sind in den Vernichtungslagern umgebracht worden. Denkt daran, und seid wachsam.« Damals haben wir uns eher keine Gedanken um die Vergangenheit gemacht. Wie es so ist in dem Alter – wir hatten genug damit zu tun, im Hier und Jetzt klarzukommen.

Die Schulleitung stellte die siebten Klassen allesamt neu zusammen, die Schüler kamen von verschiedenen Schulen. Für mich war das ein Vorteil, da ich so nicht die einzige Neue war. Niemand wusste von meiner Herkunft, niemand kannte meine Eltern, niemand erfuhr, dass ich schon ein paarmal umgezogen war.

Die meisten meiner Mitschüler wohnten in der Nähe und kamen zu Fuß zum Unterricht. Ich nahm ab und zu den Bus und meistens mein altes Klapprad. Dessen Gepäckträger war inzwischen durchgerostet. Mein Vater hatte einen neuen besorgt, der leider viel zu groß war. Irgendwie hat er ihn trotzdem anmontiert, allerdings so schief, dass sich einige Mitschüler immer wieder darüber lustig machten.

In meine Klasse gingen vielleicht zwei oder drei Schüler, die aussahen, als stammten sie aus sozial etwas bessergestellten Familien. Der Rest wirkte auf mich so, als hätten die Eltern auch kein Geld. Nachmittags, bei mir im Grindelviertel, fielen mir manchmal Mädchen auf, die anders aussahen. Sie hatten lange Haare, trugen Sporttasche und Hockeyschläger und bewegten sich zum Training in Richtung ihres Hockeyklubs. Einerseits interessierte ich mich nicht für Ballsportarten, andererseits stellte ich es mir toll vor, nachmittags mit Freundinnen zu so einem schicken Sport zu gehen. Meine Eltern hatten ja in Rahlstedt nicht erlaubt, dass ich einem Sportverein beitrat, deshalb bat ich nun Joachim, für mich bei dem Klub nachzufragen. Das tat er auch – und erfuhr dabei, dass der Mitgliedsbeitrag für meine Familie utopisch hoch war. Damit endete mein kleiner Traum.

In der Schule entwickelte ich einen gewissen Ehrgeiz und strengte mich an. Ich wollte zeigen, was ich kann, auch meiner Klassenlehrerin, die sehr nett war. Schlecht war ich im

Grunde nur in Mathe. Unser Lehrer dort stand kurz vor der Pensionierung und neigte zu cholerischen Anfällen. Manchmal warf er mit seinem Schlüsselbund nach einzelnen Schülern. Mich gruselte es vor diesem Lehrer, der lange, spitze Fingernägel hatte und damit immer auf sein Pult und an die Tafel trommelte.

Mit meinen Klassenkameradinnen hatte ich nicht viel zu tun, freundete mich aber mit zwei Mädchen aus der Parallelklasse an. Anja wohnte in Lokstedt, einem etwas weiter entfernten Stadtteil, Claudia ganz in der Nähe der Schule. Von ihr wusste ich, dass ihre Mutter auch trank.

Als Schülerinnen hatten wir Monatskarten für Busse und Bahn. Anja und ich nutzten sie auch, um nachmittags im Netz des Hamburger Verkehrsverbunds spazieren zu fahren. Die Trips wurden eine unserer liebsten Freizeitbeschäftigungen. Mit unseren Walkmans verbrachten wir Stunden in den U- und S-Bahnen. Im Westen ging es bis nach Wedel, ein kleines Städtchen an der Elbe. Im Osten fuhren wir bis Aumühle, wo der Sachsenwald beginnt, der überwiegend zum Besitz der Familie Bismarck gehört.

Am S-Bahnhof Blankenese stiegen wir am liebsten aus, erkundeten das Treppenviertel mit seiner Mischung aus Villen und schmucken kleinen Häuschen und spazierten an der Elbe entlang. Wir stellten uns vor, wie es wäre, hier zu wohnen. Umgekehrt trauten wir uns auch einmal in den sozialen Brennpunkt Billstedt. Dort schlenderten wir arglos durchs Einkaufszentrum, bekamen es allerdings ziemlich schnell mit einer Mädchengang zu tun.

Jugendgangs bildeten sich in den frühen Achtzigerjahren in Großstädten wie Hamburg, wir kannten das aus unseren Klassen. Auch hier gehörten nicht nur einige Jungs, sondern auch Mädchen solchen Gangs an. In der Regel waren diese Mädchen aber körperlich viel weiter als ich entwickelt, betonten ihren Busen, redeten über Sex und gaben sich lässig und hart, als könne sie nichts schocken. Manche von ihnen waren gewaltbereit und Drogen zumindest nicht abgeneigt. Der Hamburger Michel Ruge, der ungefähr so alt wie ich ist, hat seine Zeit in solch einer Jugendgang in dem Buch *Bordsteinkönig* beschrieben.

Die vier Mädels, die sich nun im Billstedt-Center vor uns aufbauten, trugen Bomberjacken, die typische Kluft von Gangmitgliedern. Erst einmal schubsten sie uns, um ihre Macht zu betonen.

»Ihr habt hier nichts zu suchen«, herrschte uns eine an. »Wo kommt ihr her?«

»Aus Eimsbüttel«, antwortete ich.

»Ihr seid wohl die ganz Vornehmen«, kommentierte ein anderes Mädchen.

»Wagt nicht noch mal, in unser Viertel zu kommen«, schnauzte uns das dritte Gangmitglied an.

»Sonst bekommt ihr auf die Fresse«, assistierte die Vierte.

Sie rissen an unseren Jacken, die allerdings weder teuer noch cool waren. Offenbar überlegten sie, uns irgendetwas wegzunehmen. Ich hatte wahnsinnige Angst, denn wir hatten ja unsere Walkmans dabei.

Soweit ich weiß, haben wir ihnen dann ein bisschen

Geld gegeben, damit sie uns gehen ließen. In Billstedt sind wir danach nie wieder ausgestiegen.

Verglichen mit den Gangmädels waren Anja und ich harmlos. Zu Weihnachten wünschten wir uns ein Teeservice und trafen uns später bei Anja oder Claudia zu Tee-Sessions. Manchmal fuhren wir auch in die Innenstadt. H&M gab es noch nicht, C&A fanden wir uncool, dafür stöberten wir in einem Laden namens Jeans-Ranch und streiften durch Läden mit Geschenkartikeln. Viele schöne kleine Dinge sahen wir hier. Die konnten wir uns natürlich nicht leisten, aber doch davon träumen, dass wir unsere Wohnungen einmal entsprechend dekorieren würden.

Mein eigenes Zimmer hatte ich mir ja so gemütlich wie möglich eingerichtet. Ich musste noch den großen Esstisch ertragen, den meine Eltern unbedingt in der Wohnung behalten wollten und deshalb bei mir abstellten. »Falls wir mal alle zusammen hier essen«, sagte mein Vater und dachte an Thomas und Joachim. Doch zu solch einem Essen kam es nie. Auch mein Kinderbett mit dem angebauten Kasten fürs Bettzeug war altmodisch.

Die Zeitschrift *Mädchen* habe ich in diesen Jahren viel gelesen, eine *Brigitte* für Teenies war das im Grunde, mit Modestrecken, Schminktipps und Geschichten aus dem Leben von Teenagerinnen, die zeigten, wie man sich in bestimmten Situationen verhalten sollte. Insgesamt, fand ich, konnte mein Zimmer sich sehen lassen, auch wenn es trotzdem erst einmal niemand betreten hat. Anja und Claudia habe ich erst später zu mir nach Hause mitgenommen. Als sie dann kamen, war ich stark angespannt, sie sollten so wenig wie möglich von unserer Wohnung wahrnehmen. Mein Zimmer lag zum Glück gleich rechts neben der Eingangstür, da konnte ich die beiden schnell reinlotsen.

Ich hielt diese Vorsichtsmaßnahme für dringend geboten. Mein Zimmer hatte ich ja im Griff, der Rest der Wohnung jedoch wirkte schlicht erbärmlich. Und natürlich ließ es sich nicht immer vermeiden, dass Anja und Claudia einen Blick in die anderen Zimmer warfen und auf den dort als Möbel genutzten Sperrmüll. Die beiden lebten auch nicht im Prunk, aber unser Zuhause war ganz sicher einige Kategorien darunter einzuordnen. Anja gestand mir Jahrzehnte später, dass sie unsere Wohnung schon etwas eklig fand. Über den muffigen Geruch – der Zigarettenrauch mischte sich mit Latschenkiefer-Raumspray – hat sie damals aber nie gesprochen und sich auch nie lustig gemacht oder gar Mitschülerinnen davon erzählt.

»Der Aufbau stabiler Freundschaften verlangt Vertrauen in sich und andere«, schreibt die Deutsche Hauptstelle für Suchtfragen in ihrer Publikation »Erwachsenwerden in Familien Suchtkranker«. »Statt Vertrauen und Offenheit bringen Kinder Abhängiger jedoch häufig Angst vor Zurückweisung mit und sind gehemmt, sich anderen zu öffnen und anzuvertrauen. So haben sie nachweislich überdurchschnittlich hohe Schwierigkeiten, Freundschaften zu schließen.«

Exakt, kann ich dazu nur sagen, genauso ist das. Wer zu Hause etwas zu verbergen hat oder besser: Wer sein Zuhause zu verbergen sucht, geht nicht offen und ungehemmt auf andere Kinder zu. Der überlegt sich ziemlich lange, ob er jemandem vertrauen kann. Zurückweisung habe ich oft er-

fahren, durch die Mutter der Klassenkameradin in Winterhude zum Beispiel, aber auch danach in Rahlstedt. Im fünften Schuljahr hat mir ein Mädchen aus unserer Klasse gesagt, sie dürfe nicht mit mir spielen. »Meine Eltern meinen,
dass deine Eltern Asoziale sind«, erklärte sie mir. So ein Satz
brennt sich ein. Er zeigte mir, wo mein Platz auf der sozialen
Leiter sein sollte – ganz unten.

»Gleichwohl zählt Beziehungsfähigkeit zu den wesent-
lichen Faktoren, familiäre Belastungen auszugleichen und
auszuhalten«, heißt es bei der Deutschen Hauptstelle für
Suchtfragen weiter. »Verlässliche Freundschaften können
stärken und psychisch stabilisieren. In Studien zeigte sich,
dass Jugendliche von ihrem suchtbelasteten Elternhaus un-
beschadeter blieben, wenn es ihnen gelang, Freundschaften
und ein informelles Netzwerk an verlässlichen Beziehungs-
personen aufzubauen und zu pflegen.«

Im Rückblick würde ich mich schon als »beziehungs-
fähig« bezeichnen. Und die Freundschaften mit Anja und
Claudia habe ich intensiv gepflegt. Als Teenager war mir
noch nicht klar, dass mich meine Freundinnen stabilisier-
ten. Dass ich sie hatte, empfand ich aber als sehr wichtig.
Die beiden halfen mir, meine Scham teilweise abzulegen,
vor ihnen musste ich kein Theater spielen. »Meine Eltern
sind so alt und spinnen gerne mal total rum«, solche Sätze
traute ich mich zu sagen, wenn wir einmal über unser Zuhause sprachen. Die beiden unterstützten mich und fanden,
dass ich ja nichts für meine Eltern könne. Das zu hören, tat
mir gut. Es waren ehrliche Freundschaften damals. Wir haben uns auch später nie ganz aus den Augen verloren.

Eine ganz besondere Bedeutung hatte für mich die Beziehung zu meinen Großeltern – bis zuletzt. Mein Großvater Berthold war irgendwann vierundachtzig, meine Großmutter Martha sogar neunundachtzig Jahre alt, und sie konnte nun nicht mehr richtig aufstehen. Ihr Herz schlug schwächer, und dann wurde sie auch noch verwirrt. Es war meine Mutter, die sich kümmerte und einen Pflegeplatz in einem Stadtteil südlich der Elbe fand. Die Einrichtung nahm auch gleich Berthold mit auf.

Diamantenhochzeit hatten die beiden noch gefeiert. Darüber war sogar ein kleiner Artikel im *Hamburger Abendblatt* erschienen – mit der Geschichte zweier pensionierter Lehrer, die damals die ersten Mieter im Block des Pädagogischen Vereins gewesen waren. Den wollten sie eigentlich niemals verlassen. Aber es ging nicht anders.

Zusammen mit meinen Brüdern habe ich meine Großmutter dann noch im Pflegeheim besucht. Sie wirkte wie ein Häufchen Elend, erzählte Unverständliches von früher. Nach nur einer Woche im Heim ist sie gestorben. Nicht einmal einen Monat später starb dann auch mein Großvater. Der Friedhof, auf dem beide begraben sind, liegt nicht weit von ihrer Wohnung entfernt. So sind die beiden mit dem Tod in gewisser Weise wieder zurückgekehrt.

Was ich ihnen sehr zugutehalte: Mit ihrer Tochter, meiner Mutter, die sie fünf Jahrzehnte zuvor in Berlin adoptiert hatten und die ihnen viele Jahre lang größten Kummer bereitet hat, haben meine Großeltern bis zum Schluss nicht gebrochen. Das habe auch ich nicht getan, weder in der Pubertät noch später. Bei allen Alkoholexzessen und Ausrastern blieb sie für mich doch immer meine Mutter. Meine Verbindung zu ihr hätte ich niemals kappen können.

Dämonen

Manchmal bin ich am Nachmittag zu meiner Mutter in der Innenstadt gefahren und habe in der Nähe ihrer Bank gewartet, bis sie Feierabend hatte. Ich wollte sie abholen und direkt nach Hause bringen, ohne Abstecher in eine Kneipe. Das ist mir nicht immer gelungen. Manchmal entwischte sie mir noch auf den letzten Metern in der Rutschbahn und setzte sich in die Kneipe Assmann.

Wenn sie betrunken war, rastete sie weiterhin aus. Die Themen, über die sie sich dann aufregte, schienen mitunter völlig konstruiert zu sein. Manchmal, wenn sie schimpfte und lamentierte, wirkte sie auf mich auch einfach nur böse. Ein Kind will ja aufblicken zu seinen Eltern. Es gelang mir nicht zu verstehen, dass irgendwelche Dämonen immer wieder das Handeln meiner Mutter bestimmten. Dafür war ich viel zu sehr involviert, im Grunde ja ein Opfer ihres Tuns. Mitleid habe ich für meine Mutter damals erst recht noch nicht empfunden.

Aus meiner Sicht verhinderte sie jede Harmonie in unserer Familie, war ein regelmäßiger Störfaktor. Natürlich riss sie sich auch mal zusammen, aber schnell stieg die Aggression wieder in ihr auf. Es war wohl eine Mischung aus Frustration, Unglück und Selbstmitleid, die sich in ihr breitmachte. Ab und zu betrauerte sie verpasste Chancen. Horst etwa, ihr Freund, der damals in die USA ausgewandert war, kehrte einmal für kurze Zeit nach Hamburg zurück. Ich weiß nicht, wie meine Mutter davon erfuhr, aber sie hatte nun plötzlich eine Hamburger Nummer von ihm. Weil unser Anschluss gerade mal wieder gesperrt war, rief sie ihn von einer Telefonzelle aus an.

Sie hat Horst meines Wissens nicht getroffen, und das war wohl auch gut so. Wie auch immer ihr Ex-Freund inzwischen aussah und was für ein Leben er in den Vereinigten Staaten führte – ich kann mir nicht vorstellen, dass er für seine Ex-Freundin Gisela alles hätte stehen und liegen lassen. Eher hätte er sie bemitleidet.

Der viele Alkohol und die Zigaretten hatten Spuren im Gesicht und am Körper meiner Mutter hinterlassen. Sie war nicht per se uneitel, schminkte sich aber kaum noch, nahm nur ein bisschen Puder und zudem Parfüm. Sie trug Halstücher und billigen Schmuck und mit Mitte fünfzig schon ein Gebiss. Die Zahnpflege hatte sie ja über viele Jahre vernachlässigt und so einige Zähne verloren. Andere hatte mein Vater ihr ausgeschlagen.

Mit meiner Mutter habe ich damals über meine Idee gesprochen, später mal in der Modebranche zu arbeiten. Ich träumte davon, Modeschöpferin zu werden oder wenigstens Einkäuferin für Mode. Sie redete mir das nicht aus, im Gegenteil. »Du hast Interesse und Geschmack, das passt doch«, ermunterte sie mich. Ich konnte damals auch schon ein wenig nähen. Ohne Maschine habe ich mir Hosen gekürzt, Kragen an Pullis und Aufnäher an Jacken genäht. Ich

konnte mir gut vorstellen, eine Lehre als Schneiderin zu beginnen.

Kleidung und Accessoires waren mir wichtig. Manchmal – wir befanden uns in den frühen Achtzigerjahren –
trug ich ein schmales Glitzerstirnband, dann wieder einen
großen dunkelblauen Filzhut mit breiter Krempe. Als ich
nach einer Nacht, in der mein Vater und ich mal wieder
zu Thomas geflüchtet waren, übermüdet nach Hause kam,
fand ich meine Mutter immer noch völlig betrunken vor. Ich
ging in die Dusche, und meine Mutter nahm sich meinen
Hut. Ich hörte noch, wie sie zu sich selbst sagte, dass sie
den Hut jetzt zerschneiden werde. Es war eher ein lauteres
Grummeln, und ich habe es gar nicht richtig ernst genommen. Doch meine Mutter hat Ernst gemacht. Mit der Kü-
chenschere teilte sie meinen geliebten Hut in zwei Hälften.

Sie wusste ganz genau, wie wichtig mir der Hut war. Offenbar wollte sie mir eins auswischen. Sie mochte es nicht,
dass mein Vater und ich bei ihren Schreiattacken abhauten,
und sie mochte es offenbar noch weniger mitzubekommen,
wenn ich wiederkam und sie in ihrem Zustand sah.

An dem Tag habe ich geheult und geschrien, und ich
habe meine Mutter auch heftig beschimpft. Dann bin ich
völlig aufgewühlt zur Schule gefahren. Niemals ist etwas sicher bei ihr, dachte ich, immer muss ich aufpassen und mit
dem Schlimmsten rechnen. Das hatte sie mir nun gerade
wieder bewiesen.

Ein anderes Mal, da war ich dreizehn und in der achten
Klasse, kam ich morgens ebenfalls von Thomas zurück.
Mein Vater war gleich weitergefahren, nachdem er mich aus

dem Auto gelassen hatte. Im Treppenhaus fragte ich mich, ob meine Mutter die Wohnung von innen abgeschlossen hatte und der Schlüssel noch steckte. In dem Fall musste ich damit rechnen, dass sie mich nicht reinlassen würde – entweder, weil sie nicht wollte, oder weil sie mein Klopfen und Klingeln nicht hörte. In solchen Fällen wartete ich dann auf der Treppe und verpasste die Schule. Allein im Treppenhaus ausgesperrt, so wollte ich von den Nachbarn gegenüber allerdings nicht gesehen werden. Ich ging deshalb immer noch eine Treppe weiter nach oben, kauerte mich auf die letzte Stufe vor der Tür zum Dachboden und wartete manchmal Stunden, bis ich wieder in die Wohnung konnte.

An diesem Montagmorgen aber war das nicht nötig, kein Schlüssel steckte von innen. Ich schloss erleichtert auf. Meine Mutter sah ich durch die halb offene Tür im Wohnzimmer auf dem Sofa liegen.

Ich ging zum Telefon, das auf einem alten Schuhschrank im Flur stand, und wählte Thomas' Nummer.

»Entwarnung«, sagte ich, als Thomas abnahm, »ich bin drin. Sie liegt noch besoffen auf der Couch.«

In dem Moment kam meine Mutter von hinten. Sie griff fest in mein Haar, zog mich hintenüber, schlug mit der anderen Hand auf mich ein und schleifte mich in die Küche.

»Was bildest du dir ein?«, schrie sie, »was erzählst du über mich?«

Ich sah ihr Gesicht, wutentbrannt, erzürnt, zur Fratze verzogen. Sie packte so kräftig in meine Haare, dass sie mir ein ganzes Büschel herausriss.

»Guck dich doch mal an, wie du aussiehst! Und guck dir

mal dein Leben an. Und was du mir zumutest. Immer nur saufen, saufen, saufen!« So hätte ich kontern können.

Tatsächlich habe ich mich ganz klein gemacht. Ich saß auf dem dreckigen Küchenboden und versuchte zu beschwichtigen. »Das mache ich nie wieder«, sagte ich zu meiner Mutter und dass ich das alles nicht so gemeint hätte.

Ihre Attacke hat mir damals wahnsinnige Angst gemacht. Sie kam von hinten, unbemerkt, wie aus dem Nichts. Ich konnte mich überhaupt nicht wehren. Mit Gewalt hat sie meine Demut erzwungen.

Die Angst vor meiner Mutter holte mich fortan immer dann ein, wenn es wieder losging bei ihr. Wenn die Wut in ihr brodelte, wenn sie explodierte und nicht mehr Herrin ihrer Sinne war, wusste ich, was geschehen konnte. Ich verkroch mich dann in mein Zimmer oder haute ab zu Anja. In der neunten und zehnten Klasse habe ich immer mal wieder bei Anja übernachtet. »Meine Mutter dreht gerade durch«, mehr musste ich Anja gar nicht sagen.

Ich machte mir nun oft Gedanken, wie es weitergehen würde. Die Hoffnung, dass ich mit meinen Eltern einmal doch wie andere Kinder in Frieden zusammenleben würde, starb noch immer nicht. Doch die Wirklichkeit ließ sich auch nicht verdrängen. Mein Zuhause war kein sicherer Ort.

Meine Mutter muss bemerkt haben, wie sehr ihr Verhalten mich belastete. Manchmal allerdings hatte sie ihre Ausraster am nächsten Tag gar nicht mehr präsent. Am Tag nach der Haarattacke entschuldigte sie sich immerhin und drückte mir einen Zwanzigmarkschein in die Hand. Ich solle mir etwas Schönes kaufen. Es war ein Versuch der Wiedergutmachung, aber der erreichte mich nicht mehr. Ich wusste ja, dass sie jederzeit wieder austicken könnte.

Ablenkung

Die Idee stammte aus den USA, doch auch in Hamburg funktionierte sie wunderbar. In einem Industriegebiet, das wir mit dem Bus gut erreichen konnten, wurde aus einer ehemaligen Lagerhalle eine Rollerdisco. Der Betreiber verlieh Rollerskates, das waren hohe Turnschuhe, die auf eine Basis mit vier breiten, schnell laufenden Rollen montiert waren. Rollerskates waren schneller als die klassischen Rollschuhe, und vorne besaßen sie auch noch einen Stopper aus Hartgummi. Eine kräftige Lichtorgel noch und aktuelle Hits aus großen Boxen, fertig war die Kulisse für ein Event, das ich mit Anja und Claudia oft besucht habe. Ich liebte die Rollerdisco allein schon wegen der lauten Musik. Und wenn der Sportunterricht in der Schule mir keinen Spaß machte und ich die Erwartungen meiner Sportlehrerin nicht im Entferntesten erfüllte – auf Rollerskates kam ich prima zurecht.

Richtige Diskotheken hingegen habe ich nicht besucht in dieser Zeit. Andere aus der Klasse taten das, aber Anja, Claudia und mir bedeutete das noch nichts. Wenn wir konnten, machten wir es uns schön. Joachim stellte uns einmal von Freitag bis Sonntag seine Wohnung zur Verfügung, dort hatten wir dann sturmfreie Bude. Die nutzten wir jedoch nicht, um Party zu machen, sondern für ein Beautywochenende. Wir trugen uns Masken auf, schminkten uns, probierten Kochrezepte aus – und kamen uns so erwachsen vor.

Meine Noten wurden bescheidener. Im Abschlusszeugnis der Klasse acht wird noch mein »ausgezeichneter mündlicher Einsatz« gelobt. In Deutsch, Englisch und Chemie hatte ich eine Zwei. Ein Jahr später bekam ich nur noch Dreien und Vieren – und eine Fünf in Mathe.

In der neunten Klasse ging es mir eine Zeit lang richtig schlecht. Die Schule nervte, zu Hause empfand ich vor allem Anspannung. Das Verhalten meiner Mutter war nur insofern vorhersehbar, als sie im Grunde jeden Tag ausrasten konnte. Ich fühlte mich erschöpft und wusste nicht, wohin mit meinen seelischen Schmerzen.

Pickel im Gesicht machten mir zu schaffen, die drückte ich immer wieder aus und riskierte so, dass Narben zurückblieben. Das war fast schon eine Aggression gegen mich selbst. Manchmal wollte ich mich einfach nur hinlegen und so tun, als sei ich bewusstlos. Ich bekam ja zu Hause so gut wie keine Aufmerksamkeit. Nie nahm mir mal jemand irgendetwas ab, im Gegenteil: Ich musste funktionieren.

Sich dem Heranwachsen hinzugeben, seine Launen auszuleben und einfach mal sein Ding zu machen, all das macht ja die Pubertät aus. Ich habe mir im Grunde nichts davon gestattet. Es gab niemanden, der dafür Sorge trug und mich dabei unterstützte, erwachsen zu werden. Zum Erwachsenwerden braucht es Liebe und Zuneigung der Eltern. Ebenfalls braucht es Grenzen, an denen man sich ausprobieren kann. Ich konnte keinerlei Grenzen sprengen, denn mir setzte ja niemand welche. Wäre ich regelmäßig um ein Uhr nachts nach Hause gekommen, hätte meine Eltern das nicht interessiert. Sie hätten es womöglich nicht mal bemerkt.

Was wäre, wenn du jetzt stirbst? Wer würde weinen an deinem Grab? Solche Gedanken gingen mir durch den Kopf. Es waren nur Gedanken, denn gesagt habe ich niemandem, dass ich müde war, dass es mir schlecht ging und ich einfach nicht mehr konnte. Ich hatte das Gefühl, dass ich etwas ändern müsste oder zumindest einmal raussollte. Trotz meiner schlechten Erfahrung auf Föhr überlegte ich sogar, ob ich nicht eine Kur machen sollte.

Mein Vater hat in all den Jahren manchmal eine Einheit mit mir gebildet, immer dann, wenn wir nachts zusammen die Wohnung verließen. Er hat es aber nicht geschafft und wahrscheinlich auch gar nicht angestrebt, mich stark zu machen. Mein Vater zählte zur Generation, die im Zweiten Weltkrieg ein ungeheures Maß an Grausamkeit und Unmenschlichkeit erfahren hat. Er hat Menschen sterben sehen, hat Leichen weggeräumt, hat womöglich selbst Menschen getötet. Er hat seinen Bruder verloren. Vorher schon hatten seine Eltern ihn verstoßen. All das hat ihn geprägt und wird ein Grund dafür gewesen sein, dass auch er getrunken hat und meine Mutter schlug, wenn sie ihn aggressiv anging. Und dass ihm das Mitgefühl für seine Tochter meistens fehlte.

Auch mein Vater hat mich manchmal nicht gut behandelt. In seinem Verhalten konnte er verletzend sein. Einmal, wahrscheinlich regnete es, fragte ich ihn, ob er mich mit dem Auto zu Anja bringen könnte. Wir fuhren los und standen prompt in einem kleinen Stau. Es war nur der übliche Feierabendverkehr, doch mein Vater reagierte völlig genervt.

»Das mach ich nicht mit hier«, sagte er, »du mit deinen Wünschen. An der nächsten Bushaltestelle schmeiß ich dich raus.«

Aufgrund der verstopften Straßen dauerte es einige weitere Minuten, bis wir die nächste Haltestelle erreichten. Mein Vater grummelte vor sich hin. Als ich dann ausstieg, bekam ich noch einen Satz mit, der so ordinär und demütigend war, dass ich ihn nicht wörtlich wiedergeben möchte. Inhaltlich sagte mein Vater, dass er mich besser nicht gezeugt hätte.

O-Ton

In meinem Tagebuch steht nicht alles, was mich im Alter von vierzehn und fünfzehn Jahren beschäftigt hat. Ich habe ohne den Anspruch auf Vollständigkeit und auch nicht tagtäglich hineingeschrieben. Gleichwohl spiegeln die Einträge wider, wie es mir damals ging und was mich bewegte.

13.1.1983: *Ich habe eben ziemlich lange mit Joachim telefoniert. Wir haben fast nur über Mutti und Papi geredet. Wenn ich mal Kinder habe, werde ich nie so sein. Und vor allen Dingen werde ich mir eine supergemütliche Wohnung machen.*
26.2.1983: *Das kann ja ein schönes Wochenende werden. Die Alte holt sich was zum Schlucken, und er holt Brötchen. Das Telefon ist schon seit zwei Wochen abgestellt.*

28.2.1983: Ich übe noch Erde und mache Englisch. Heute Abend Aerobic.

1.3.1983: Aerobic war echt toll, und ich habe keinen dollen Muskelkater.

9.3.1983: Papi bleibt jetzt bis zum 1. April zu Hause, arbeitslos. Dann ist er immer schön vollgelaufen. Nächste Woche sind dann auch schon wieder Ferien. Und Ma hat auch noch zwei Wochen Urlaub. Wie soll ich das nur überstehen?

14.3.1983: Die Alte hat mir den Hut zerschnitten.

31.3.1983: Mutti ist (wenn sie nüchtern ist) immer so lieb zu mir. Sie hat mir Erdbeeren mitgebracht. Ich muss mal ein bisschen lieber zu ihr sein.

4.4.1983: Hier sieht das echt schlimm aus. Die Alten pennen noch. Ich war gestern bei Claudia bis halb elf. Und als ich nach Hause kam, war der Schlüssel mal wieder aufgesteckt. Ich hatte aber vorgesorgt und eine Schere dabei. Papi ist erst um sechs heute morgen nach Hause gekommen. Wo er war, weiß ich nicht. Sie hat das Telefon kaputt gemacht. Es muss morgen jemand kommen.

6.4.1983: Die Ostertage waren echt beschissen. Die Alte blau, er blau.

8.4.1983: Warum muss im Moment alles so ätzend sein? Es ist alles Mist. Ich häng hier nur rum und bin melancholisch.

7.5.1983: Heute morgen hatte ich schon wieder Streit mit Ma und Pa, weil ich einiges für die Klassenreise brauche, und sie wollen es nicht bezahlen. Es heißt wieder, wir haben kein Geld.

Am Ende des neunten Schuljahrs fuhren wir auf eine Burg im Spessart. Unsere Lehrerin hatte uns unter anderem gebeten, eine Regenjacke mitzunehmen. Die hätte ich mir gern gekauft. Meine Eltern hatten allerdings noch nicht einmal das Geld für die Woche in Süddeutschland bezahlt. Familien, die nicht in der Lage waren, ihren Kindern die Fahrt zu finanzieren, konnten sich um Unterstützung bewerben. Es gab in der Schule ein Formular, das musste man ausfüllen und zudem Nachweise zum Einkommen der Eltern vorlegen. In meiner Klasse bekamen mehrere Schüler solch eine Hilfe gewährt. Mein Vater allerdings lehnte das ab. »Dann muss ich da die Hosen runterlassen, das mach ich nicht«, sagte er. Der Antrag auf Hilfe verletzte seinen Stolz.

Das Geld hat mir dann Thomas gegeben. Der hatte nach der Bundeswehr eine Stelle bei einem Schiffsmakler angetreten und ermöglichte mir nun mitzufahren. Wie man sieht, hatte ich dann auch eine recht gute Zeit.

21.5.1983: Es war wirklich sehr schön im Spessart. Das wird mir erst jetzt zu Hause richtig bewusst. Wetter war schön, das Heim war spitze, die Umgebung sowieso, und das Essen war klasse. Bloß die Klasse ging mir manchmal ganz schön auf die Nerven.

Im Juni 1983 endet das Tagebuch. Auf der letzten Seite steht: *Ich liebe meine tollen Brüder. Solche wie die gibt es nicht noch einmal.*

Ich hatte Joachim und vor allem Thomas in der Tat unheimlich viel zu verdanken – auch mein erstes großes Konzert. Die beiden nahmen mich mit ins Volksparkstadion. Dort spielte, auf dieser Tournee zum letzten Mal mit Roger Hodgson, Supertramp. Die Karte habe ich aufgehoben, sie kostete fünfunddreißig Mark.

Eine so großartige Band, live Open Air im Stadion, das hatten vorher nicht mal meine Brüder erlebt. Um das Publikum anzuheizen, trat vor Supertramp der Sänger Chris de Burgh auf. Ich selbst war vollkommen beeindruckt. Als beim Song »From now on« das Piano einsetzte, schien das ganze Stadion die Luft anzuhalten. Umso lauter übernahm das Publikum dann am Ende des Songs den Part des Chors. Derlei Interaktion zwischen Band und Fans, erklärte mir Joachim später, sei völlig neu.

In den Sommerferien fuhr ich nicht weg und bin mit Anja von Freibad zu Freibad getourt. Im Herbst sah ich auf dem Messegelände eine Band, die gerade immer populärer wurde: The Police.

11.12.1983: *Gestern Abend mal wieder geheult. Mutti sagt, Papi geht es nicht besonders. Er hat sich auch seit Donnerstag wirklich geändert, er trinkt gar kein Bier. Mutti sagt, er hat nicht mehr lange.*

14.12.1983: *Thomas und Annette werden sich verschiedene Wohnungen nehmen. Ich mag Annette wirklich gerne. Man kann immer mit ihr reden.*

24.12.1983: *So ein scheiß Tag, und das ausgerechnet an Weihnachten. War ja auch mal wieder typisch, dass die Alte wieder einen im Tee hat. Mich regt das auf, jedes Jahr das Gleiche. Das kann ja heute Abend wieder schön werden.*

7.2.1984: *Joc und Ingrid sind in Spanien!! Sonnabend warteten wir ja auf Pa's Geld. Da wir überhaupt nichts mehr hatten. Und es kam nicht! Wir hatten auch hier zu Hause nichts mehr zu essen und so. Thomas hat uns dann was geliehen. Er ist immer so süß. Pa arbeitet ja wieder.*

10.2.1984: *Oh Mann, mich kotzt das hier schon wieder an. Erst mal steht hier wieder dieser unmögliche Tisch, ich habe gar keinen Platz für mich. Papi wird das zwar sehr ärgern, aber ich werde mit Anja in den*

Frühjahrsferien mein Zimmer ganz umbauen.

18.2.1984: Heute ist wirklich ein ganz scheußlicher Tag. Ich halt das nicht aus. Die Alte ist schon wieder so gut wie breit. Jetzt geht sie gleich wieder los, um sich was zu kaufen. 2 Flachmänner hab ich schon wieder gefunden. Ich fühle mich auch noch so ätzend. Und dann auch noch das alles mit Mutti und Papi. Das macht einen alles irgendwie so fertig. Diese Wohnung. Und dann habe ich reichlich für die Schule zu tun.

Lebensgefahr

An einem späten Samstagabend im März 1984 hatten mein Vater und ich nachts mal wieder die Wohnung verlassen müssen. Er war vierundsechzig, ich fünfzehn Jahre alt, aber dieses Spektakel ersparte uns meine Mutter leider immer noch nicht. Wieder einmal kamen wir bei Thomas unter. Am Sonntag ging es meinem Vater nicht gut. Er hatte Schüttelfrost und traute sich nicht zu, sich hinters Steuer zu setzen. »Papi, du brauchst jetzt was«, sagte ich, als ich ihn am ganzen Körper zitternd vor dem Fenster stehen sah. Ich wollte einen Weinbrand holen oder Jägermeister, Thomas hatte beides da.

»Nee, lass mal, geht schon«, sagte er. »Ich muss ins Bett.«

So fuhr Thomas uns nach Hause in die Rutschbahn.

Meine Mutter war zum Glück nüchtern, als wir hereinkamen. Und sie begriff auch, dass es ihrem Mann dreckig ging. Der legte sich dann sofort hin.

Einige Stunden später, am Abend, dämmerte er im Bett

vor sich hin und war für uns nicht mehr richtig ansprechbar. Meine Mutter hatte sich zusammengerissen und keinen Tropfen getrunken.

»Morgen wird es besser sein«, sagte sie. Später legte sie sich anders als oft nicht aufs Sofa, sondern ins Ehebett.

Es war eher am Anfang der Nacht, als ich meine Mutter hörte. »Komm schnell«, schrie sie. Mein Vater hatte sich verkrampft und Schaum vorm Mund. Delirium tremens, wie damals, dachte ich und wählte die 112. Die Notfallsanitäter kamen schnell.

»Er hat nicht mehr lange«, hatte meine Mutter ein Jahr vorher über meinen Vater gesagt. Meine Brüder hatte ich ähnlich reden hören. »Mal sehen, wie lange es die Alten noch machen«, solche Sätze sagten Thomas und Joachim öfter mal.

Nun hatten meine Mutter und ich Angst, dass es wirklich ernst war und mein Vater sterben würde.

Der Rettungswagen mit den Notfallsanitätern kam schnell und brachte meinen Vater ins Universitätskrankenhaus Eppendorf. Am nächsten Morgen klingelte das Telefon, eine Krankenschwester überbrachte uns die Nachricht: Der Patient habe die Nacht überstanden.

Ich habe ihn in den nächsten Tagen regelmäßig besucht, mal mit meiner Mutter und auch allein. Meine Mutter riss sich weiterhin zusammen, trank wenig bis nichts. Wir waren nun zu zweit zu Hause. Ich kochte noch öfter als sonst, auch mal etwas Gutes, ein Stück Fleisch, Kartoffeln, Gemüse. Die Extremsituation führte uns ein Stück zusammen. Jedenfalls fühlte ich eine größere Nähe zu meiner Mutter als gewöhnlich.

Sie sagte in dieser Zeit auch mal: »Mein Gott, wenn ich dich nicht hätte!«, und lobte mich für irgendetwas. Meine Mutter war ja nicht grundsätzlich kalt und herzlos. Sie war ein kaputter Mensch, der sich immer wieder wie eine Furie aufführte. Der Alkohol machte sie zu einem Monster, regelmäßig. Aber nicht durchgehend.

Mein Vater blieb fünf Wochen in der Klinik, eine Zeit lang lag er auf der Psychiatrie. Er wollte zunächst auch gar nicht mehr nach Hause. Der Lebensstil forderte seinen Tribut. Er hatte nun eine Nervenstörung, die in den Füßen mal für ein Taubheitsgefühl und mal für starkes Kribbeln sorgte. Außerdem stellte man Diabetes fest. Die Ärzte rieten ihm dringend, gar keinen Tropfen Alkohol mehr zu trinken.

Als er nach Hause kam, sagte er, dass jetzt Schluss sei mit dem Trinken. Abends öffnete er sich ein alkoholfreies Clausthaler. Selbst eine Weinbrandbohne lehnte er ab.

Was hier nun zu geschehen schien, hatte ich mir so oft erhofft, doch niemals war es wirklich passiert. Ich konnte deshalb gar nicht richtig glauben, dass mein Vater wirklich Ernst machte. Doch genau das tat er. Niemals wieder hat er Alkohol angerührt.

Dass ihm dies gelang, hat mich wahnsinnig gefreut, für ihn, für uns und überhaupt. Er setzte ein Zeichen, erbrachte den Beweis, dass man diese Sucht doch bezwingen konnte. Ich fragte mich, warum er die Kraft dafür nicht früher in seinem Leben hatte aufbringen können. Und ich hoffte, dass meine Mutter mitziehen würde. Das Delirium tremens, dieser lebensgefährliche Zustand meines Vaters, hätte dann wirklich sein Gutes gehabt. Er hätte sogar für ein Happy End gesorgt.

Ich hoffte. Und ich bemerkte, dass meine Mutter eindeutig weniger seit jenem Sonntag trank. Das konnte ein Anfang sein. So groß ist die Chance noch nie gewesen, dass Mutti aufhört, dachte ich.

Mein Vater besuchte nun Treffen der Anonymen Alkoholiker und setzte sich dort mit seiner Sucht auseinander. Wie geläutert kehrte er von den Sitzungen nach Hause zurück.

»Komm auch mit«, schlug er meiner Mutter vor.

»Ja, mach ich«, antwortete sie.

Und dann, die Woche drauf, ging sie nicht mit.

In Wirklichkeit war meine Mutter nicht im Entferntesten bereit, ihre Sucht zu bekämpfen. Sie konnte sich ein Leben ohne Alkohol wahrscheinlich gar nicht vorstellen. Zu trinken war die völlige Normalität für sie. Sie sah keine Chance, aufzuhören und, viel schlimmer, sie sah auch gar keine Notwendigkeit. Sie erkannte wohl auch nicht oder wollte nicht erkennen, dass der Alkohol so viel kaputt gemacht hatte in der Familie. Und wie sehr jedes Familienmitglied darunter gelitten hatte und weiterhin litt.

Mein Vater hielt meiner Mutter jetzt Standpauken. Er brachte eine gewisse Energie auf, um sie zu ermutigen, mit dem Trinken aufzuhören. Auch ich versuchte, sie zu einem Ausstieg zu bewegen. Dafür musste ich erst einmal zu ihr durchdringen. Auf das Argument »Gesundheit« verzichtete ich, stattdessen warf ich ihr vor, wie sie aussehe aufgrund des ganzen Saufens. »Ich schäme mich für dich, Mutti«, sagte ich zu ihr.

Weder mein Vater noch ich haben sie dazu bringen können, auch nur zu versuchen, mit dem Alkohol aufzuhören. Die Entscheidung, sich der Sucht mit Nachdruck entgegenzustemmen, muss im Kopf der Trinkerin oder des Trinkers getroffen werden.

Während mein Vater noch ein bisschen Geld verdiente – er schrieb Angebote für eine Klempnerei ganz in unserer Nähe –, fuhr meine Mutter weiterhin mehr oder weniger regelmäßig in ihre Bank in der Innenstadt. Da trank sie wie gehabt auch schon in der Mittagspause, arbeitete aber letztlich nie so schlecht, dass man sie rauswarf. Mit sechzig Jahren ging sie in den Vorruhestand.

Ein Gefühl von Unabhängigkeit

Herr Winkert • Auszug • Lehrjahre
Joachim II • Eine Wohnung für mich allein

Mein Abschlusszeugnis der Realschule war schlecht. Eine
Vier in Mathe – über eine Fünf hätte ich mich auch nicht be-
schweren dürfen –, eine Fünf in Physik, eine Vier in Biolo-
gie. In Deutsch immerhin bekam ich eine Drei, in Englisch
eine Zwei. Und in Sport eine Vier. Den Sportunterricht habe
ich als unangenehm in Erinnerung. Unsere Lehrerin be-
schränkte sich ausschließlich auf Geräteturnen und Völker-
ball. Wenn Mannschaften gewählt wurden, blieb ich immer
bis zum Schluss übrig. Das war einigermaßen demütigend.
Schulsport kann einiges anrichten mit jungen Menschen,
denke ich mir heute.

Im letzten halben Jahr brachte mir der Sportunterricht
dann doch noch Spaß. Als unsere Schule hundert Jahre alt
wurde, habe ich den Kurs »Sport vor hundert Jahren« belegt.
Mit Herrn Winkert, einem jüngeren Lehrer, der Geschichte
unterrichtete, erarbeiteten wir eine Aufführung für die Ju-
biläumsfeier, mit Verkleidungen, historischen Spielen und
Übungen zur körperlichen Ertüchtigung, wie man 1884
wahrscheinlich gesagt hat.

Herr Winkert begleitete uns auch auf unsere letzte Klassenreise nach Holland. Es ging aufs IJsselmeer, wo wir an Deck eines großen Segelboots gingen und darauf fünf Tage über das Gewässer schipperten. Ein Skipper und ein Matrose standen uns zur Verfügung – und wir selbst. Segeln, Ankern, Einkaufen, Kochen und Abwaschen, damit hatten wir gut zu tun.

Auf dem Schiff machte Herr Winkert mir ab und an kleine Komplimente. Ich weiß nicht mehr, was er genau sagte, fühlte mich aber auf eine angenehme Art nicht nur wahrgenommen und respektiert, sondern auch gemocht. Es war im Grunde eine Art Flirten von seiner Seite, kleine Frotzeleien im Vorbeigehen inbegriffen. Intensiver unterhalten haben wir uns aber nicht.

An einem Nachmittag, wir waren wieder zurück in Hamburg, klingelte unser Telefon. Ich nahm ab. Herr Winkert war dran. In den nächsten höchstens drei Minuten versuchte er etwas unbeholfen, ein Gespräch in Gang zu bringen. Wie es mir gehe, was ich denn so mache gerade, er wolle nur mal hören. Holland sei ja schon einige Tage her.

Herr Winkert

Ich selbst konnte bei diesem überraschenden Anruf allerdings auch keine aktive Rolle übernehmen. So entstand ein quälender Small Talk, den Herr Winkert dann mit der Frage beendete: »Wollen wir uns mal auf einen Kaffee treffen?«

Meine Mutter, schob er schnell noch hinterher, könne auch gern mitkommen.

Herr Winkert war fünfunddreißig, ich noch keine sechzehn.

»Ja, danke, keine Ahnung. Ich überlege mal«, sagte ich.

Wir verabschiedeten uns, und als ich aufgelegt hatte, war ich irgendwo zwischen völlig durcheinander und geschockt. Was war denn hier gerade passiert? Mein Lehrer wollte mit mir einen Kaffee trinken gehen? Mein Lehrer? Ich fand Herrn Winkert nett und interessant. Aber er war mein Lehrer. Und er war mehr als doppelt so alt wie ich.

Am Abend erzählte ich meiner Mutter von dem Anruf. Wenn sie es komisch fand, so hat meine Mutter das für sich behalten.

»Mach doch«, sagte sie nur.

Mir war nicht ganz klar, ob meine Mutter der Vorgang nicht weiter interessierte oder ob sie sich für mich freute. Vielleicht witterte sie eine Chance für mich herauszukommen. Raus aus der Rutschbahn, raus aus meiner Familie und zugleich an die Seite eines Mannes, der studiert und einen guten Job hatte. Vielleicht dachte sie so. Wir haben nie darüber gesprochen.

Herr Winkert war nicht verheiratet und hatte keine Kinder. Das wusste ich. Sonst wäre es auch noch seltsamer gewesen, dass ich an einem sommerlichen Nachmittag tatsächlich mit ihm im Mövenpick in der Hamburger Innenstadt verabredet war – mit ihm und meiner Mutter.

Das Gespräch bei Kaffee und Kuchen lief allenfalls Vier plus. Diese Konstellation war einfach unfassbar schräg.

Herr Winkert war mit der Situation komplett überfordert. Ich konnte auch kaum helfen. Am besten agierte überraschenderweise meine Mutter. Als sie sich dann verabschiedete, gingen Herr Winkert und ich noch an der Alster spazieren. Auch das war surreal – ich mit meinem Lehrer mitten in der Stadt unterwegs. Immerhin lief jetzt die Unterhaltung flüssiger. Aus Herrn Winkert wurde Jürgen, und der fragte mich irgendwann, ob ich Lust hätte, in den Sommerferien mit ihm an der französischen Atlantikküste zu zelten. Er kenne einen tollen Campingplatz, dort sei er schon mehrfach gewesen. Jürgen schwärmte von der Landschaft und machte mir die Sache schmackhaft. Was er nicht extra sagte, mir aber klar und für meine Entscheidung nicht unwichtig war: Mit Beginn der Sommerferien würde er nicht mehr mein Lehrer sein.

Wir trafen uns dann noch mehrfach, ich musste mir auch erst einmal darüber klar werden, was dieses Angebot bedeutete und was ich davon zu halten hatte. Bislang war ich nur einmal im Süden gewesen, mit Thomas und Annette in Spanien. Ich kannte einen kleinen Teil von Dänemark und das IJsselmeer in Holland. Und jetzt kam hier wie aus dem Nichts solch eine Gelegenheit. Doch konnte das gut gehen, drei Wochen Zelturlaub zu machen mit einem Mann, der mir sympathisch war, dessen Zuneigung und Interesse mir schmeichelten und guttaten, den ich aber noch gar nicht richtig kennengelernt hatte?

Was soll's, dachte ich mir. Es war ein Abenteuer, klar. Aber was hatte ich denn zu verlieren? Nach den Sommerferien würde ich auf die Fachoberschule gehen. Vorher hatte ich Zeit und allenfalls eine Woche Zelten mit Anja in Büsum an der Nordsee geplant. Beruhigt hat mich auch die Tatsache, dass ich ja mit einem Lehrer unterwegs sein würde und nicht mit irgendeinem Typ, der mich auf der Straße angesprochen hatte.

Meine Mutter sagte, Herr Winkert sei doch »ganz nett« gewesen. Die Idee, mit ihm an den Atlantik zu reisen, kommentierte sie wie vorher das Treffen im Café: »Mach doch.« Die nun gerade sechzehnjährige Tochter mit einem Erwachsenen, von dem man über seinen Beruf hinaus wenig weiß, für drei Wochen ins Ausland lassen – darin spiegelt sich, denke ich heute, wie wenig Verantwortung meine Eltern mir gegenüber gespürt haben.

Anja hingegen schätzte mein Vorhaben anders als meine Mutter ein. »Geht's noch, Conni?«, fragte sie. Sie hatte keinerlei Verständnis für solch eine Aktion und war richtig sauer auf mich. Doch das musste mir nun egal sein. Ich wollte raus aus dem Elend, wenigstens für die Ferien, und hier hatte ich nun meine Chance.

Das Ziel, Mimizan-Plage, südlich von Bordeaux und direkt an der Küste, lag tausendsechshundert Kilometer von Hamburg entfernt. Wir fuhren in Jürgens altem VW K70, übernachteten in einem kleinen Ort in Belgien und sprachen schon auf der Hinfahrt viel. Mein nun ehemaliger Lehrer erwies sich als Typ Kümmerer. Er wollte für mich da sein, mich beschützen, erst recht, nachdem ich ihm ausführlich von meinem Zuhause und meiner Familie erzählt hatte. Mir selbst hat das gutgetan. Endlich einmal konnte ich mich öffnen und von meinen Erfahrungen, Problemen und Sorgen berichten.

Diese drei Wochen verliefen sehr entspannend für mich. Nichts musste ich selbst in die Hand nehmen, auf nichts achten, nichts organisieren und nichts im Blick haben. Das kannte ich nicht. Dieser Urlaub unterschied sich fundamental von meinem Alltag, nicht nur, weil mir morgens der Kaffee in mein Zelt gebracht wurde. Es fühlte sich einfach wunderbar an, umsorgt zu werden, Ruhe zu haben und keinerlei Pflichten zu verspüren.

Langsam entwickelte sich mehr als Zuneigung zwischen uns, auch von meiner Seite. Der Altersunterschied war beträchtlich und die Differenz an Lebenserfahrung immens. Doch ich fühlte mich einfach gut an Jürgens Seite. Jürgen war ein Macher und kein Angeber, ein handfester Typ, der eine gewisse Disziplin aufbrachte und so auch etwas hinbekam. Auch das kannte ich von zu Hause nicht. Mir gefiel, dass er viel erlebt und viel zu erzählen hatte, dass er sportlich und sehr aktiv war. Ich fühlte mich bei ihm geborgen.

Mein Elternhaus und meine ganze Geschichte störten Jürgen überhaupt nicht, ganz im Gegenteil, er wollte mir helfen und mich fördern. »Da kannst du doch nichts für«, beruhigte er mich. Im Rückblick sehe ich ihn eindeutig auch als Sprungbrett aus diesem Elternhaus heraus. Ob mir das damals bewusst war? Ich habe mich nicht mit Jürgen eingelassen, um es mit seiner Hilfe aus der Rutschbahn herauszuschaffen. Aber umgekehrt habe ich wohl schon verstanden, dass mir diese Beziehung nicht nur eine Chance auf einen schönen Urlaub bot.

Auszug

Wir blieben zusammen, als die Sommerferien endeten. Ich besuchte nun zweimal pro Woche die Fachoberschule am Berliner Tor, um dort mein Fachabitur zu machen. Sollte mir das in den nächsten zwei Jahren gelingen, könnte ich an einer Fachhochschule studieren. Drei Tage pro Woche absolvierte ich ein Praktikum in einer kleinen Schneiderei in Hamburg-Ottensen.

Meine Freundschaft mit Anja verflüchtigte sich ein wenig. Sie lernte neue Leute kennen, ich ebenfalls, in der Schule und auch über meinen Freund. Im Spätherbst zog ich bei Jürgen ein. Vorher allerdings redete Thomas mir ins Gewissen. Er befürchtete, dass Jürgen mich nur ausnutzen und irgendwann fallen lassen würde. Als großer Bruder wollte er mich vor schlechten Erfahrungen und Enttäuschungen bewahren. Natürlich widersprach ich ihm, aber in Wahrheit habe ich es sehr geschätzt, dass Thomas sich einmischte.

Ich hatte mehrere Gründe, bei Jürgen einzuziehen, und einer davon war meiner Meinung nach überhaupt nicht zu entkräften. Was, so fragte ich auch Thomas, sollte denn bitte schlechter werden? Dafür hätte Jürgen schon ein ganz anderes Gesicht zeigen, hätte sich plötzlich als ganz anderer Mensch entpuppen müssen. Das aber hat er nie getan.

Meine Lebensumstände verbesserten sich mit meinem Einzug bei Jürgen deutlich. Ich wohnte nun in einer schönen und aufgeräumten Altbauwohnung. Kühlschrank und Speisekammer hielt Jürgen immer gefüllt, was ich beides nicht gewohnt war. Und Jürgen hatte auch Spaß am Kochen.

Wir hörten viel Musik, machten an den Wochenenden Ausflüge an die Nord- oder die Ostsee und fuhren oft in den Urlaub. In der Region am Wilden Kaiser brachte Jürgen mir das Skifahren bei. Zu Hause in Hamburg gingen wir regelmäßig essen, manchmal auch in schickeren Restaurants. Mit Jürgen unternahm ich vieles, was seinem, aber nicht meinem Alter entsprach. Doch das störte mich überhaupt nicht. Die alten Klassenkameraden gingen am Wochenende in die Disco. Das brauchte ich nicht.

Schon nach unserem ersten Frankreichurlaub hatte ich mich erwachsener und attraktiver gefühlt. Danach ließ ich mir die Haare lang wachsen und gewann allmählich an Selbstbewusstsein.

Jürgen machte keinen großen Bogen um meine Eltern, das fand ich gut und souverän. Ich selbst hatte mich mit dem Auszug ja nicht von ihnen losgesagt, wäre gar nicht auf die Idee gekommen, das zu tun. Meine Eltern zogen innerhalb der Rutschbahn in eine andere, günstigere Wohnung und blieben damit räumlich in meiner Nähe. An unserem ersten gemeinsamen Weihnachtsfest begleitete Jürgen mich zu meinen Eltern. In den Jahren danach haben wir meine Eltern in unsere schön geschmückte Wohnung geholt und mit ihnen Gans gegessen. Jürgen hielt das für selbstverständlich. Seine eigenen Eltern lebten nicht mehr. Am zweiten Weihnachtstag fuhren wir dann immer in den Skiurlaub, mal nach Österreich, mal nach Südtirol, auch mal in die Schweiz nach Davos oder St. Moritz. Das waren noble Skiorte, aber wir fanden preiswerte Unterkünfte.

Jürgen wurde zu meiner Konstante und ein sehr wichtiger Mensch für mich, natürlich weil wir uns liebten, aber auch, weil er mir die Möglichkeit bot, ein geregeltes Leben zu führen. Umgekehrt hatte er, der nicht gut allein sein konnte, mit mir jemanden um sich herum.

»Jugendliche und junge Erwachsene wollen und sollen selbstständig werden«, schreibt die Deutsche Hauptstelle für Suchtfragen. »Ein wesentlicher Schritt ins eigene Leben ist, sich vom Elternhaus zu lösen. Dies fällt Kindern Abhängiger besonders schwer«, wie von Sucht-Therapeuten und seitens der Selbsthilfe beobachtet wurde. »Diese Kinder bindet häufig die Sorge um ihre suchtkranken Eltern. Sie fühlen sich gegenüber Eltern und (besonders jüngeren) Geschwistern verantwortlich, die vermeintlich hilflos zurückgelassen werden. Diese Loyalitäten können dem Wunsch nach einem eigenständigen Leben entgegenstehen.«

Wenn ich das heute lese, bin ich froh, dass ich den Schritt raus aus der Rutschbahn damals gewagt habe. Verantwortung für jüngere Geschwister hatte ich nicht zu tragen. Die Nähe zu meinen Eltern hat ein räumlicher Abstand von etwa einem Kilometer nicht verhindern können. Mein Auszug bedeutete allerdings nicht, dass ich nun ein völlig eigenständiges Leben führte. Ich war wirtschaftlich abhängig von meinem Freund. Das fühlte sich aber nicht falsch an. Jürgen machte meine wirtschaftliche Abhängigkeit von ihm auch nie zum Thema. Als Lehrer verdiente Jürgen gut, während ich eben noch Schülerin, Praktikantin und dann Auszubildende war. Mit meiner Beziehung entwickelte ich mich in eine gute Richtung.

»Je mehr es gelingt, auf Abstand zum suchtbelasteten

Elternhaus zu gehen«, heißt es weiter bei der Deutschen Hauptstelle für Suchtfragen, »desto höher werden die Chancen, sich ein eigenes unabhängiges Leben aufzubauen. Innere und räumliche Distanz zur Herkunftsfamilie gilt als wichtiger Faktor für die eigene Widerstandsfähigkeit (Resilienz).«

Meine Erfahrung ist, dass die innere Distanz nicht so leicht gelingt. Ich habe mich allerdings auch nicht darum bemüht. Natürlich habe ich mit dem Auszug das kümmerliche Leben meiner Eltern nicht mehr in allen Facetten mitbekommen. Aber ich fühlte mich ihnen sehr nah und spürte auch weiterhin ein Verantwortungsgefühl ihnen gegenüber.

Die Sorgen nahmen nicht ab. Mein Vater etwa musste weiterhin nachts immer mal wieder raus. Er meldete sich nun vorher per Telefon. »Hier geht's schon wieder rund«, sagte er, und dann kam er kleinlaut zu uns mit seinen bald siebzig Jahren. Er wollte in der neuen Wohnung schon deshalb jede nächtliche Ruhestörung vermeiden, um nicht als Mieter rauszufliegen.

Die Psychologin und Familientherapeutin Sandra Konrad hat ein Buch mit dem Titel *Das bleibt in der Familie* geschrieben. Darin bringt sie das Verhältnis von früher vernachlässigten Kindern zu ihren Eltern auf den Punkt: »Loyalität zur Familie folgt anderen Regeln als Loyalität in anderen Beziehungen. Sie ist nicht frei gewählt. Sie ist nicht kündbar. Sie entsteht nicht zwischen gleichberechtigten Partnern. Man muss einen Menschen nicht einmal besonders mögen, um ihm gegenüber loyal zu sein. Es reicht, mit ihm verwandt zu sein.« Laut Sandra Konrad sind uns unsere

Eltern »immer gegenwärtig, selbst wenn wir versuchen, sie ›auszusperren‹. Die Prägungen, die wir durch sie erfuhren, sind nicht auszuradieren.«

Lehrjahre

Die Fachoberschule ging eigentlich zwei Jahre, aber ich habe die elfte Klasse nicht geschafft. Ich hätte sie wiederholen können, doch mir fehlte die Perspektive. Die meisten in meiner Klasse wollten später in die Industrie und dafür an einer Fachhochschule studieren. Doch an einer Fachhochschule sah ich mich überhaupt nicht. Viel besser konnte ich mir eine Ausbildung zur Goldschmiedin vorstellen. Auf dem Arbeitsamt erfuhr ich, dass es freie Lehrstellen gebe, in größeren Betrieben genauso wie in kleinen Ateliers. Mein Arbeitgeber war dann allerdings keins von beiden. Ich trat meine handwerkliche Ausbildung an der staatlichen Hochschule für bildende Künste in Hamburg an.

Dort standen den Studierenden verschiedene Werkstätten zur Verfügung. Die Kunsthochschule bot den Studiengang Industriedesign an, und wer ihn belegte, brauchte neben der Theorie auch Praxiserfahrung. An der Hochschule leiteten verschiedene Handwerksmeister die Studierenden an. In der Bundesrepublik Deutschland mangelte es in jenen Jahren an Ausbildungsplätzen, und die Stadt Hamburg machte aus der Not eine Tugend: Weil dort, wo Meister wirkten, auch Lehrlinge sein konnten, ging sie mit gutem

Beispiel voran und bildete an ihrer Kunsthochschule Azubis aus. Die einzige Lehrstelle für Goldschmiede bekam ich.

Fortan bildete ich mit einer Tischlerin und zwei Maschinenbauern eine kleine Azubi-Gruppe. Dafür, dass wir nur Lehrlinge waren, verdienten wir gut, denn wir wurden nach dem Tarif des öffentlichen Dienstes bezahlt. Ich kam auf siebenhundert Mark netto im Monat. In kleinen Betrieben, das erfuhr ich von meinen Kollegen in der Berufsschule, erhielten die Lehrlinge zum Teil deutlich weniger. Was mich noch von anderen künftigen Goldschmieden unterschied, war die handwerkliche Qualität meiner Ausbildung. Ich fertigte nach Lehrbuch an und nicht nach Auftragslage. So lernte ich frei von Zeitdruck in meinen dreieinhalb Jahren als erste und bis heute auch einzige Auszubildende der Freien und Hansestadt Hamburg das Goldschmiedehandwerk.

In diesen Jahren wuchs mein Interesse an Politik. Das lag an dem Kontakt mit den Studierenden an der Kunsthochschule, vor allem aber an Jürgen und seinem Freundeskreis. Die meisten kannten sich von der Uni und hatten dort gemeinsam Hochschulpolitik gemacht. Stefanie, Jürgens Jugendliebe, war in der Hamburger Hausbesetzerszene vernetzt. Sie lebte selbst in einem großen Altbau in der Haynstraße im Stadtteil Eppendorf, der Anfang der Siebzigerjahre mehrere Monate leer gestanden hatte. Eine Gruppe von Studierenden durfte dann mit Genehmigung der Stadt vorübergehend dort wohnen. Als die Kündigung kam und der Auszug drohte, wurde schnell klar, dass der Altbau abgerissen werden und einem Neubau weichen sollte. Die Studierenden wehrten sich und besetzten das Haus, mit Erfolg übrigens. Das schöne denkmalwürdige Gebäude steht heute immer noch an seinem Platz. Die damaligen Besetzer leben dort heute zusammen mit jungen Familien und bilden eine bunte Gemeinschaft.

Jürgens Freunde haben mich zunächst einmal belächelt. Als Teenager musste ich mir meinen Platz erarbeiten, wenn wir uns abends in der Kneipe trafen. Doch die Zeit spielte für mich, und all die studierten Leute, die nun als Rechtsanwalt arbeiteten oder als Journalisten beim *Spiegel* oder der *Hamburger Morgenpost*, merkten bald, dass ich mich jedenfalls für mein Alter recht gut ausdrücken konnte. Ich führte an solchen Abenden nicht das große Wort, brachte mich aber schon mal in die Diskussionen ein. Zu Stefanie habe ich dann sogar ein freundschaftliches Verhältnis entwickelt, das bis heute besteht.

Wie eine Erwachsene kam ich mir vor, nicht nur in solchen Kneipenrunden. Das war ein paar Jahre toll, doch irgendwann musste ich mir eingestehen, dass ich den Umgang mit Gleichaltrigen doch vermisste. Ich fühlte mich nicht wie im Käfig mit Jürgen, und er neigte auch nicht zur Eifersucht und Kontrolle. Unsere Beziehung hatte sich schlicht abgenutzt. Dass sie ewig halten würde, hatten wir beide nicht angenommen. Ich beschloss, mich von Jürgen zu trennen.

Im Januar 1989 legte ich allerdings erst einmal meine Gesellenprüfung ab. Eine Anstellung fand ich nicht sofort, doch das störte mich nicht weiter. Nach den dreieinhalb Jah-

ren Ausbildung musste es ja nicht gleich nahtlos weitergehen.

Im Sommer 1989 heiratete mein Bruder Thomas seine
Freundin Barbara. Nach der Trauung war ein Essen in einem
Restaurant geplant, nicht in ganz großer Runde, aber na-
türlich mit der näheren Verwandtschaft. Es gibt ja das alte
Sprichwort: »Vor Feiertagen geht der Teufel auf Stelzen.«
Meine Mutter ist in betrunkenem Zustand oft und nicht nur
vor besonderen Ereignissen gestürzt – so leider auch am
Vorabend der Trauung ihres Sohnes. Es passierte in der
Wohnung, sie verlor offenbar das Gleichgewicht und knallte
mit dem Gesicht auf irgendein Möbelstück. Ich war einiges
gewohnt von ihr, aber als ich sie am Morgen darauf abholte,
erschrak ich doch: Eine Gesichtshälfte war komplett zuge-
schwollen. Und bei dem Sturz hatte sie sich auch noch die
rechte Hand aufgerissen, die deshalb nun in einem dicken
Verband steckte. Meine Mutter war im Grunde nicht vorzeigbar.

Mein Vater und ich haben trotzdem entschieden, sie
mitzunehmen. Wie so oft setzte sie ihre riesige dunkle Sonnenbrille auf und nahm sie den ganzen Tag über nicht ab.

Insgesamt hat meine Mutter sich in den folgenden Jahren ein wenig beruhigt. Sie trank weiter, still und für sich,
vor allem ihren Erdbeersekt und fast keine harten Sachen
mehr. Ihre Ausfälle verloren an Intensität, und mein Vater
musste nachts nicht mehr fliehen.

Ebenfalls im Sommer 1989 fuhren Jürgen und ich noch einmal zusammen in den Urlaub, nach Frankreich. Dort hatte alles angefangen. Als wir wieder in Hamburg waren, trat ich meine erste richtige Stelle an. Die Firma nannte sich Ringfabrik und hatte ihre Werkräume zufälligerweise im Grindelviertel. Die Lohnzettel aus der Zeit habe ich aufgehoben, es sind schmale, lange Streifen aus dünnem Papier, auf dem die Buchhaltung mein Gehalt mit Kugelschreiber eingetragen hat. Ich erhielt acht Mark netto die Stunde und kam so monatlich auf tausendzweihundert Mark.

Dass ich mich bei der Arbeit nach ein paar Monaten in meinen Kollegen Dirk verguckte, half mir, endlich die Trennung von Jürgen anzugehen.

Als Lehrer mit Mitte dreißig hatte Jürgen eine noch nicht sechzehnjährige Schülerin angeflirtet und dann, unmittelbar nach ihrem Schulabschluss, eine Beziehung mit ihr begonnen. Das kann man kritisch sehen, und ich glaube nicht, dass es mir als Mutter gefallen hätte, wenn meine Tochter in diesem Alter mit einem ehemaligen Lehrer zusammengekommen wäre. Dennoch bin ich Jürgen für unsere gemeinsame Zeit sehr dankbar. Er war gut zu mir und gut für mich und meine erste große Liebe. Ich wurde selbstbewusster, konnte meine Ausbildung verfolgen, habe wunderschöne Reisen mit ihm gemacht und interessante Leute kennengelernt.

Meine Familie habe ich mit Jürgen nicht hinter mir gelassen. Das wollte ich nicht und hätte es auch gar nicht übers Herz gebracht. Aber ich bin aus der Wohnung meiner Eltern und aus dem Zimmer, das nur einen Sichtschutz und keine richtige Tür hatte, herausgekommen.

Die Zwanziger sind ja im Leben eines Menschen oft eine Phase des Suchens und Ausprobierens. Auf mich trifft das zu. Nach gut fünf Jahren fester Bindung zu Jürgen lag nun, mit Anfang zwanzig, das Leben vor mir. Ich hatte einen Job, träumte von einer eigenen Wohnung und ließ das Leben ansonsten auf mich zukommen. Wichtig war mir, auf eigenen Beinen zu stehen und selbstbestimmt leben zu können. Eine Familie zu gründen und Kinder zu bekommen, das wünschte ich mir für die Zukunft, aber noch nicht jetzt.

Als am 9. November 1989 abends die Berliner Mauer fiel, war ich gerade bei Stefanie eingezogen. Jürgens Jugendliebe lebte weiterhin in dem einst besetzten Haus in der Haynstraße und hatte in ihrer Wohnung gerade ein Zimmer zur Untermiete frei.

Die innerdeutsche Grenze stand offen. Jetzt kamen die Ostdeutschen in den Westen – in Scharen. Ich hatte keinen persönlichen Kontakt zu den DDR-Bürgern, die sich nun die Großstadt Hamburg anschauten. Aber all die Wartburgs und Trabis sah man natürlich in den Straßen der Innenstadt. Die Leute kauften und kauften, berichteten die Händler, die nun öfter als sonst in die Ringfabrik kamen, um neue Ware zu ergattern. Die Juweliere bräuchten dringend Nachschub, sie könnten sich des Ansturms und der Nachfrage kaum erwehren.

Betriebe wie die Ringfabrik legten Zusatzschichten ein. Für mich bedeutete das, dass ich noch mehr Zeit an der Poliermaschine verbrachte. Sie hatte keine Abzugshaube, entsprechend setzte sich im Laufe eines Arbeitstages eine

Schicht Feinstaub auf mein Gesicht. Meine Hände, vor allem die Fingernägel, färbten sich ohnehin schwarz.

Es war mein erster Job. Ich arbeitete dort hart, fast allein unter Männern und mit einem Vorgesetzten, der hin und wieder diskriminierende Parolen von sich gab. Ich blieb ein halbes Jahr bei der Ringfabrik. Das reichte mir. Und das reichte auch, um mit meinem Kollegen Dirk zusammenzukommen.

Ich selbst hatte, nachdem ich in der Ringfabrik gekündigt hatte, keine Lust, mir den nächsten mäßig bezahlten Job zu suchen. Gleichzeitig fühlte ich mich noch nicht so weit, um mich als Goldschmiedin selbstständig zu machen. In den insgesamt vier Jahren als Auszubildende und als Gesellin war mir klar geworden, dass ich die Fachoberschule doch zu Ende bringen wollte. Mit dem Gesellenbrief in der Tasche musste ich die elfte Klasse nicht wiederholen und entschloss mich deshalb, im Sommer 1990 das zwölfte Schuljahr zu beginnen. Meine Eltern wollten mich jeden Monat mit etwas Geld unterstützen. Den Hauptteil meines Lebensunterhalts bestritt ich mit verschiedenen Putzjobs.

In meiner Klasse war ich älter als die meisten anderen, aber das machte nichts. Ich stieß auf nette und durchaus interessante Leute. Im Übrigen war ich ja jetzt mit Dirk liiert. Dirk war fünf Jahre älter als ich, aber ich spürte keinerlei Gefälle zwischen uns.

Wir hatten am selben Tag in der Ringfabrik begonnen, und Dirk gefiel mir sofort. Ich fand ihn cool. Mit ihm ging ich in Bars oder Klubs und nicht in feine Restaurants. Das Leben mit ihm wirkte ein Stückchen leichter. Mit Jürgen war ich auf Demos gegangen, mit Dirk besuchte ich nun Konzerte von Lenny Kravitz oder R.E.M.

Zusammenziehen wollten wir beide zuerst nicht. Dirk lebte allerdings bei seiner Mutter, ich weiterhin zur Untermiete bei Stefanie. Das war auf Dauer doch etwas umständlich. Wir brauchten eine Wohnung und sprachen beim Verwalter des Hauses in der Rutschbahn vor, in dem meine Eltern wohnten. In seinem Büro holte mich dann mein früheres Leben wieder ein.

»Frau Hoppe, ich kenne ja Ihre Eltern«, sagte der Verwalter, »und der Apfel fällt nicht weit vom Stamm. Andererseits machen Sie ja jetzt nicht so einen Eindruck.«

Er schaute nach und fand dann etwas im schönen Stadtteil Eimsbüttel, der nicht weit von der Wohnung meiner Eltern entfernt lag. In Eimsbüttel wohnten schon seit Längerem mein ältester Bruder Joachim und seine Frau Ingrid sowie seit einiger Zeit und im selben Haus auch Thomas und Barbara.

Die Wohnung, die frei wurde, hatte zweieinhalb Zimmer, Küche, ein Vollbad und einen Balkon. Unter der Bedingung, dass Dirks Mutter für uns bürgte, konnten wir sie mieten. Und so zogen wir im Sommer 1991, als ich gerade die Fachoberschule abgeschlossen hatte, ein. Wir kauften Möbel und einen großen Werktisch. Dort entwarfen und fertigten wir eine kleine Schmuckkollektion. Auf Dauer wollten wir uns selbstständig machen.

Joachim II

Joachim schien in den zurückliegenden Jahren ein halbwegs normales Leben geführt zu haben. Auf den Alkohol aber hatte er nicht verzichten können. Die Wohnung, die er mit Ingrid in Eimsbüttel bezogen hatte, lag nahe der U-Bahn-Station Lutterothstraße. Joachim trank, hatte wohl auch die eine oder andere Affäre, aber er bekam es hin, weiterhin als Makler in einem Immobilienbüro zu arbeiten.

Sein Chef hatte ein Apartment auf Ibiza, das Joachim auch mal nutzen durfte. Einmal luden Ingrid und er meinen Vater ein, der zu dem Zeitpunkt bereits abstinent war. Auf Ibiza, erzählte mir mein Vater später, sei Joachim teilweise schlimm getorkelt. Als Joachim am Tisch saß vor einem gut gefüllten Wasserglas, roch mein Vater am Inhalt. Es war mit Wodka gefüllt.

Irgendwann wurde Joachim dann wieder unzuverlässig, und nach mehr als zehn Jahren in derselben Firma verlor er den Job. Mir gegenüber tat er so, als sei das ganz in seinem Sinne. Er wolle sich neu erfinden, noch mal etwas ganz anderes machen, sagte er. Aber das war nur leeres Gerede. Joachim trank weitaus härter als vorher, auch schon morgens. Ingrid betrieb ein kleines Geschäft für Tiernahrung unweit der Wohnung, und wenn sie abends nach Hause kam, kifften die beiden im großen Stil. Sie dröhnten sich zu. Das verband sie.

Im Herbst 1991, ich war dreiundzwanzig Jahre alt, er sechsunddreißig, traf ich mich mit Joachim auf einem Spielplatz nahe seiner Wohnung. Wir setzten uns nebeneinander auf zwei Schaukeln und redeten.

Aus seinen Plänen war nichts Konkretes entstanden, seit gut einem Jahr ging er keiner geregelten Arbeit mehr nach. Joachim wirkte ungepflegt, und es war ihm auch sichtlich egal, was er trug. Früher hatte er immer sehr auf seine Kleidung geachtet. Joachim hatte Stil gehabt. Jetzt hatte ihn Gleichgültigkeit ergriffen. Offenbar ging es ihm nur noch darum, dass er seinen Stoff bekam.

»Hör auf, dich selbst zu belügen. Mach endlich einen Entzug«, sagte ich. »Es gibt doch Möglichkeiten. Wir helfen dir.«

Mit »wir« meinte ich Thomas und mich, und Kurt, einen Freund von Joachim, auf den er zählen konnte. Kurt wollte ihn auch auf den Gängen zum Amt unterstützen. Joachims Arbeitslosengeld lief nämlich aus, er musste nun Sozialhilfe beantragen.

»Oder geh doch wenigstens zu den AAs«, setzte ich nach.

Die Anonymen Alkoholiker, dachte ich, könnten ihm vielleicht ebenfalls Wege in die richtige Richtung zeigen. Ich redete auf meinen Bruder ein wie auf einen störrischen Esel. Er unterbrach mich nicht.

»Deine Ehe mit Ingrid macht auch keinen glücklichen Eindruck«, sagte ich und forderte ihn auf, sich wieder Arbeit zu suchen. »Gib dich nicht auf! Du bist doch ein cooler Typ. Sind Mutti und Papa dir kein mahnendes Beispiel? Wir haben die immer angeklagt, und jetzt machst du es genau wie sie?«

Letzteres galt ja nicht mehr für meinen Vater, jedoch weiterhin für meine Mutter. Und was ich völlig schräg fand: Joachim besuchte sie inzwischen manchmal tagsüber in der Rutschbahn. Die beiden betranken sich dann zusammen. Für meine Mutter wird es sicher schön gewesen sein, nach all den Jahren wieder Nähe zu ihrem erstgeborenen Sohn zu spüren. Nur entstand diese Nähe tragischerweise eben nur im Alkoholrausch.

»Letztlich ist das von Gott gegeben«, sagte Joachim irgendwann.

Er sprach noch von Vererbung, zu trinken sei ihm eben in die Wiege gelegt worden. Ist eh nichts daran zu ändern, das war seine Botschaft, an mich und an sich selbst. Mein Bruder stellte sich einen Freifahrtschein aus. Das machte mich wütend.

»Hast du sie noch alle?«, schrie ich Joachim an. »Du kannst dein ganzes Leben doch nicht an unseren Eltern festmachen. Bist du nicht selbstbestimmt? Lässt du nur noch alles geschehen?«

Joachim kam nun auf seine schwere Kindheit zu sprechen, und das ärgerte mich ebenfalls. Klar hatten auch meine Brüder kein schönes Zuhause gehabt, aber immerhin den jeweils anderen an ihrer Seite. So konnten sie sich gegenseitig unterstützen. Außerdem hat meine Mutter sich anfangs noch um ihre Söhne gekümmert. Ihr Alkoholproblem entstand ja damals erst. Als ich dann zur Welt kam, war sie schon süchtig.

»Was willst du eigentlich?«, gab ich zurück. »Als ihr klein

wart, war es doch längst nicht so schlimm wie in den Jahren bei mir.«

Er schwieg. Ich wollte nicht wirklich einen Vergleich anstellen, jedoch sein Bewusstsein dafür schärfen, dass er es sich mit dem Trinker-Gen, das er zu haben glaubte, viel zu einfach machte.

Joachim hatte sich nicht wirklich mit seiner eigenen Geschichte auseinandergesetzt. Aber vielleicht würde er diesen Tag als Anstoß dazu nehmen. Als ich mich von ihm verabschiedete, hatte ich jedenfalls ein bisschen Hoffnung.

Am Tag drauf rief er an. Ich war zu Hause und nicht in der Hamburger Handelskammer, wo ich vorübergehend einen Job als Telefonistin angenommen hatte. Joachim saß in seiner Wohnung, wahrscheinlich zwischen Rauchschwaden und ungeöffneter Post. Irgendwo würde auch noch Ingrids Hund liegen, der bezeichnenderweise Smokie hieß.

Er wolle sich nur noch mal für unser Gespräch bedanken, sagte mein Bruder. »Ich bin beeindruckt von dir. Du bist so lebensklug. Und natürlich hast du recht, ich muss wirklich etwas ändern.«

In den nächsten Wochen hörte ich nichts von ihm. Kurz vor Weihnachten fragte ich Thomas, der mit Barbara inzwischen in einem anderen Stadtteil wohnte, was mit Joachim los sei, doch der wusste auch nichts. Auch meine Eltern hatten nicht mit ihm gesprochen. Aber am ersten Weihnachtstag würden wir uns ja sehen. Da besuchten wir drei Kinder immer unsere Eltern.

Joachim kam nicht. Das war ungewöhnlich, und wir riefen ihn an. Doch niemand nahm ab.

Thomas fuhr am Abend noch bei Joachim vorbei. Er klingelte, niemand machte auf. Als Thomas sich jedoch im Weggehen umdrehte und zur Wohnung hinaufschaute, erkannte er Joachim hinterm Vorhang. Am nächsten Tag fuhr auch mein Vater noch einmal bei Joachim vorbei, traf ihn jedoch nicht an.

Am 29. Dezember 1991, einem Sonntag, sendete das Erste um 20.15 Uhr den »Fall Schimanski«, die letzte Tatort-Folge mit Götz George. Dirk und ich saßen im Wohnzimmer und sahen gerade den Vorspann, als das Telefon klingelte. Ich ging in den Flur, der Apparat stand auf einem Korbstuhl. Ich nahm ab.

»Hier ist Ingrid.«

»Hallo, Ingrid«, sagte ich freundlich und setzte mich. Ich war überrascht, dass sie zu so einer ungewöhnlichen Zeit anrief.

»Joachim ist tot.«

»Wie, tot? Was redest du? Der kann doch nicht tot sein!«

»Doch. Er wird gerade abgeholt.«

Ingrid weinte nicht. Ich weinte auch nicht. Ich stand unter Schock.

»Wir kommen«, sagte ich und legte auf.

Ich rief Thomas an, er holte Dirk und mich ab, und wir fuhren zu Joachims Wohnung. Der Leichenwagen war gerade abgefahren.

Wir erfuhren, dass Joachim sich in den vergangenen Tagen schlecht gefühlt hatte. Er hatte Schüttelfrost gehabt und sich zu nichts imstande gefühlt. Vielleicht war es auch ein Delirium tremens gewesen oder eine Vorstufe davon.

An diesem Sonntag hatte Ingrid offenbar keine Lust gehabt, sich das Elend mitanzusehen. Sie sagte nur, sie sei morgens nach Tostedt gefahren, allein. In Tostedt, einem Ort südlich von Hamburg, wohnten ihre Eltern. Als sie abends zurückkehrte, fand sie ihren Mann. Er lag bäuchlings mit dem Gesicht nach unten auf seinem Bett, tot, noch ein Feuerzeug in der Hand. Mit dem hatte er sich wohl eine Zigarette anzünden wollen.

Am Ende war es dann offenbar schnell gegangen.

War es angemessen von Ingrid, dass sie Joachim in solch einem Zustand allein ließ? Dass Joachims Organe zu versagen drohten, er vielleicht einen Leberkollaps hatte oder etwas Ähnliches – lag das nicht auf der Hand? War ihr das nicht klar gewesen?

An diesem Abend sagten wir meinen Eltern nicht mehr, dass ihr älterer Sohn sich totgetrunken hatte. Den schweren Gang traten Thomas und ich am nächsten Morgen an. Wir fuhren zur Rutschbahn, klingelten, und als wir die Treppe hochkamen, es war ungefähr neun Uhr, stand meine Mutter in der Wohnungstür. Sie sah unsere Gesichter und begann zu schreien. »Neeeeiiiiin«, gellte es durchs Treppenhaus.

Sie wusste sofort, was passiert war.

Mein Vater kam halb angezogen aus dem Badezimmer, er machte sich gerade fertig.

An diesem Morgen haben wir alle zusammen geweint. Und wir haben alle miteinander überlegt, wie es bloß zu dem Tod kommen konnte. Vielleicht hatte Ingrid Joachim an diesem Tag nicht allein lassen dürfen.

Aber trug sie damit die Schuld an seinem Tod? Wahrscheinlich zählte es längst zu ihrem Ehealltag, dass ihr Mann morgens nervös tippelnd vor dem Fenster stand und darauf wartete, dass der Getränkeladen gegenüber endlich öffnete. Womöglich hatte Ingrid Joachim schon oft ermahnt, er solle aufhören, so viel zu trinken. Womöglich war sie beim Erscheinungsbild seiner Abhängigkeit längst abgestumpft, und sein Zittern und Bibbern beeindruckten sie nicht mehr. Was noch hinzugekommen sein mag: Starkes und regelmäßiges Kiffen kann bei Menschen eine gewisse Gleichgültigkeit hervorrufen.

Aus irgendwelchen Gründen dauerte es Wochen, bis wir Joachims Urne begraben konnten. Auf dem Hauptfriedhof Altona, direkt neben dem Stadion des Hamburger SV, kamen an diesem Tag nur Ingrid, mein Bruder Thomas, mein Vater, Joachims Freund Kurt und ich zusammen. Meiner Mutter fehlte jede Kraft, um an der Bestattung teilzunehmen. Ihr Erstgeborener, der lange weg gewesen und tief gefallen war, der dann doch wieder zurückgekommen und am Ende gar ihr Saufkumpan geworden war, lebte nicht mehr. Er hatte es nicht herausgeschafft aus der Alkoholsucht und war nun der Erste der Familie, der an ihr zugrunde gegangen war.

Ich selbst habe Joachims Tod als einschneidend empfunden, er hallt noch heute nach. Ich habe mich oft gefragt, warum er es nicht geschafft hat, vom Alkohol wegzukommen. Hätten wir besser auf ihn aufpassen müssen? Wenn ich heute an dem Haus vorbeigehe, in dem er zuletzt gewohnt hat, frage ich ihn in Gedanken, warum er sich so früh aus dem Staub gemacht hat. Warum verschwendete mein Bruder sein Leben einfach an den Alkohol? Warum fehlte ihm die Kraft, etwas zu verändern? Lange Zeit habe ich es als feige und als irgendwie ungehörig empfunden, dass er sich auf unserem Familienschicksal ausruhte und behauptete, das Trinken sei ihm vererbt worden.

Ich habe an jenem Tag im Volkspark einen Bruder beerdigt, von dem ich gern viel mehr gehabt hätte. Als kleines Kind nahm ich Joachim als eine Art Idol wahr, zumindest als Superstar, der ab und an in mein Leben hereinrauschte. Wenn er dann bald darauf wieder ging, habe ich jedes Mal geweint. Später, in seinen besseren Jahren, war er einer, mit dem ich mich sehen lassen konnte.

Wir hätten noch viel unternommen, da bin ich mir sicher. An Geburtstagen und an Weihnachten wären wir zusammengekommen und ansonsten regelmäßig essen gegangen. Wir hätten gemeinsam gefeiert, und Joachim hätte auch mal für mich gekocht, das konnte er gut. Wir wären einfach länger Bruder und Schwester gewesen. Joachim wäre auch ein toller Onkel geworden.

Eine Wohnung für mich allein

Nach Joachims Tod hing ich durch. Die Trauer über den Verlust meines großen Bruders war zu groß, um schnell darüber hinwegzukommen. Durch seinen Tod und meinen familiären Hintergrund fühlte ich mich wieder einmal stigmatisiert und mochte mich eigentlich niemandem anvertrauen. Es gab keinen Trost.

Mein Bruder Thomas war gerade dabei, eine Familie zu gründen und beruflich voranzukommen. Ihn wollte ich in dieser Zeit nicht mit meinem Kummer belasten. Mein Freund Dirk war emotional ebenfalls überfordert.

Mit Dirk, der ein versierter Goldschmied war, meldete ich ein Gewerbe an. Wir wollten gemeinsam Schmuck produzieren und auf Märkten verkaufen. Die Idee war, einen alten VW-Bulli zu kaufen und umzubauen, um damit Richtung Süden zu fahren und unseren Schmuck in Frankreich und Spanien anzubieten. Doch die Energie und Entschlossenheit, die es braucht, um sich selbstständig zu machen, brachte ich nicht auf. Und Dirk war auch niemand, der voranging.

Ich übernahm kleine Aufträge von einem Juwelier und jobbte weiterhin als Telefonistin in der Handelskammer. Von einer Freundin erfuhr ich irgendwann, dass das Arbeitsamt Handwerkern eine Umschulung ins Kaufmännische finanziert. »Genau das Richtige für dich, du kommst doch mit dem Goldschmieden nicht richtig voran«, sagte die Freundin. Sie hatte vollkommen recht.

Eine Umschulung bedeutet allerdings auch, wieder im Unterricht zu sitzen. Darauf verspürte ich eher keine Vorfreude. Beim Arbeitsamt berichtete mir die Sachbearbeiterin dann aber von einem neuen Bildungsträger, der eine zwei Jahre lange Ausbildung anbiete, die meiste Zeit im Betrieb und außerdem in der Berufsschule. Das Amt übernehme die Kosten.

Mein Betrieb wurde ein Schmuckgroßhandel in der Hamburger Innenstadt, bei dem Juweliere einkauften. So konnte ich in meiner Branche bleiben und mir zugleich kaufmännische Kompetenzen aneignen. Für die Theorie ging ich in die Berufsschule.

Meine zweite Ausbildung lief gut an. Weniger gut entwickelte sich meine Beziehung mit Dirk. Dass wir zusammenlebten, konnte nicht verdecken, dass sich letztlich jeder für sich orientierte. Ich beschloss deshalb auszuziehen. Dirk wollte die Wohnung auch nicht halten. Wir trennten uns ohne Groll. Ich habe mich in meiner Beziehung mit Dirk stets ebenbürtig gefühlt und gelernt, dass unterschiedliche Interessen in einer Partnerschaft funktionieren, wenn man sie auf Augenhöhe und wertschätzend miteinander diskutiert.

Während Dirk sich dann erst einmal wieder bei seiner Mutter einrichtete, fragte ich unseren Hausverwalter, ob er nicht eine kleine Wohnung für mich allein habe. Die hatte er tatsächlich, eine kleine Zweizimmerwohnung im Hinterhof in der Vereinsstraße. Damit war ich wieder zurück im Schanzenviertel, ganz in der Nähe meiner alten Realschule.

Die Schanze war immer noch ziemlich heruntergekommen. Bei mir im Haus lebten ein paar Junkies, die zuweilen etwas unangenehm waren, mich aber in Ruhe ließen. Ich wohnte jetzt allein, zum ersten Mal. Und mochte ich eine kleine Auszubildende sein, die im Betrieb nicht viel zu melden hatte, so bewegte ich mich als Persönlichkeit doch einen weiteren Schritt in Richtung Selbstbestimmtheit. Mein

Ziel lautete, irgendwann einen Laden zu haben und dort meine eigenen Goldschmiedearbeiten zu verkaufen.

Ich hatte inzwischen auf der Party einer Freundin Thorsten kennengelernt, einen zehn Jahre älteren Biochemiker. Wir hatten den gleichen Musikgeschmack und konnten stundenlang über Kinofilme reden, über *Pulp Fiction* von Quentin Tarantino zum Beispiel. Die Dialoge und sehr speziellen Szenen dieses Films begeisterten uns beide.

Thorsten und ich wurden ein Paar und blieben knapp zwei Jahre zusammen. In dieser Zeit bestand ich die Prüfung zur Großhandelskauffrau. Damit hatte ich eine weitere berufliche Qualifikation erlangt. Thorsten, der in einer Zuliefererfirma für Chemieunternehmen tätig war, vermittelte mir dort eine Stelle als Sachbearbeiterin. Dort arbeitete ich ein gutes halbes Jahr. Die Arbeit machte mir grundsätzlich Spaß, doch es zog mich weiterhin in die Schmuckbranche. An den Wochenenden studierte ich die Stellenanzeigen in der Zeitung und fand schließlich ein Angebot als Junior-Einkäuferin eines Schmuck- und Uhrenversands, der sich im Aufbau befand. Ich bewarb mich, erhielt eine Zusage und fühlte mich auf dem richtigen beruflichen Weg.

Nachdem ich dort ein Jahr gearbeitet hatte, bekam ich ein sehr attraktives Angebot. Ein Katalogversand, spezialisiert auf Lifestyle-Artikel, suchte eine Einkäuferin für den Schmuckbereich. Dieser Arbeitsplatz fühlte sich wie ein Sechser im Lotto an. Er schien wie gemacht für mich.

Das erste Mal in meinem Leben fühlte ich mich bestens aufgestellt und blickt voller Zuversicht in die Zukunft. Ich hatte meinen Traumjob, ein gutes Gehalt, liebte meine gemütliche Wohnung und genoss die Freizeit mit meinen Freundinnen. Jürgen, Dirk und Thorsten waren, jeweils zu ihrer Zeit, die richtigen Partner für mich gewesen. Nun aber, mit Mitte, Ende zwanzig, hatte ich das Gefühl, auch ohne Freund auf festen Füßen zu stehen. Ich freute mich auf alles, was das Leben mir in den nächsten Jahren bieten würde. Dabei spürte ich Unabhängigkeit und Freiheit in einem Ausmaß, das ich so nicht kannte.

Als warte man auf ein Wunder

Ich habe ein Foto meiner Eltern aus den Neunzigerjahren, meine Mutter ist darauf etwa fünfundsechzig Jahre alt. Zu der Zeit hatte sie immer einen Stockschirm dabei, den sie als ihre »Krücke« bezeichnete. Sie hatte Angst zu stürzen. Das Bild zeigt sie mit meinem Vater auf einer Bank am Rand eines Spielplatzes im Grindelviertel. Sie hat sich für ihre Verhältnisse schick gemacht an dem Tag, trägt zu einer weinroten Hose einen beigefarbenen Blazer. Ihr Haar ist weißgrau, ihre Mundwinkel hängen nach unten, die Tränensäcke sind geschwollen. Die Haut ihres Gesichts wirkt fahl und faltig. Die Brille, die sie trägt, hat große Gläser und einen kräftigen Rand. Ohne die leichte Tönung wäre sie heute modern, damals war sie es ganz sicher nicht. In ihrer rechten Hand hält meine Mutter ein weißes Feuerzeug und vorne zwischen Zeige- und Mittelfinger eine brennende Zigarette.

Als dieses Foto entstand, war ich siebenundzwanzig Jahre alt. Es war die Zeit, in der ich versucht habe, mit meinen Eltern ins Gespräch zu kommen. Ich wollte mit ihnen reden über das, was gewesen war und was unser Zusammenleben ausgemacht hatte. Dabei ging es mir nicht um eine Abrechnung. Ich wollte erfahren, wie sie meine Kindheit und Jugend erlebt hatten.

»Wisst ihr eigentlich noch, was damals los war?«, fragte ich sie.

Meine Eltern guckten halbwegs beschämt weg. Doch ich blieb hartnäckig und kam später noch mehrfach auf mein Thema zurück.

»Was meinst du denn? Bring doch mal Beispiele«, haben sie ein anderes Mal gesagt.

»Delirium tremens«, sagte ich. »Eure Zusammenbrüche. Und immer das Streiten und Schlagen. So etwas meine ich.«

Da hat meine Mutter mich getätschelt.

»Min Seuten«, sagte sie, das ist Plattdeutsch und heißt: meine Süße, »das ist doch alles nicht so schlimm.«

Ich habe daraufhin nicht mehr nachgehakt. Meine Eltern, das musste ich mir eingestehen, waren nicht fähig zu reflektieren, was ihr Verhalten und ihre Art zu leben für ihre kleine Tochter bedeutet haben.

Ende November 2023 erschien im ZEIT-Magazin, der Beilage der Wochenzeitung DIE ZEIT, ein ungewöhnliches Interview. Die damals fünfunddreißigjährige österreichische Künstlerin Stefanie Moshammer und ihre Mutter, die gut zwei Jahrzehnte älter ist, führten ein Gespräch mit der Journalistin Anna Kemper darüber, wie die Alkoholsucht der Mutter die Beziehung der beiden geprägt hat. Einige Teile dieses Interviews haben mich beim Lesen in meine eigene Geschichte katapultiert. Es ging schon los bei der Aufmachung. Dort ist ein Brief abgedruckt, den Tochter Stefanie mit acht Jahren an das »liebe Christkind« geschrieben hatte. Der Text lautete:

Bitte, Bitte, Bitte
kannst du mir den Wunsch erfüllen das meine Mama nie, nie, nie
wieder betrunken ist. Danke, Danke, Danke
Deine Stefanie!

Bitte, bitte, bitte. Danke, danke, danke. So kleinlaut habe auch ich mich an eine höhere Instanz gewendet. In meinem ersten Tagebuch finden sich ganz ähnlich klingende Passagen. Sie spiegeln die Ohnmacht wider, die man als Kind verspürt, wenn die größte Hoffnung einfach nur darin besteht, dass das Leben möglichst normal sein soll.

ZEIT-Magazin: Hatten Sie im Alltag das Gefühl, die Kontrolle zu verlieren?
Mutter: Nein, das war ein Pegel, mit dem ich alles gut meistern konnte. Ich habe studiert, gearbeitet, ich bin nie total weggekippt. Höchstens zu Hause.
Stefanie Moshammer: Bei der Arbeit ist es ja schon mal aufgefallen.
Mutter: Ja, stimmt, ich hatte eine Kollegin, die hat auch sehr viel getrunken. Einmal haben wir, das war 2001, mittags Pizza gegessen und Wein getrunken dazu. Das fiel auf, und ich wurde auf Entzug geschickt.

Meine Mutter hat sich bei der Arbeit meistens zusammengerissen. Aber sie hat trotzdem auch – oftmals ebenfalls schon

beim Mittagstisch im Restaurant – Wein getrunken. Absti-
nenz oder ein Entzug kamen für sie nicht infrage. Mein Bruder Thomas hat immer wieder versucht, sie mal in diese
Richtung zu bewegen, ohne Erfolg. Es war bei uns nicht üb-
lich und wohl auch nicht möglich, sich einmal in komplet-
ter Runde an einen Tisch zu setzen und eine Art Familienrat
einzuberufen. Abgesehen davon, dass wir über Jahre nicht
mal einen richtigen Tisch hatten – Konflikte hat man sich
gar nicht eingestanden und daher auch nicht gemeinsam gelöst. Soweit ich weiß, ist meine Mutter innerhalb der Familie niemals in Ruhe mit ihrer Sucht konfrontiert worden und
mit den Möglichkeiten, die eine Entziehungskur gebracht
hätte.

*Stefanie Moshammer: (...) Man denkt ja als Kind, dass die Mutter
für einen selbst aufhört. Das war meine Hoffnung: Bitte hör
einfach auf meinetwegen! Das hat aber nie funktioniert. Also
habe ich gedacht, sie trinkt, damit ich mich auch schlechter fühle.
Da waren in mir eine Trauer und ein Schmerz, der dann in Hass
übergegangen ist. Ich habe angefangen, meine Mutter nicht mehr
zu respektieren. Als Teenager habe ich sie nicht mehr als
jemanden wahrgenommen, zu dem ich aufschaue.*

Es ist, als warte man auf ein Wunder. Man wünscht sich so
sehr, dass es eintritt. Ich habe dann gedacht, so Mutti, heute
ist alles schön, jetzt gehst du bitte nicht in die Kneipe! Die
Folge war Enttäuschung.

Dass ich wiederum nicht die Ursache dafür bin, dass
meine Eltern getrunken haben, das wusste ich schon. Und

diese Erkenntnis ist gar nicht mal so wenig. Ich hatte keine Schuld auf mich geladen, war kein Kind, das seinen Eltern Kummer machte.

Die besondere Tragik einer Co-Abhängigkeit zeigt sich ja vor allem dadurch, dass man sich die Verantwortung für den Süchtigen selbst auflädt. Gleichzeitig wünscht man sich, dass das eigene Bedürfnis nach Aufmerksamkeit, Respekt und Liebe von den eigenen Eltern erfüllt wird. Die sind aber so sehr in ihrer eigenen Sucht gefangen, dass sie die seelischen Verletzungen, die ihre Kinder dadurch davontragen, nicht wahrnehmen.

Mutter: Man wird erfinderisch beim Verstecken. Es ist ein innerer Zwang, der so groß ist, dass man es macht, obwohl man weiß, es ist falsch. Es ist ein ständiger Stress.
Stefanie Moshammer: Ich habe die Flaschen gesucht, um sie auszuleeren oder Essig reinzutun. Das war so meine Art von Rache, denke ich.

Solche Aktionen geben einem als Kind das Gefühl, nicht ganz ohnmächtig zu sein, sondern auch selbst etwas bewirken zu können. Dieses Gefühl tut einem gut. Aber es währt nur kurz.

Stefanie Moshammer: In Gesellschaft wirkte meine Mutter ausgelassen, bis der Punkt kam, wo ihre Stimmung kippte und sie gebrochen wirkte. Wenn sie zu Hause trank, war ihr Zustand eher kümmerlich. Ich hatte nie das Gefühl, dass Alkohol ihr eine gewisse Sicherheit oder Stärke gibt, wie das oft bei anderen ist,

sondern eher genau das Gegenteil. Wenn sie nüchtern war,
wirkte sie hingegen immer stark und selbstsicher. Deswegen
ergab ihr Trinken für mich noch weniger Sinn.

Bei meiner Mutter war es umgekehrt. Sie wirkte eher unsicher, wenn sie nüchtern war. Denn dann wurde ihr bewusst, wie verlebt sie aussah. In diesem Zustand wollte sie nicht auffallen, keine Aufmerksamkeit auf sich ziehen. Der Alkohol hingegen gab ihr ein Stück Selbstsicherheit und womöglich auch das Gefühl von Stärke. Doch auch wenn sie sich das wünschte – er konnte ihre Ängste und Sorgen nicht vergessen machen.

Mutter: Man fällt in ein Loch, dann trinkt man, und dann geht es
einem immer schlechter. Das ist eine Spirale, die zieht dich richtig
runter. Du hast keine Lebensfreude mehr, da ist nichts mehr da.
Du siehst nichts Schönes, alles ist trist, traurig, körperlich geht es
dir schlecht. Ich habe immer versucht, das zu verstecken. Ich bin
Meisterin im Verstellen. Das kostet immens viel Kraft.
ZEIT-Magazin: Hatten Sie Suizidgedanken?
Stefanie Moshammer: Einmal bist du mit diesem Medikament
irgendwohin gefahren, oder?
Mutter: Das hieß Antabus, der Wirkstoff Disulfiram stoppt das
Enzym der Leber, das den Alkohol abbaut. Wenn man es nimmt
und dann viel trinkt, vergiftet man sich. Das hatte ich vor. Es ist
rezeptpflichtig, ich hatte auch ein Rezept, aber Gott sei Dank
hatte die Apotheke es nicht vorrätig.

Das war genau auch meine Angst: dass sich meine Mutter

etwas antut oder einen wirklich schweren Unfall erleidet. Und dass ich dann nicht dabei wäre und es nicht verhindern könnte. Diese Angst war sogar dann präsent, wenn ich sauer auf meine Mutter war. Einmal habe ich ein Wochenende bei Thomas und Annette verbracht und immer wieder über die häusliche Situation mit den Eltern geredet. »Was ist, wenn die sich jetzt streiten und sich an die Gurgel gehen?«, fragte ich. Er beruhigte mich: »Da passiert nichts, Conni, hör auf.« Als ich wieder anfing, reagierte er genervt. »Da passiert nichts, okay? Und selbst wenn.« Thomas, und das war gut für ihn, spürte nicht diese Verantwortung, die ich für meine Mutter empfand.

ZEIT-Magazin: Versuchen Sie, Ihrer Mutter das Schuldgefühl zu nehmen?
Mutter: Das kann dir niemand nehmen.

Ich hatte eine Mutter, die sich auf ihren Alkoholkonsum fokussierte, anstatt sich um mich zu kümmern. Die mir nur selten etwas zu essen kochte und sich in der Regel nicht dafür interessierte, ob ich klarkam in der Welt. Die meine Scham nicht sah oder ignorierte. Und in der immer wieder ihre bösen Geister hochkamen. Einmal hatte ich ihr vom Streit mit einer Freundin erzählt, und mit diesem Wissen verletzte sie mich dann später, als sie irgendetwas an mir störte. »Kein Wunder, dass sich alle von dir abwenden«, sagte sie.

Ich hatte aber auch eine Mutter, die in meiner Kindheit durchaus schöne Momente schuf. Während unserer Zeit in

Rahlstedt trat einmal in einer Samstagabendshow Gilbert O'Sullivan auf, ein Sänger, den meine Mutter sehr mochte. Sie stand auf, nahm mich an die Hand, und zu zweit tanzten wir vergnügt vor dem Fernseher.

Meine Mutter hat sich nie bei mir entschuldigt. Doch in den späteren Jahren hat sie mir manchmal gezeigt, dass sie an mich dachte. »Mein Mäuschen, ich träum so oft von dir und sehe dich als Baby«, sagte sie mir einmal. Ich glaube, dass sie sich bewusst war, dass sie mich als Baby, Kind und Teenager extrem vernachlässigt hat. Vielleicht hatte sie deshalb solche Träume. In unregelmäßigen Abständen schickte sie meinen Vater zu mir, er stand dann mit einer Tüte Lebensmitteln vor der Tür. Das war die Art, mit der meine Mutter versuchte, mir Zuneigung und Liebe zu zeigen.

ZEIT-Magazin: Hatten Sie Angst, selbst suchtkrank zu werden? Als Kind von Suchtkranken gehört man zur Risikogruppe.
Stefanie Moshammer: Ich glaube, um ein suchtkranker Mensch zu werden, brauchst du eine gewisse Persönlichkeit. Mein Selbstwertgefühl ist zu hoch, um mich so sehr an eine Substanz zu verlieren, die mich zerstört. Ob es jetzt bei meiner Mutter ist oder bei anderen suchtkranken Menschen: Da ist immer ein bisschen Mangel an Selbstliebe.

Mein Bruder Joachim hat später gesagt, er habe damals angefangen zu trinken, weil ihm das vererbt worden sei. Er habe letztlich trinken müssen und nichts dagegen machen können. Ich glaube nicht, dass Joachim recht hatte. Ich selbst hätte jederzeit anfangen können mit dem Alkohol, wahrscheinlich sogar schon mit zwölf Jahren. Genug Stoff war da. Und mein Selbstwertgefühl war damals sicher nicht gerade hoch. Doch ich habe nie Interesse daran gehabt und mich als Jugendliche eher geekelt vor Bier und Wein. Mit siebzehn habe ich mal einen Schluck getrunken, der schmeckte mir überhaupt nicht. Bier trinke ich bis heute nicht, sein Geruch stößt mich ab. Es ist genau der penetrante Geruch, der auch immer durch unsere Wohnungen waberte.

Mutter: Ich möchte gar nicht, dass sie sich so um mich sorgen macht.
Stefanie Moshammer: Du erwartest nicht von mir, dass ich für dich da bin, aber ich kann nicht anders. (...)

Meine Mutter hat wenig bis nichts von mir erwartet, als ich erwachsen war. Vielleicht war sie eingeschnappt, wenn ich mich mal Wochen lang nicht gemeldet hatte. Aber insgesamt stellte sie keine Ansprüche.

Stefanie Moshammer: Mein Schamgefühl ist weg. Ich muss mich nicht dafür schämen, dass meine Familiengeschichte vielleicht nicht die ist, die man sich erhofft. Es ist in Ordnung, wenn die perfekte Fassade bröckelt.
Mutter: Erst wenn man darüber spricht, kann man auch das Tabu brechen.

Die Scham, die ich für meine Eltern und mein Zuhause empfunden habe, war geradezu erdrückend. Aber die Zeit liegt lange zurück. Ich habe immer mal wieder über mein Elternhaus geredet im Laufe der Jahre. Manchmal ging es gar nicht anders, etwa, wenn meine Eltern meinen Freund und mich zum Osterbrunch einluden. Später habe ich im Freundeskreis auch mal Menschen gehabt, die sich dafür interessiert haben. Denen habe ich dann ein bisschen von früher erzählt, von Karl und Gisela Hoppe und wie es gewesen ist, in ihrer Familie aufzuwachsen.

Meinen Eltern bin ich heute nicht böse. Bald nachdem ich bei ihnen ausgezogen war, habe ich vor allem Mitleid empfunden – für sie und für ihre Geschichte. »Einer trage des anderen Last, so werdet ihr das Gesetz Christi erfüllen«, lautete ihr Trauspruch. Die Last des anderen, wohl schon die eigene zu tragen hat sie überfordert. Sie haben kein vernünftiges und geordnetes Leben führen können und, heftiger noch: Sie haben nie wertschätzen oder gar genießen können, dass sie drei tolle Kinder hatten, die es sich so sehr gewünscht hätten, dass ihre Eltern stolz auf sie gewesen wären und das auch hätten zeigen können.

Alles läuft in die richtige Richtung. Dachte ich

Ganz nah dran · Job und Mutter
Feierabendwein · Flucht für eine Stunde

Meine Anstellung bei dem Versandunternehmen begann am 1. Juli 1997. Vorher hatte ich ein paar Wochen frei. Ich genoss die Tage, entwarf einige Schmuckstücke, hörte Musik, sah Filme. An einem Donnerstagabend Ende April ging ich mit meiner Freundin Isabell in ein Restaurant am Rande des Schanzenviertels, das in dieser Zeit sehr angesagt war und das man auch nur für ein paar Drinks an der Bar besuchen konnte. Donnerstags herrschte wie in vielen Hamburger Kneipen auch dort voller Betrieb. Isabell und ich platzierten uns am Ende des Tresens.

Wir kamen ins Gespräch mit zwei Typen, die Anhänger des FC St. Pauli waren. Sie kamen vom Fußball, ihre Mannschaft hatte zu Hause 0:1 gegen Hansa Rostock verloren. Weil St. Pauli auch kein einziges der fünf übrigen Saisonspiele gewann, stieg der Verein ein paar Wochen später in die Zweite Liga ab. Die beiden Fans waren an diesem Abend dennoch bester Stimmung.

Ich unterhielt mich intensiv mit einem der beiden, Andreas hieß er, ein Mann mit Charme, lustig auch, ein paar

Jahre älter. Eine ausgelassene Stimmung entstand, federleicht, fast ein bisschen magisch. Am Ende tauschten wir unsere Telefonnummern aus.

Wir trafen uns in den nächsten Tagen wieder, und der Eindruck, den Andreas am ersten Abend hinterlassen hatte, verfestigte sich. Ich habe als Erwachsene kein richtiges Tagebuch mehr geführt, meine Erlebnisse, Gedanken und Gefühle aber immer mal wieder auf Zetteln festgehalten. Mit den Jahren kam ein Stapel Papier zusammen, den ich aufgehoben habe. Am 11. Mai 1997, keine zwei Wochen nach dem ersten Treffen, notierte ich, was mir zu Andreas durch den Kopf ging:

Kann das alles wahr sein? Ich hoffe, daß er es ernst meint mit mir. Mein Gott, es kann doch alles so schön sein. Ich habe auch nie daran gezweifelt, irgendwann dem Mann zu begegnen, bei dem es kracht. Sowohl bei mir als auch bei ihm. Und ich glaube, daß es jetzt so weit ist. So wie die ersten Tage waren, ist Andreas ein Traum! Alles stimmt.

Andreas kam aus Niedersachsen, hatte studiert, lebte schon einige Jahre in Hamburg und war Single, als wir uns trafen. Er arbeitete in einer für sein Alter ungewöhnlich hohen Position bei einer Hamburger Bank. Dass er dort entsprechend gut verdiente, nahm ich an, jedenfalls fuhr er einen Sportwagen und führte mich schick zum Essen aus. Viel wichtiger aber war mir, dass auch er verliebt zu sein schien. Andreas gab sich Mühe mit mir, freute sich, wenn ich mich freute. Wir kamen zusammen.

Ganz nah dran

Wenn ich auf die junge Frau schaue, die ich damals war, würde ich sie als liebevoll und rücksichtsvoll bezeichnen, als attraktiv und mit Sicherheit als zurückhaltend. Gleichzeitig stand ich inzwischen mit beiden Beinen im Leben und hatte klare Vorstellungen von meiner Zukunft. Eine harmonische, liebevolle, aber auch gleichberechtigte Beziehung wollte ich führen, dabei mein eigenes Geld verdienen und grundsätzlich auch Kinder haben.

Am 1. Juli trat ich meine Stelle bei dem Versandunternehmen an. Als Einkäuferin sollte ich Lifestyle-Produkte für das Kataloggeschäft der Firma ausfindig machen und parallel dazu das Geschäft mit Schmuckwaren ausbauen. Ich freute mich darauf und war gespannt, in meinem Job neue Leute kennenzulernen, im Büro und auch auf den Messen in ganz Deutschland, die ich zu besuchen hatte. Die Dienstreisen, die anstanden, machten Andreas allerdings Bauchschmerzen, und leider nicht nur die Dienstreisen. Ich spürte bei ihm Anflüge von Eifersucht.

An meinem ersten Tag zeigte ein Kollege mir die Firma und erklärte mir dann an meinem Arbeitsplatz auch die Telefonanlage. Eine eigene Durchwahl musste ich erst noch bekommen. Andreas rief bis zum Nachmittag gleich mehrfach in der Telefonzentrale an und fragte nach mir. Weil die Telefonisten nicht durchstellen konnten, notierten sie die Anrufe und überbrachten mir die Nachricht. Mein unmittelbarer Kollege, der in die USA gehen würde, mich aber vorher noch einarbeiten sollte, bekam das direkt mit. Man kann sich vorstellen, dass er in der Firma gleich eine schöne kleine Geschichte von der neuen Kollegin zu erzählen hatte – ihr Freund konnte offenbar gar nicht auf sie verzichten und rief schon am ersten Tag etliche Male an.

Als ich einen Moment allein war, rief ich Andreas zurück.

»Warum hast du dich nicht gemeldet?«, fragte er als Erstes. Einen Grund für seine Anrufe nannte er nicht. Wollte er mich kontrollieren? Oder sollte gleich am ersten Tag jeder in der Firma wissen, dass ich kein Single war?

Was ich geantwortet habe, weiß ich nicht mehr. Ich habe das Gespräch allerdings schnell beendet.

Am Abend hatten wir am Telefon unseren ersten Streit. Andreas war tatsächlich beleidigt, dass ich nicht gleich zurückgerufen hatte. War er so verliebt in mich, dass er Angst hatte, mich gleich wieder zu verlieren? Verstand er nicht, dass man am ersten Tag im neuen Job anderes zu tun hat, als mit dem Partner zu telefonieren? Oder war ihm das egal? In meine Lage jedenfalls versetzte er sich nicht. Und Einsicht zeigte er bei unserem Telefonstreit auch nicht.

Zwei Wochen später flog ich gemeinsam mit zwei etwa gleichaltrigen Kollegen nach München, um eine Messe zu besuchen. Abends im Hotel saßen wir noch an der Bar, als man mir sagte, mein Lebensgefährte habe schon mehrere Male angerufen. Ich rief nicht sofort zurück. Die Kollegen fragten mich, warum mein Freund so häufig anrufe. Ich konnte das natürlich nicht erklären, und so blieb das Thema interessant. Mein Freund müsse ja schon sehr toll sein, wenn er hier so nerven dürfe, sagte einer der beiden und machte sich darüber lustig. Dieser Kommentar gefiel mir nun auch nicht, aber ich ließ ihn stehen. Ich musste mich schließlich nicht rechtfertigen vor den Kollegen.

Später rief ich Andreas an. Er war schwer verärgert und warf mir vor, nicht erreichbar zu sein. Dass er sich sorgte, ich könne irgendetwas mit den Kollegen oder sonst jemandem anfangen, verhehlte er nicht und drohte sogar damit, selbst nach München zu kommen. An diesem Abend lag ich in meinem Hotelbett und dachte nach. Was war das nur für eine irrationale Angst, verlassen zu werden, die Andreas da verspürte?

Anfang August feierte meine Firma die Fertigstellung des neuen Katalogs. Die Party fand nicht im Unternehmen statt, sondern bei der beauftragten Werbeagentur in Hamburg, im Garten hinter dem Agenturgebäude an der Alster. Die Stimmung war gelöst, alle wirkten zufrieden. Irgendwann allerdings kam eine Kollegin zu mir und sagte, draußen an der Straße stehe einer, der behauptete, er warte auf mich. Sie solle mir Bescheid sagen.

Ich verließ den Garten und traf auf der anderen Straßenseite auf einen hoch erregten und zugleich wild entschlossenen Andreas, der vor seinem Auto stand. Er hole mich ab, das reiche jetzt, ich solle mitkommen, sagte er mir, nicht leise und dezent, sondern laut und bestimmt. Als ich mich weigerte, ereiferte er sich, wurde noch lauter und machte mir eine regelrechte Szene. Mehrere Leute, Passanten und ganz sicher auch Partygäste, bekamen das mit.

Ich habe Andreas noch etwas zugehört, aber mit ihm mitgefahren bin ich nicht. Ich blieb auf der Feier, auch wenn die nun für mich gelaufen war. Ich fühlte mich völlig verunsichert, wirkte wahrscheinlich verklemmt und spaßbefreit und womöglich sogar ängstlich. Eine Kollegin fragte mich, ob alles okay sei. Jetzt musste ich Andreas' Auftritt auch noch herunterspielen.

Ich schämte mich. Ungefähr so hatte ich mich gefühlt, als meine Mutter während meiner Abschlussfahrt in der sechsten Klasse an die Ostsee plötzlich vor der Jugendherberge gestanden hatte.

Ich verstand ja grundsätzlich, dass Andreas sich sehr schnell aufregte. Und er war offenbar wirklich sehr verliebt in mich. Ich sei noch jung, aber schon so komplett, hatte er mal einer Freundin von mir über mich gesagt. Doch seine Eifersucht war befremdlich. Ich konnte vor allem überhaupt nicht nachvollziehen, warum er dieser Eifersucht derartig freien Lauf ließ und dabei die Grenzen des gewöhnlichen Verhaltens überschritt.

Wir blieben trotzdem zusammen. Ich war verliebt. Und ich glaubte an uns. Heute denke ich, dass ich exakt das tat, was ich früher immer gemacht hatte: Ich hoffte das Beste und wollte auch gern dafür sorgen, dass die Dinge besser würden. Heute ist mir klar, dass ich mir dabei etwas vormachte. Ich ging davon aus, dass sich seine Eifersucht schon verflüchtigen werde, wenn er erst einmal verstanden hätte, wie ernst ich es mit ihm meinte. Und auch das gehört zur Wahrheit: Das etwas Glamouröse, das unserer Beziehung von Beginn an anhaftete, gefiel mir. Am Freitag fuhren wir schon mal im Sportwagen nach Sylt, blieben zwei Nächte und kehrten am Sonntagnachmittag nach Hamburg zurück. Diesen Lebensstil kannte ich nicht.

Meine Leidenschaft für Musik teilte Andreas uneingeschränkt. Wir hatten einen ähnlichen Geschmack, hörten viel gemeinsam und tauschten uns darüber wunderbar aus. Wenn wir über Musik sprachen, fühlte sich das für mich immer sehr harmonisch an.

Meinen neuen Job machte Andreas mir unterdessen madig. Jeden Tag durch die halbe Stadt zur Firma fahren, das sei doch auf Dauer zu anstrengend, sagte er. Weil ich mir selbst nicht hundertprozentig sicher war mit der neuen Stelle, erreichte er mich mit solchen Einschätzungen durchaus. Ich erlebte das Team als sehr eingeschworen, viele verbrachten auch ihre Freizeit miteinander. Vielleicht war es nur die Unsicherheit der ersten Wochen, doch manchmal hatte ich den Eindruck, dass man mich nicht richtig mitmachen ließ, über mein Privatleben tuschelte und sich auch ein wenig darüber lustig machte. Wenn ich Andreas davon erzählte, schien ihm das Genugtuung zu verschaffen.

Meine Probezeit lief noch, als ich mit der Chefeinkäuferin zum Mittagessen verabredet war. Sie fragte mich, wie es denn laufe bei mir, und ich antwortete ehrlich, dass ich noch nicht so richtig angekommen sei. Sie äußerte Verständnis und gab mir Zeit zu überlegen, ob der Job der richtige für mich sei.

Meine Tätigkeit, daran zumindest bestand kein Zweifel, würde mit regelmäßigen Dienstreisen verbunden sein. Und diese Dienstreisen, das spürte ich, würden meine Beziehung mit Andreas belasten.

Schließlich schied ich mit Ende der Probezeit aus dem Unternehmen aus. Das tat ich auch, weil Andreas eine Alternative präsentierte. »Mach doch deinen eigenen Laden auf«, schlug er vor, als sei das einfach so möglich. Andreas versicherte mir aber, dass ich nicht allein wäre. »Wir suchen dir passende Räume, renovieren und richten sie schön ein.« Das Wir freute mich.

Die tatsächlich sehr ansehnlichen Räume – drei Zimmer im Souterrain, zwei gingen ineinander über – fanden wir im Poelchaukamp, also genau in jenen Einkaufsviertel des Stadtteils Winterhude, in dem ich einst an der Seite unserer Nachbarin für meine Mutter im Supermarkt Alkohol gekauft hatte. Mit dem Lokal war der Grundstein meiner Selbstständigkeit gelegt. Ich unterschrieb den Mietvertrag. Andreas, der ein hohes Einkommen vorweisen konnte, bürgte für mich.

Bevor es richtig losging, flogen wir noch nach Mexiko, nach Cancún am Karibischen Meer. Andreas hatte den Urlaub mit einem Freund schon lange vorher geplant, und so reisten wir nun zu dritt in ein exklusives Ressort mit Häuschen für die Gäste und eigenem Strandabschnitt. Ich war happy und freute mich auch schon auf die Zeit danach. Ich würde mein Ladenlokal hübsch machen und dann zügig eröffnen.

Job und Mutter

Unser Urlaub in Mexiko brachte Entspannung und Luxus. Es

kam aber auch zu Szenen, die mir nicht gefielen. Manchmal erwies sich Andreas als rücksichtslos. Er trank schon früh, oft mittags einige Flaschen Bier und nachmittags dann verschiedene Longdrinks. Es kam dann auch vor, dass er mich einfach irgendwo stehen ließ. Dass Andreas viel trank, fand ich eher abstoßend. Ich selbst machte mir wenig aus Alkohol. Mit einem Glas Wein kam ich locker durch den Abend.

Wir hatten gleichwohl auch Spaß in Cancún, und ich habe es ohnehin erst mal als tolle Erfahrung verbucht, das Land kennenzulernen. Wir sahen wunderschöne Strände, schnorchelten, fuhren mit dem Boot aufs Meer raus. Eine solche Reise zu machen mit nicht mal dreißig Jahren war ja nun wirklich nicht selbstverständlich, erst recht nicht für mich. Doch bei aller Schönheit fragte ich mich manchmal, ob Andreas wirklich der Richtige sei.

Genau das fragten sich auch meine Freundinnen, und sie ließen mich an ihren Eindrücken und Zweifeln durchaus teilhaben. Isabell etwa, die Andreas ja vom ersten Tag an kannte, meinte, wir würden zusammen jedenfalls nicht wie ein glückliches Paar wirken.

Solche Einschätzungen wollte ich gar nicht hören. Um mich nicht weiter damit auseinandersetzen zu müssen, hinterfragte ich die Überbringerin der Nachricht. Konnte Isabell überhaupt eine gute Freundin sein, wenn sie so etwas sagte? Ich legte mir das in meinem Kopf so zurecht, dass es eben Kräfte gab, die uns unsere Beziehung nicht gönnten und deshalb schlecht über uns redeten.

Es war ein Versuch der Selbstüberzeugung, der allerdings an der Wirklichkeit scheiterte. Im Alltag benahm sich

Andreas mir gegenüber ja längst nicht immer so, wie ich mir das wünschte. Er wollte alles mitbekommen, kontrollieren und am liebsten immer dabei sein, wenn ich mich mit jemandem traf. Am 20. September 1997, Andreas war übers Wochenende an die Ostsee gefahren, notierte ich auf einen meiner Zettel:

Es muss aufhören, dass ich mich von Andreas verbal so attackieren lasse. Am Telefon, nur weil ich mich nicht liebevoll anhöre oder was weiß ich. Es ist so viel von ihm an den Haaren herbeigezogen. Jetzt ist er unterwegs, wir telefonieren u. ich erzähle ihm, daß ich mit Birgit telefoniert habe. Ist er darauf eifersüchtig? Glaubt er, sie könne mich von ihm wegbringen? Ein Wort gibt das andere, bis er schnippisch sagt: Dann triff dich doch mit Birgit! Na ja, es ist alles so verrückt. Diese Geschichten über uns + gegen uns. Ich will als Einheit mit ihm auftreten und glücklich sein mit ihm. Dafür müssen wir auch zueinander offen sein, keine Geheimnisse haben. Ich muss mehr reden, nicht schweigen!

Ich suchte am Ende die Schuld auch bei mir. Das tat ich von Anfang an in meiner Beziehung mit Andreas. Seine Verbalattacken empfand ich dabei keineswegs als selbstverständlich und auch nicht als angemessen. Aber ich nahm sie letztlich hin, genau wie die Eifersuchtsszenen, und stellte einfach die Gleichung auf, dass »Er will mich« plus »Ich will ihn« schon irgendwie eine funktionierende Beziehung ergeben würde. Im Grunde vertraute ich uns weiterhin. Dass der Weg zuweilen sehr steinig schien, schreckte mich nicht ab. In meinem Leben hatte ich gelernt, einiges auszuhalten. Und wenn ich eins nicht gemacht hatte, dann die Hoffnung aufzugeben, dass alles besser wird.

Hätte ich das Selbstvertrauen gehabt, meine noch recht

neue, aber doch schon sehr intensive Beziehung einfach zu beenden? Diese Frage habe ich mir damals nicht gestellt. Besonders groß war mein Selbstwertgefühl nicht. Ich bezweifle deshalb, dass ich mir solch einen Schritt zugetraut hätte.

Andreas war durchaus auch fähig, sich zu entschuldigen, wenn er verbal zu weit gegangen war. Und er liebte mich, davon war ich überzeugt. Ich liebte ihn auch. Zwischen uns waren sogar schon Sätze wie: »Ich will mit dir alt werden« gefallen.

Als wir aus Mexiko zurückgekehrt waren, dauerte es nicht mehr als ein paar Tage, bis wir ohnehin eine neue Lage hatten: Ich war schwanger. Ich freute mich, dachte aber auch sofort an meinen Laden, das noch nicht mal eröffnet war. Doch Andreas beruhigte mich. Das würden wir doch locker hinbekommen, und als Mutter biete sich eine Selbstständigkeit doch regelrecht an. Wir würden einfach eine Mitarbeiterin einstellen, dann laufe das schon alles. Es war genau der Zuspruch, den man sich wünscht in solch einer Situation. Und außerdem, dachte ich mir, ist ein Kind ja dann doch wichtiger als ein Laden.

Die Schwangerschaft besiegelte meine wirtschaftliche Abhängigkeit von Andreas endgültig. Das war mir natürlich bewusst, doch in unserer speziellen Situation blendete ich das aus. Ich eröffnete mein Geschäft im November, kurz vor dem Weihnachtsgeschäft, und es lief alles ganz gut an. Kurzerhand stellte ich sogar noch eine Goldschmiedin an. Die Investitionen für Renovierung, Ausstattung und vor allem für die Ware, die solch ein Projekt fordert, übernahm Andreas.

Heute ist mir klar, dass ich mich einfach in meine neue Situation fallen ließ. Ich vertraute auf Andreas, auf uns. So weit, so gut, nur sprach ich mit ihm jetzt, da ich mehr oder weniger Hausfrau und Mutter sein und nicht in die Rente einzahlen würde, nicht über eine finanzielle Absicherung. Ich dachte überhaupt gar nicht an die Möglichkeit, dass die gemeinsame Sache auch scheitern und Andreas dann nicht mehr mit seinem stattlichen Einkommen großzügig für mich und unser Kind sorgen könnte. Und es wies mich auch niemand darauf hin.

Die Schwangerschaft verlief unkompliziert. Meine körperliche Veränderung fühlte sich gut an. Und Andreas erlebte ich ruhiger. Er zählte mit mir die Wochen und Tage bis zum errechneten Geburtstermin. Seine Eifersucht bekam ich kaum mehr zu spüren. Sie wäre jetzt auch weniger denn je berechtigt gewesen.

Im Mai machte er mir einen Heiratsantrag. Ich sagte Ja, aus Überzeugung, bat ihn aber, noch ein wenig zu warten. Erst einmal wollte ich unser Kind zur Welt bringen. Er zeigte Verständnis, und wir schmiedeten Pläne für die Zukunft.

Alles läuft in die richtige Richtung, dachte ich. Im Sommer würde unser Kind kommen. Ich zog in Andreas' große Wohnung ein, fühlte mich gut und genoss die letzten Wochen meiner Schwangerschaft.

Einmal, auf der Straße, ich wollte an dem Tag einen Kurs zur Geburtsvorbereitung besuchen, traf ich meine Mutter. Sie hatte grüne und braune Flecken im Gesicht. Das kam von ihren Stürzen. Sie erkannte mich nicht richtig, erzählte wirres Zeug, irgendetwas von radioaktiver Verseuchung und Außerirdischen. Freude auf ihr Enkelkind zeigte sie nicht. Ihr Verfall schritt voran, und das war hart zu sehen. Ich bin anschließend traurig in meinen Kurs gegangen. Als ich meine Mutter am nächsten Tag besuchte, wusste sie nicht mehr, was sie mir erzählt hatte.

In den kommenden Jahren stürzte meine Mutter noch oft. Und sie musste alle paar Wochen ins Krankenhaus gebracht werden, weil sie epileptische Anfälle erlitt. Mein Vater schaffte das dann nicht mehr allein, übernahm ich die Aufgabe.

Paula kam im Juli zur Welt. Bei der Geburt kam es zu einigen Komplikationen, aber schließlich hielt ich ein gesundes Baby in meinen Armen. Ich fühlte mich so glücklich wie niemals zuvor.

Meinen eigenen Geburtstag, den dreißigsten, erlebte ich noch im Krankenhaus. Nach zwei Wochen durften Paula und ich nach Hause.

Ich habe mir nach Paulas Geburt weiterhin meine Notizen gemacht und darin festgehalten und zugleich ein Stück weit verarbeitet, was passierte. Am 31. Juli 1998 schrieb ich:

Es ist für uns beide ein neues Gefühl und eine Veränderung im Leben. Natürlich ist es großartig, ein Baby zu haben. Aber oft komme ich mir mit der Freude allein vor. Seit ich zu Hause bin – das sind jetzt 14 Tage –, kann ich mich eigentlich an keinen durchgehend schönen Tag mit Andreas u. Paula erinnern. Er ist immer irgendwie gestresst, hat keine Ruhe. Dann komme ich mit meinen Wünschen, und er flippt aus.

So hatte ich mir diese Zeit wirklich nicht vorgestellt. Es gibt oft Reibereien, was so schade ist. Warum können wir nicht unser kleines Baby ein bisschen mehr gemeinsam genießen?

Und dann solche Abende wie heute. Es ist ja okay, daß Andreas zum Fußball geht. So langsam sollte man ja versuchen, dass jeder seine kleinen Interessen wahrt. Natürlich ist auch klar, daß er hinterher noch was trinken geht. Aber warum muß es gleich wieder so ausufernd sein. Um 22 Uhr ruft er an, er komme gleich. Eine Stunde später wieder ein Anruf, ob er Sven mitbringen könnte. Was soll das? Ich hatte dazu heute Abend weiß Gott keine Lust. Und jetzt? Jetzt kommt er auch nicht gleich, geht stattdessen noch weiter saufen und lässt mich hier sitzen.

Um es freundlich zu sagen: Andreas kam in unseren neuen Lebensumständen nicht wirklich an. Er schien mir eher darauf bedacht zu sein, dass sich mit Paulas Geburt für ihn möglichst wenig änderte, vor allem nicht der regelmäßige Alkoholkonsum.

Es gelang mir nicht, sein Verhalten nicht persönlich zu nehmen. Das sieht man am Ende meines Eintrags:

Ist er zu Hause abends (in der Woche meistens auch nicht vor 20:00), schläft er hier ein oder guckt Fernsehen. Die Entspannung gibt er sich nicht mit mir zusammen. Was soll ich denn von all dem halten? Ich kann ja nur folgern, daß er auf dieses häusliche Leben keinen Bock hat. Und ich scheine ihm wirklich ziemlich egal zu sein.

Ich selbst war natürlich auch nicht entspannt in dieser Zeit. Den Laden betrachtete ich ja auch ein bisschen als mein Baby, und ich wollte unbedingt, dass er weiterlief. Im Herbst allerdings gestand ich mir ein, dass mir der Spagat nicht gelingen würde. Ich hatte keine familiäre Unterstützung, weil meine Eltern als Babysitter leider nicht infrage kamen. Andreas' Mutter war noch einigermaßen fit, lebte aber im westlichen Niedersachsen und damit nicht gleich um die Ecke. Eine starke Oma zur Unterstützung wäre toll gewesen, in vielfacher Hinsicht.

Eine Kinderfrau konnten wir uns locker leisten, und ich habe das auch zweimal ausprobiert, um dann mal für ein paar Stündchen in den Laden zu können. Aber die Frauen gefielen mir nicht. In Wirklichkeit wollte ich Paula auch gar nicht abgeben, sondern lieber ganz viel Zeit mit ihr verbringen. Sie bekam jetzt auch ihre ersten Erkältungen, und ich konnte es schlecht mit meinem Gewissen vereinbaren, nicht komplett für sie da zu sein. Meine Leidenschaft für den Laden ließ nach.

Die Goldschmiedin, die ich eingestellt hatte, erledigte ihren Job leider nicht sehr gewissenhaft. Als ich noch im Wochenbett lag, kam ein Kunde und bestellte einen Ring. Meine Angestellte machte sich ans Werk, mit meinem Edelmetall, meinen Werkzeugen und an meinem Arbeitsplatz – und rechnete das Schmuckstück anschließend privat ab. Sie kassierte ihr Gehalt und nutzte meinen Laden und meine Arbeitsmittel, um eigene Geschäfte zu betreiben. Als ich Monate später einmal im Laden war, erschien der Kunde erneut und bat mich, den Ring ein wenig zu vergrößern. So kam der Betrug meiner Mitarbeiterin heraus. Ich konfrontierte sie, und irgendwie gelang es ihr, sich aus der Affäre ziehen. Ich gab ihr noch eine zweite Chance. Doch das Vertrauen war dahin.

Nun störte mich erst recht, wenn ich irgendwie mitbekam, dass die Mitarbeiterin während der Arbeitszeit Besuch von ihrer Freundin erhielt und die beiden sich in einer kleinen Sitzecke im Laden erst einmal eine Zigarette und ein Glas Wein gönnten. Auch ihr Freund kam vorbei, mit einem wahnsinnig großen Hund, wie er in einem kleinen Schmuckgeschäft geradezu absurd und völlig deplatziert wirkt. Und dann fehlte irgendwann auch ein Diamantring. Den habe sich ein Holländer angeschaut, und dann sei er plötzlich weg gewesen, erklärte mir die Goldschmiedin. Ich habe sie im Spätherbst entlassen und das Weihnachtsgeschäft mehr schlecht als recht mit Aushilfen überstanden. Im Februar 1999 schloss ich meinen Laden. Nun war ich Hausfrau und Mutter.

Feierabendwein

Das Geschäft hatte mich belastet, und so trauerte ich ihm nicht nach. Die Anspannung fiel von mir ab. Andreas wirkte zufrieden damit, dass ich mich nun exklusiv um Kind und Haushalt kümmerte. Er selbst ging nach Feierabend weiterhin regelmäßig mit Kollegen oder Freunden aus. Ich wiederum suchte nicht sofort nach einer Teilzeitanstellung. Doch ich bemerkte, dass mich mein Leben, das sich im Grunde nur zu Hause oder auf dem Spielplatz abspielte, nicht ausfüllte.

Einerseits genoss ich die Zeit mit meinem Baby und allem, was dazugehörte, andererseits machte ich mir Gedanken über meine Zukunft. Dabei bedrückte mich, dass ich in eine totale wirtschaftliche Abhängigkeit von Andreas geraten war. Diese Abhängigkeit ließ er mich auch immer mehr spüren. Er gab sich, so empfand ich das, keine große Mühe mehr mit mir. Immer wieder kam er erst nach Hause, wenn Paula schon im Bett war, nicht direkt aus der Bank, sondern aus der Kneipe. Gespräche über unser Zusammenleben verweigerte er meistens.

War ich undankbar? Erwartete ich zu viel vom Leben? Fakt ist, dass mir die Anerkennung und ein Stück weit auch das Engagement meines Partners fehlten.

Weil es so schwierig war, mit Andreas darüber zu reden und wirklich zu ihm durchzudringen, schrieb ich ihm manchmal Briefe. Eine Antwort darauf bekam ich selten bis nie.

Zwischen uns stimmte einiges nicht. Ich fand es merkwürdig, dass er immer woanders seinen Wein trank. Und mir fehlte es an Wertschätzung. Das drückte sich aus, wenn Andreas erst nach seinen Feierabendgetränken nach Hause kam oder wenn er den Eindruck vermittelte, er schinde sich den ganzen Tag für die Familie ab, während ich mir einen lauen Lenz mache. Wie er dabei manchmal mit mir sprach, scharf und mit hässlichen Worten, empfand ich als verbale Erniedrigung.

Dass Andreas grundsätzlich zu viel trinken, dass er ein Alkoholproblem haben könnte, kam mir zu der Zeit noch nicht in den Sinn. Den Alltag alkoholkranker Menschen hatte ich jahrelang ganz anders erlebt, dramatischer. Dass sein Alkoholkonsum sich im Alltag auf unseren Umgang miteinander auswirkte, konnte ich allerdings nicht ignorieren. Er taucht auch in vielen meiner Notizen auf. Von einem *ganz anderen Wesen in ihm, wenn er besoffen ist* schrieb ich zum Beispiel im Juni 1999 und meinte das nicht positiv.

An dem Tag hatte ich ihn über sein Handy in der Kneipe erreicht und ihn gefragt, wann er nach Hause komme. Andreas hatte mir dann vorgeschlagen, ich solle doch mit Paula vorbeikommen. Eine halbe Stunde später war er dann schwer angetrunken zu Hause erschienen, laut und rücksichtslos durch die Wohnung gepoltert und hatte etwas zu essen verlangt.

Auftritte wie diese haben mich wütend gemacht. Gleichzeitig ergriff mich eine gewisse Ratlosigkeit. Ich fand einfach keinen Hebel, sein Verhalten zu ändern – und Andreas selbst war dazu offenkundig weder willens noch fähig. Eine Möglichkeit, meine Lage zu verbessern, sah ich darin, nicht mehr nur als Hausfrau und Mutter zu agieren.

Eine Freundin vom Spielplatz brachte ihren Sohn, der etwa so alt wie Paula war, bereits in die Kita. Das war in Hamburg Ende der Neunzigerjahre noch lange nicht der Normalfall. Kleine Kinder gingen meistens nur in die Betreuung, wenn beide Eltern arbeiten mussten. Andreas war an diesem Punkt ohnehin sehr von zu Hause beeinflusst. Meine Schwiegermutter empfand es fast schon als Sünde, wenn Kinder, die noch nicht drei Jahre alt waren, nicht exklusiv von ihrer Mutter betreut wurden.

»Du hast doch hier alles«, sagte Andreas oft zu mir. Aber stimmte das? Ich lebte in einer schönen und großen Wohnung, musste im Alltag nicht sparen, auch für Wochenendtrips an die See war Geld da. Finanziell ging es uns wunderbar. Allerdings wünschte ich mir ja gar nicht New York – Rio – Tokio, wie ein Song aus den Achtzigerjahren hieß. Ich machte mir auch nichts daraus, in der Hamburger Innenstadt in den feinen Läden am Neuen Wall einzukaufen. Ich brauchte kein Leben im Luxus, keine Statussymbole wie teure Autos oder die allerneueste Musikanlage. Ich war nicht auf Konsum aus. Wärme, Harmonie und ein wenig Anerkennung waren mir viel wichtiger und eben auch mal ein paar Stündchen in der Woche für mich. Die nahm sich mein Mann ja auch regelmäßig.

Als Frau habe ich mich oft vernachlässigt gefühlt von Andreas. Paula war seine Prinzessin, ich nur noch die Mutter. Und die Hausfrau, die zu funktionieren hatte. Wenn der Kühlschrank mal nicht voll war oder das Essen abends nicht auf dem Tisch stand, hatte er dafür kein Verständnis.

Flucht für eine Stunde

Andreas ärgerte sich schon seit längerer Zeit über einen Typen, dem er privat Geld geliehen hatte und der ihm den Betrag längst hätte zurückgeben müssen. Es war so eine Art Kumpel, den Andreas immer nur Maurice nannte. Kurz vor Weihnachten 1999 hatte Maurice bei mir einen Ring als Weihnachtsgeschenk für seine Frau bestellt, den ich auch schon angefertigt hatte. Andreas und Maurice hatten sich am Spätnachmittag getroffen, zusammen etwas getrunken und waren dann, wahrscheinlich des Geldes wegen, heftig aneinandergeraten. Sein Kumpel jedenfalls rief mich gegen

20.30 Uhr von seinem Handy an und sagte, Andreas sei ausgerastet, und er selbst komme jetzt nur schnell bei mir vorbei, um den Ring abzuholen. Paula war zum Glück schon eingeschlafen. Als Maurice ankam, bat ich ihn herein und gab ihm den Ring. Er bezahlte und wollte auch gleich wieder los. Als er schon an der Tür stand, wurde diese vom Treppenhaus aus aufgeschlossen – Andreas. Er stand da, schwer atmend, völlig aufgebracht.

Andreas schrie Maurice an, der schrie zurück. Hoffentlich prügeln die sich jetzt nicht, dachte ich. Dann öffnete Maurice die Haustür. »Pass auf dich auf!«, rief er mir noch zu, lief nach draußen, sprang die Treppe hinunter und verschwand. Andreas blieb in der Wohnung, weiterhin stark erregt. Ich ging ins Wohnzimmer, er kam mir sofort hinterher.

»Warum hast du mich nicht sofort angerufen und gesagt, dass er dich angerufen hat«, schrie Andreas nun mich an. »Ich hätte den jetzt locker verpassen können.«

Ich sagte, dass ich den Streit doch gar nicht im Einzelnen kenne und mich da auch gar nicht einmischen wolle. Dann setzte ich mich in den Sessel und schaute zum Fernseher, der noch lief. Andreas schrie weiter, warf mich absurde Dinge vor, etwa, dass ich ja offenbar auf der Seite von Maurice stehe. Ich reagierte nicht weiter darauf.

Das schien ihn eher noch wütender zu machen.

Er kam halb von der Seite, halb von hinten, fasste fest in mein Haar und zog daran. Er war jetzt halb über mir, wirkte wie ein wildes Tier, niemals hatte ich ihn so außer sich gesehen. An meinen Haaren zog er mich einige Meter bis in Flur. Dort ließ er los.

Paula darf nicht wach werden, dachte ich und unterdrückte das Bedürfnis, laut zu schreien. Andreas hatte mich völlig überrascht. Mit einem körperlichen Übergriff hatte ich nicht gerechnet. Ich sprang auf, verließ das Wohnzimmer und schloss mich in einem anderen, kleineren Zimmer ein, das wir als Abstellraum nutzten. Mein Körper zitterte.

Mein Handy hatte ich mir noch gegriffen, ein Nokia, wie man es damals hatte. Ich überlegte, wen ich anrufen sollte. Meine Eltern kamen nicht infrage, Thomas schon und auch Claudia, meine alte Freundin aus der Realschulzeit, zu der ich wieder Kontakt hatte. Ein Anruf bei Claudia hätte allerdings Folgen gehabt. Du musst da raus, und zwar ganz, hätte sie gesagt und auch nicht nachgegeben, bis ich mit Paula ausgezogen wäre.

Ich weiß nicht mehr, warum ich nicht meinen Bruder anrief, doch stattdessen wählte ich mit zitternder Hand Andreas' Schwester an, die zwei Stunden von Hamburg entfernt wohnte. Sie kannte ihren Bruder und seine Wutausbrüche, das wusste ich. Sie würde mir auf jeden Fall glauben.

Die Schwester riet mir, die Wohnung zu verlassen, und als sie das sagte, fiel mir ein, dass ich den Schlüssel einer Wohnung von Freunden hatte. Die beiden waren über die Feiertage in die Karibik geflogen. Falls es mal einen Wasserrohrbruch gibt, hatten sie gesagt und sicher nicht gedacht, dass ihre Wohnung auch als Zufluchtsort dienen könnte.

Die Wohnung lag in der Nähe. Ich überlegte kurz, Paula mitzunehmen, war mir aber zu hundert Prozent sicher, dass Andreas seiner Tochter niemals etwas Böses antun würde. In der Wohnung war es inzwischen ruhig, ich ging davon aus, dass Andreas ins Bett gegangen war. Leise zog ich die Tür hinter mir zu.

Kaum war ich draußen, musste ich erst mal heulen. Als ich keine zehn Minuten später in der Wohnung unserer Freunde stand, schloss ich von innen ab und versuchte, mich zu beruhigen.

Verschanzt in einer fremden Wohnung, nachdem der eigene Partner einen körperlich angegriffen hat: Ich konnte fast selbst nicht glauben, was hier gerade geschehen war. Für den Moment war ich in Sicherheit. Doch wie sollte es weitergehen? Wie sollte ich die Festtage überstehen?

Ich rief noch einmal Andreas' Schwester an. Wie die komplette Verwandtschaft würde auch sie an Weihnachten zu uns nach Hamburg kommen, um in großer Runde zusammen zu sein. Das war zumindest der Plan. Wir einigten uns darauf, erst einmal den nächsten Tag abzuwarten.

Nach einer Stunde kehrte ich in unsere Wohnung zurück. Paula schlief. Von Andreas hörte ich nichts. Ich verbrachte die Nacht auf der Couch im Wohnzimmer, ohne auch nur eine Minute zu schlafen.

Die Ereignisse des Vorabends blieben präsent, am Morgen, in den folgenden Tagen und Wochen. Das Leben ist furchtbar, dachte ich. Gleichzeitig versuchte ich, warum auch immer, die Bedeutung des Vorfalls vor mir selbst herunterzuspielen. Er hatte sehr viel getrunken, dachte ich, sonst hätte er das niemals getan. Wahrscheinlich weiß er nicht mal mehr, was er gemacht hat. Doch das Ziehen an den Haaren und die Angst, die ich nun hatte, konnte ich nicht verleugnen. Wie soll dein Leben weitergehen?, fragte ich mich. Was ist das Fundament? Im betrunkenen Zustand hatte Andreas immer mal über die Stränge geschlagen. Aber jetzt wusste ich, dass es für ihn im Alkoholrausch auch noch ein anderes Niveau des Ausrastens gab – und dass es dort für mich gefährlich wurde.

Andreas gab mir zu verstehen, dass auch er erschrocken sei über das, was er getan habe. Aber eine ausdrückliche Entschuldigung brachte er nicht zustande. Dafür bat er mich, das Weihnachtsfest mit seiner Verwandtschaft nicht abzusagen.

Weihnachten, das Fest der Liebe und der Familie. Wie benebelt zog ich die nächsten Tage durch. Machte den Einkauf, kochte für alle, spielte die freundliche Gastgeberin. Außer Andreas ahnte wohl nur seine Schwester, wie ich mich wirklich fühlte. Während ich tat, was von mir erwartet wurde, kehrten die schlimmen Weihnachtserinnerungen meiner Kindheit zurück. Ich hatte die Feiertage gehasst, fast immer. Und ich hatte mir oft geschworen, dass Weihnachten in meiner eigenen Familie anders ablaufen würde: leiser, feierlicher, stimmungsvoller und vor allem harmonisch. Nun erlebte ich das krasse Gegenteil.

In meinem Kopf ging ich meine Möglichkeiten durch – was konnte ich tun, wenn sich so etwas wiederholen würde? Ins Frauenhaus zu gehen erschien mir irgendwie ausweglos. Meine Eltern konnten mich auch nicht auffangen. Und bei den Freundinnen, die ich hatte, stand kein Zimmer leer, in das Paula und ich hätten ziehen können. Überhaupt, Paula: Andreas hätte niemals akzeptiert, dass ich ihn verließ und Paula mitnahm. Er hätte Anwälte beauftragt und einen Sorgerechtsstreit angestrengt. Hier die mittellose Mutter, dort der gut verdienende Vater: Hätte ein Gericht dann entschieden, dass Paula bei mir bliebe? Das Risiko wollte ich auf keinen Fall eingehen. Außerdem fühlte ich mich einer juristischen Auseinandersetzung mit Andreas auch gar nicht gewachsen.

Ich war gefangen, da konnte ich die Sache drehen und wenden, wie ich wollte. Hätte ich mir während meiner Schwangerschaft für den Trennungsfall irgendeine Art von Unterhalt zusichern lassen, sähe es anders aus. Andreas selbst war cleverer gewesen, hatte noch vor Paulas Geburt beim Jugendamt das gemeinsame Sorgerecht beurkunden lassen. Er war damit juristisch auf der sicheren Seite.

Das Leben lief unterdessen weiter, auch wenn ich es am liebsten angehalten und nach einem Ausweg gesucht hätte.

Für den Jahreswechsel, der zugleich auch ins neue Jahrtausend führte, waren wir in die Toskana eingeladen. Fünf Freunde hatten jeweils ein gutes Dutzend Leute eingeladen und dafür mehrere Häuser auf dem Land gemietet. Eine schöne Idee, nur dass ich nicht weniger in Stimmung hätte sein können für diese Reise.

Andreas bemühte sich in den nächsten Wochen. Er schrieb mir Zettel mit lieben, auch wertschätzenden Botschaften. Ich habe all diese Nachrichten noch. Manchmal analysierte er sich und sein Verhalten regelrecht und kam zu dem Ergebnis, dass er sich schlimm benehme und das unfair sei, weil ich keinerlei Vorwürfe verdient habe.

Somewhere over the rainbow

Wut • Meine Eltern • Abgang
Abschied • In feinen Kreisen

Das bekommst du auch noch hin, sagte ich mir und beschloss, die schönen Momente, die es auch mal gab, wertzuschätzen. Meine Leidensfähigkeit war schließlich ausgeprägt. Ich machte weiter. Und steckte dabei weiter ein.

Am 16. April 2000 zog ich eine Zwischenbilanz, die nicht gut für mich ausfiel:

Ich will diese Wutausbrüche nicht mehr ertragen. Ohne Grund schreit er heute morgen rum. Was hat ihn so provoziert? Wieso geht er gleich immer so nach oben? Keinerlei Respekt und Achtung in dem Moment vor mir – und alles im Beisein von Paula, die vor Schreck losweinte.

Den ganzen Tag kommt dafür keine Entschuldigung. Im Gegenteil, er findet es wahrscheinlich noch korrekt, aber so einen Auftritt rechtfertigt gar nichts! (...) Ich möchte nicht den Schwarzen Peter für alle diese Szenen und Streitereien einstecken. Er muss auch lernen, die Fehler mal bei sich zu suchen.

Will mir nicht mehr verbieten lassen müssen, dass ich mich mit Freundinnen tagsüber treffe o. ich zum Sport gehe, wann soll ich es sonst machen? Er paßt ja abends nicht auf Paula auf.

Wutanfälle, im Auto oder vor anderen im Supermarkt. Plötzliches Abhauen, am Rodelhang mit Paula etwa, wo Andreas schwer genervt wegen irgendeiner Kleinigkeit wegging. Und jedes Mal gelang es ihm, dass ich mich danach klein und schwach fühlte.

Sich selbst schlecht zu benehmen und es trotzdem zu schaffen, dass die Partnerin diejenige ist, die am Ende solcher destruktiven Streitereien ein schlechtes Gewissen hat – so beschreibt die Münchner Coachin Julia Maria Kessler ein solches Verhalten. Sie hat selbst mit einem Alkoholiker zusammengelebt und hilft heute beruflich Menschen aus der Co-Abhängigkeit heraus. Ihr Ratgeber *Mitgefangen in der Sucht* erschien 2022 und hätte mir damals sicher sehr geholfen.

Womöglich stärkte Andreas sein Selbstwertgefühl, indem er mich maßregelte oder mich irgendwo stehen ließ und sich damit über mich stellte. Wenn ich ihm sagte, dass ich mich gedemütigt fühlte von ihm, warf er mir übertriebenes Selbstmitleid vor. Erzähl das deinem Bruder oder deinem Friseur, solche Sprüche bekam ich dann zu hören. Damit verhöhnte er mich dann auch noch.

»Ein wichtiger Schritt ist, unsere eigenen Glaubenssätze zu benennen. Der Großteil dieser Glaubenssätze wird in unserer Kindheit angelegt. Man kann sie sich als tiefe, innere Programmierung vorstellen. Glaubenssätze sind wie Brillen, durch die wir die Welt ansehen«, so formuliert es Julia Maria Kessler.

Wenn ich die Glaubenssätze aus meiner Kindheit suche, finde ich nichts, was mir in meiner Ehe hätte helfen können. Da war kein Halt, kein festes Fundament. Mir brachte niemand bei, mich stark zu fühlen und an mich selbst zu glauben. Mich lehrte auch niemand, mich auf mich zu konzentrieren und mein eigenes Ding zu machen – im Gegenteil: Meine Lebenswirklichkeit bestand darin, auf meine Eltern aufzupassen und sie zu stützen. Habachtstellung und Krisenmodus prägten meinen Alltag. Die Glaubenssätze, auf die ich zurückgreifen konnte, waren die einer Co-Abhängigen. Sie waren dazu geeignet, meine erneute Co-Abhängigkeit zu zementieren, und nicht, mir dort herauszuhelfen.

Wut

Über uns wurde weiter getuschelt, und ich würde lügen, wenn ich sagte, dass mir das gleichgültig gewesen wäre. Das Gegenteil ist wahr, und so mühte ich mich, unsere Beziehung nach außen hin positiv darzustellen. Wenn Andreas zu Hause herumschrie, schaute ich als Erstes, ob die Fenster geschlossen waren. Die Scham vor den Nachbarn, ein altbekanntes Gefühl – ich war gedanklich zurück in Winterhude, Rahlstedt und im Grindelviertel. Wie schon als Kind und Jugendliche fühlte ich mich dafür verantwortlich, dass nichts nach außen drang vom Streit meiner Familie. Und wie als Kind blieb mir auch jetzt nur die Hoffnung, dass alles irgendwann irgendwie besser würde. Wegzulaufen war keine Option. Ich wollte mich der Herausforderung stellen, wie ich es immer getan hatte.

Damals hatte ich meine Eltern, die ich trotz allem liebte und denen ich mich zugehörig fühlte. Sie waren meine Familie, in die ich hineingeboren worden war. Jetzt hatte ich einen Mann, für den ich mich selbst entschieden hatte. Den zu verlassen ich für unrealistisch hielt. Den ich ja auch als liebevoll und fürsorglich erlebte. Den ich irgendwie und trotz allem immer noch liebte.

Und den ich an einem schönen Sommertag heiratete.

Mit unseren Eltern, Geschwistern und den engsten Freunden feierten wir in einem schicken Restaurant im Norden der Stadt. Zwei Wochen später luden wir noch mal den gesamten Freundeskreis ein.

Ich weiß noch, dass ich genau wie Andreas vor der Trauung auf dem Standesamt aufgeregt war. Zugleich habe ich schon so etwas wie Glück empfunden, an diesem Tag und auch bei unserer Party danach.

Im Beruf erfolgreich und gut verdienend. Verheiratet mit der Frau, die er haben wollte, und zudem Vater einer Tochter: Andreas hatte gute Gründe, zufrieden zu sein mit seinem Leben. Und dann eröffnete ich ihm auch noch, dass ich wieder schwanger sei. Wir freuten uns und beschlossen, ein Haus zu kaufen.

Von außen betrachtet entwickelte sich alles wunderbar und erweckte den Anschein einer Bilderbuchfamilie. Völlig anders fühlte sich allerdings immer wieder mein Alltag an.

21.1.2001. Und wieder so ein Wutanfall. Sie häufen sich. Momentan sogar täglich. Ich finde das so zum Kotzen mit ihm. Es beginnt bei Nichtigkeiten und dann eskaliert es, meistens bedauerlicherweise vor dem Kind.

Heute fuhren wir im Auto, wollten Häuser angucken, irgendwann während der Strecke, als es im Auto langsam warm wurde, sagten wir,

Paula müsste die Jacke mal ausgezogen bekommen. Paula fing an zu weinen und hörte nicht auf, dann wurde ich laut und sagte ihr, sie solle aufhören. Andreas nahm ihr dann die Jacke ganz weg. Paulas Geheule wurde schlimmer, ich gab ihr die Jacke zurück. Dann schrie Andreas mich an, ich würde ihm in den Rücken fallen.

Mir wurde es zu viel, und ich sagte ihm – wie so oft –, er müsse seine Wutausbrüche in den Griff kriegen. Na ja, daraufhin fing er richtig an zu brüllen. Es sind Lächerlichkeiten, doch jedes Mal stirbt ein bißchen Liebe dabei. Wie respektlos das Ganze zwischen uns mittlerweile abläuft.

Ich mache ihn natürlich auch an, aber ich kann mir das auch nicht bieten lassen. Es reicht langsam. (...) Ich möchte nicht mehr so leben mit ihm. Jetzt bin ich wieder schwanger und weiß gar nicht, ob das gut ist.

Was man hinzufügen muss: Andreas und ich sorgten uns in dieser Zeit beide sehr um unsere Eltern. Seiner Mutter ging es inzwischen schlecht, und bald darauf starb sie. Ihr Tod hat Andreas sehr bewegt. Mein Vater wiederum befand sich auf einer wahren Krankenhaus-Odyssee. Er hatte – Folge des jahrelangen Trinkens – Diabetes und eine offene Wunde am Fuß, die größer und größer wurde. Am Ende mussten Ärzte ihm den Unterschenkel amputieren. Während meiner Schwangerschaft durfte ich ihn nicht mal im Krankenhaus besuchen. Meine Mutter baute ebenfalls weiter ab. Thomas und ich fanden für die beiden ein Doppelzimmer in einem Pflegeheim im Norden der Stadt.

Auch meine zweite Schwangerschaft verlief problemlos, und ich freute mich auf unser zweites Mädchen. Gleichzeitig aber hatte ich wieder Angst vor der neuen Situation. Wie sollte ich das hinbekommen mit zwei Kindern? Dass Andreas mich unterstützen würde, schloss ich aufgrund meiner bisherigen Erfahrungen aus.

Wir stritten viel während der Schwangerschaft, machten uns gegenseitig Vorwürfe. Ein großes Thema war dabei, dass Andreas mehr und regelmäßiger trank. Am 12. Mai 2001 schrieb ich, dass er sich *hackedicht* nachts an mein Bett gesetzt hatte. *Ich frage mich, was er in solchen Situationen von mir erwartet.* Die Stimmung am Morgen nach solchen Nächten: mindestens gereizt.

Am 27. Juli notierte ich:

Nur noch Hässlichkeiten u. Pöbeleien. (...) Morgens geht es mit Geschreie los – weil verdammter Aufschnitt nicht da ist. Nachmittags geht es weiter, alles natürlich vor Paula: die üblichen Beschimpfungen. Ich würde nur konsumieren etc., weil ich mir ein paar schöne Schuhe gekauft habe. (...) Er ahnt ja gar nicht, was er damit anrichtet.

Am 11. September 2001 lenkten Terroristen zwei entführte Passagierflugzeuge in die Turme des World Trade Centers in New York. Eine weitere Maschine ließen sie in das US-Verteidigungsministerium in Washington stürzen. Die Welt war urplötzlich eine andere geworden. Auch in Deutschland empfanden viele Menschen Unsicherheit und Angst. Ich selbst war in diesen Wochen hochschwanger. An einem noch recht warmen Oktobermorgen setzten meine Wehen ein.

Unsere zweite Tochter kam gesund zur Welt. Wir nannten sie Emma. Sie war von Beginn an ein Sonnenschein.

Unsere Freude war groß, und Andreas gab sich Mühe,

als Vater sichtbar zu sein und mich zu unterstützen. Die ersten drei, vier Wochen liefen gut, fand ich. Und das ist ja nicht selbstverständlich, wenn man plötzlich zu viert ist.

Seinen »Feierabendwein« verpasste Andreas allerdings selten. Er suchte sich Gesellschaft, um zu trinken, manchmal nicht so lange, manchmal ausufernd. Keine zwei Monate nach Emmas Geburt regte ich mich in meinen Notizen auf, dass er gar nicht mehr zuhörte, wenn ich irgendein für ihn kritisches Thema ansprach.

Glaubt er, weil er so erfolgreich im Job ist, wir wären nicht mehr gleichberechtigt? So behandelt er mich zumindest, notierte ich, und: Heute war der dritte Abend nacheinander, an dem er nicht zu Hause war (stimmt nicht, gestern war er zu Hause, hatte es sich aber in der Küche gemütlich gemacht). Und an einem Tag wie heute geht er zum Sport, statt noch für eine Aussprache hier zu bleiben.

Andreas machte wieder sein Ding. Er feierte und trank, fortlaufend. Ich hatte mich um die Kinder zu kümmern und zudem noch eine Nachricht aus dem Krankenhaus zu verdauen: Mein Vater hatte nun auch noch Bauchspeicheldrüsenkrebs. Die Ärzte gaben ihm ein paar Monate.

Als ich es vorher erfuhr, war ich ganz gefasst. Aber natürlich bin ich traurig darüber. Und wann kann ich es rauslassen, mich anlehnen, mich ausheulen? (…)

Nun bin ich mit der Erkältung sowieso angeschlagen, hatte gestern noch Fieber. Gestern Abend kam er zwar ein paar Mal zu mir ans Bett und fragte, ob ich etwas bräuchte. Als ich ihn bat, mir eine Kleinigkeit zu essen zu machen, guckte er vergrätzt. Alles ist ihm zu viel, was mich angeht. Aber selbst, so wie heute, blöde Sprüche bringen, dass seine Schnitzel nicht gebraten seien.

Ich erlebte Andreas als völlig auf sich bedacht. Er kuschelte nicht mit mir, das war mittlerweile normal, aber auch nicht mit Paula, die in den ersten Wochen mit einer kleinen Schwester jeder Art von Zuneigung und Aufmerksamkeit bedurft hätte. Die Große fühlte sich vom Thron gestoßen, es drehte sich nicht mehr alles um sie. Dem hätte ihr Vater leicht entgegenwirken können, indem er sich ein wenig mit Paula beschäftigte, sich schlicht und einfach um sie kümmerte. Doch daran war nicht zu denken.

Gerade wollte ich noch ein Bad nehmen, da weinte Emma wieder. Also habe ich ihr ein Fläschchen gemacht u. sie hat es so weggeputzt, die 130 ml. Wo soll denn auch bei diesem ganzen Stress die Milch herkommen? Als ich ihr die Flasche gab und sie so am Schlucken war, liefen mir die Tränen.

Ich träumte von einem oder zwei freien Abenden in der Woche, Zeit für mich, zum Sportmachen etwa. Ich wollte meine Schwangerschaftskilos gern wieder loswerden, weil ich mich sonst körperlich unwohl fühlte.

Aber wie soll das gehen? Nehm ich mir einen Babysitter dafür, gibt es Stress, aber aufpassen will er auch nicht. Beschissene Zeiten.

Es ging so weit, dass ich nun auf Andreas eifersüchtig wurde. Er lebte in völliger Selbstbestimmung, verließ ab und zu sogar früher sein Büro, nur eben nicht, um sich seiner Familie zu widmen. Er suchte Zerstreuung und Alkohol. Das Trinken nahm zu bei ihm, soweit ich das beurteilen konnte, und das konnte ich durchaus, wenn er sturzbetrunken irgendwann nachts nach Hause kam. Auch putzte er sich, wenn er direkt aus der Bank erst mal zu seiner Familie kam, als Erstes schnell die Zähne.

Ich selbst trank, wenn er dann zum Abendessen blieb, auch mal einen Wein mit, insgesamt aber so gut wie nie mehr als zwei Gläser. Das war bei ihm völlig anders. Dass er nicht anders konnte, kam mir trotzdem nicht in den Sinn.

Meine Eltern

Meine Mutter dämmerte phasenweise nur noch vor sich hin in ihrem Pflegeheim. Als halb dement würde ich sie beschreiben, auch wenn es diesen Zustand aus medizinischer Sicht wahrscheinlich gar nicht gibt. Im Sommer 2001 habe ich sie besucht und auch Paula mitgenommen. An diesem Tag wurde meine Mutter siebzig Jahre alt. Ein Foto, es ist das letzte, das ich von ihr gemacht habe, zeigt sie in einem Rollstuhl und mit einem dunkelblauen Fleck über dem linken Auge. Meine Mutter aß nur noch wenig zu der Zeit, rauchte aber weiter regelmäßig. Sie sieht auf dem Bild mindestens zwanzig Jahre älter aus.

Der Körper meines Vaters hielt dem Krebsgeschwür an der Bauchspeicheldrüse nicht mehr stand. Wir waren gerade in den Osterurlaub nach Bayern gefahren, als Thomas mich vom Krankenhaus aus anrief.

»Es sieht schlecht aus, Conni«, sagte er.

»Gib ihn mir mal«, bat ich.

Als Thomas meinem Vater den Hörer ans Ohr hielt, hörte ich nur ein Röcheln. Es war ihm fast unmöglich, ein paar Worte zu sagen.

»Ich setze mich in den nächsten Zug«, sagte ich.

Dazu kam es nicht mehr. Mein Vater ist ein paar Stunden nach Thomas' Anruf gestorben. Er hatte keine Luft mehr bekommen. Wir haben ihn auf dem Hauptfriedhof Altona neben Joachim beerdigt.

Meine Eltern sind am Ende tatsächlich zusammengeblieben, bis, wie es bei kirchlichen Trauungen oft heißt, der Tod sie schied. Nun lebte nur noch meine Mutter. Wir suchten für sie eine Unterbringung, in der man mit Demenzkranken vertraut war, und fanden in Schenefeld, direkt vor den Toren Hamburgs, ein kleines privates Pflegeheim mit genau diesem Schwerpunkt. Meine Mutter bezog ein Doppelzimmer und hatte das bald darauf für sich allein, weil die Mitbewohnerin gestorben war.

Ich habe sie dort immer wieder besucht, und manchmal kam ich nicht umhin, mir danach grundsätzliche Gedanken zu machen. Im November 2002 schrieb ich:

War gerade bei Mutti und dachte, daß es so schwierig ist zu kapieren und darüber hinwegzukommen, keine Eltern mehr zu haben. Eigentlich hatte ich sie doch aber schon lange nicht mehr. Trotzdem, ich muß damit fertig werden. Fühle mich manchmal so benachteiligt, was Eltern angeht. So betrogen, jetzt keine Eltern (Großeltern) mehr zu haben. Betrogen um eine vernünftige Kindheit. Jugend. Aber ich muß aufhören, mich als benachteiligt und minderwertig zu fühlen. Darf nicht so oft jaulen darüber.

Ihre Demenz schritt fort, aber zwischendurch hatte meine Mutter auch noch einige gute Tage. Da saß sie im Gemeinschaftsraum des Pflegeheims, wirkte zufrieden und vermittelte fast schon den Eindruck, als werde jetzt alles noch mal besser.

Die Leiterin des Heimes riet mir, meiner Mutter ein Album mit alten Fotos zu machen. Das habe ich getan und auch Bilder meiner Großeltern Berthold und Martha hineingeklebt sowie Fotos, die meine Mutter als Kind zeigten. Wir haben uns das zusammen angeguckt, und ich bin sicher, dass sie darin auch geblättert hat, wenn sie allein war.

Im Mai 2002, ein paar Wochen nach dem Tod meines Vaters, lud unser Lieblingsitaliener alle Stammgäste ein. Einige von ihnen übernahmen die Küche, eine nette Atmosphäre entstand, und ich sah viele bekannte Gesichter. Auch Claudia war da, meine alte Freundin aus der Schule im Schanzenviertel. Wir hatten längst wieder mehr miteinander zu tun.

Es ging hoch her in dem Lokal, doch Andreas schien gegen die gute Stimmung immun zu sein. Er warf mir auf der Party vor, was ich alles falsch machen würde mit Paula. Das Allermeiste stimmte aus meiner Sicht überhaupt nicht, außerdem meckerte er zur falschen Zeit und am falschen Ort. Als ich ihm das sagte, bekam er keineswegs die Kurve, sondern steigerte sich regelrecht in seine Kritik hinein. Andreas war schwer betrunken, ich hatte an diesem Abend auch Wein getrunken.

Als wir die Feier irgendwann verließen, kam Claudia mit. Sie war nüchtern und mit dem Auto unterwegs. Die paar Meter bis zu unserer Wohnung fuhr sie mit offenem Fenster neben uns her. Sie wollte sichergehen, dass wir gut zu Hause ankamen.

Während wir beide zu Fuß gingen, ließ Andreas nicht von mir ab. Er schimpfte, beleidigte, konnte gar nicht genug

Vorwürfe machen, doch diesmal hatte ich genug. Mir platzte das erste Mal der Kragen. Als er mich kurz vor unserem Wohnhaus halb in ein Blumenbeet schubste, schlug ich mit meiner Handtasche nach ihm und schrie ihn so laut an, wie ich es niemals zuvor getan hatte.

»Was willst du eigentlich?«, ertönte es in der nächtlichen Stille. »Kann ich es dir überhaupt recht machen? Zwei Kinder habe ich dir geboren, wann bist du endlich mal zufrieden?«

Ich war völlig erregt und ließ auch Schimpfwörter und Beleidigungen auf Andreas prasseln. Irgendetwas ganz tief aus meinem Inneren musste raus in dieser Nacht.

Oben in unserer Wohnung saß die Babysitterin. Unten kam Claudia aus ihrem Auto geeilt und stellte sich mit ausgestreckten Armen zwischen uns. Ich beruhigte mich, Andreas auch, und bevor Claudia uns allein ließ, sagte sie Andreas noch, dass er mal überlegen solle, ob alles in Ordnung sei, wenn jemand wie ich so ausflippen würde.

Andreas und ich gaben in dieser Nacht ein erbärmliches Bild ab. Ich war noch am nächsten Abend zutiefst erschrocken und schrieb:

Schlimm, daß ich zu dieser Szene in der Lage war. Andreas so anzugreifen. Aber ich habe Druck abgelassen. Ich komm mit ihm einfach nicht mehr klar. Seine Verständnislosigkeit mir gegenüber – ich kann ihn einfach nicht mehr erreichen. Er hat nur noch Paula im Kopf, dass ich sie ja gut behandle und genügend Geduld habe, ihre Launen zu ertragen. Was ist dieser Mann bloß verbohrt? Was hatte ich für einen Hass auf ihn? Weil ich nicht an ihn herankomme?

Ich suchte, wie man sieht, die Schuld bei mir. Dass er

mich zuerst geschubst hatte und mir vorher schon die Party versaut hatte, ließ ich unerwähnt.

Abgang

Im April 2003 luden uns Freude zu einem großen Osterfeuer auf ihren Hof im Wendland ein. Wir brachten unsere Mädchen mit, gerade für Paula, die bald fünf Jahre alt wurde, war der Ausflug mit Übernachtung eine tolle Gelegenheit, einmal etwas anderes als Autos, Straßen und Spielplätze zu sehen. Das Wendland liegt südlich der Elbe in einem östlichen Zipfel Niedersachsens. Es besteht aus ein paar kleineren Städten, vor allem aber aus Dörfern. Für eine Stadtfamilie mit kleinen Kindern war der Hof unserer Freunde zu Ostern ein geradezu paradiesischer Ort. Auch ich hatte mich sehr auf das Wochenende gefreut.

Kinder spielten, das Feuer brannte, eine Imbissbude war aufgebaut, und zu trinken gab es nicht nur Bier. Andreas trank auch nicht nur Bier, sondern etliche kleine Flachmänner. Irgendwann, es war längst dunkel, sagte ich ihm dezent und ohne, dass es irgendjemand außer ihm mitbekam, dass er jetzt doch wirklich genug Schnaps gehabt habe.

»Du hast mir gar nichts zu sagen«, patzte er weitaus lauter zurück – und ließ es damit längst nicht gut sein. Andreas machte mir vor ungefähr zwanzig Leuten eine Szene. Er habe gar nicht viel getrunken, rief er, ich solle ihn in Ruhe lassen. Andere tränken auch, und er lasse sich das ganz sicher nicht verbieten.

Ich bin heute noch peinlich berührt, wenn ich an diesen Auftritt denke. Für die Cornelia, die dort steht, die kleine Emma auf dem Arm, habe ich keine tröstenden Worte und auch keinen Tipp, wie sie da rauskommen könnte. Ich war damals völlig machtlos gegenüber meinem wütenden, stark alkoholisierten Mann.

Anderen ging es nicht besser, das zeigte sich, als ein paar Bekannte versuchten, Andreas aufzuhalten. Der kündigte nämlich dramatisch an, jetzt sofort zurück nach Hamburg zu fahren. Mehrere Männer vermochten ihn nicht daran zu hindern, sich in sein Auto zu setzen. Als er den Wagen startete und Ernst machte, wagte es auch niemand, sich Andreas in den Weg zu stellen. Sekunden später war er davongebraust.

Es ist kaum zu beschreiben, wie man sich fühlt, wenn einem so etwas vor Freunden und Bekannten passiert. Der Zwischenfall knallte mal wieder mitten hinein in eine schöne Veranstaltung, und jeder erwachsene Besucher des Osterfeuers bekam Andreas' Abgang im trunkenen Zustand mit. Kommentare wie: »Der wird schon zu Hause ankommen«, waren nett gemeint, und ein ratlos-mitleidiges »Ach, Conni« entsprach mit Sicherheit dem, was die Leute dachten. Für mich war jede Reaktion einfach nur schlimm. Am liebsten hätte ich mich mit den Mädchen weggebeamt. Sich zutiefst zu schämen für das Bild, das man als Familie abgibt, ist ein demütigendes Gefühl.

Genau das war – nur habe ich das erst viel später verstanden – mein Problem, ein Problem, das viele Co-Abhängige haben: Ich schämte mich für ihn. Ich litt an seinem Verhalten. Ich ertrug es nicht, dass jeder miterlebte, wie es mitunter zuging in unserer Ehe.

Ich sagte nicht, obwohl alle seinen Auftritt mitbekommen hatten und sich die perfekte Gelegenheit dazu bot, dass mein Mann leider ein Alkoholproblem habe.

Stattdessen schrieb ich am nächsten Abend meinem Mann einen Brief, den ich aber nicht abschickte:

Ostersonntag, 20.4.03

Lieber Andreas,
nun ist es mal wieder so weit, daß ich Dir schreibe. Wieder nicht die Möglichkeit, mit Dir zu sprechen, da ich keine Bereitschaft verspüre, geschweige denn ein Zugeständnis.
Was erwartest Du jetzt von mir? Dass ich zu Dir komme, mich entschuldige (für was?) und »lieb« zu Dir bin? Kann eine Partnerschaft so laufen? Kann es so weitergehen? Dadurch, daß wir nie etwas in Ruhe ausdiskutieren, schwillt immer der Konflikt zwischen uns, und wir tragen die ganzen alten Klamotten dauernd mit uns herum. Leider. Ich habe bei unseren ganzen Meinungsverschiedenheiten immer das Gefühl, daß Du es rigoros ablehnst, mich anzuhören. Wir gehen nie in die Tiefe, und mir liegt so viel an der Sache. Wir schnauzen uns am Telefon nach Tagen der Funkstille an. Wobei auch Du mehr und lauter schreist, so daß ich nicht zu Wort komme.
(...) Ich fühlte mich gestern beim Osterfeuer peinlich. Es war peinlich für Dich, Dich vor Deinen Freunden und Bekannten zu blamieren, die dafür auch kein Verständnis hatten. Und das alles nur, weil ich Dir mal sagte, Du solltest nicht so viel saufen.

Andreas, ich komme damit nicht mehr klar, mit Deinen
Reaktionen und Aggressionen.
(...) Du trinkst zu viel, und ich glaube, es verändert Dich. Vor allen
Dingen trinkst Du inzwischen jeden Tag. Du brauchst es doch
schon, zum Entspannen, oder?

Schriftlich traute ich mich, solche Sätze zu formulieren. Ich
schrieb lang und länger und am übernächsten Tag weiter.
Dabei bekannte ich mich zu ihm.

Ich habe immer an uns geglaubt u. tue es auch noch, aber wir
müssen dafür arbeiten. So geht es nicht weiter. Ich will Dich
doch – ich liebe Dich noch immer, aber Du machst mich so traurig,
ich fühle mich so hilflos. Wie kann ich Dich jemals erreichen? Und
wie willst Du Dich ändern? Ich will doch auch alles dafür tun.

Dass wir uns so viel stritten, fand ich schrecklich. Zugleich
erschien es mir unfair, dass er mir meine Herkunft vorwarf,
sie sogar zum Problem machte.

Ich sehe meine Eltern so, in solchen Situationen, und bekomme
Angst. Du kannst es nicht verstehen, weil Du so was nie erlebt
hast. Aber findest Du es in Ordnung, mir auch noch mein
Kindheitstrauma vorzuhalten und von oben herab zu sagen, ich
müsse damit zum Therapeuten?

Auch hier verlagerte Andreas, der seinen Alkoholkonsum
nicht im Griff hatte und sein Verhalten im betrunkenen Zustand auch nicht, das Problem kurzerhand auf mich: Ich

solle mir professionelle Hilfe holen. Dies ist eine viel genutzte Strategie von Suchtkranken, was mir zu diesem Zeitpunkt nur überhaupt noch nicht aufgegangen war. Ich schaffte es ja nicht einmal, mit ihm ein sachliches Gespräch über die Bedeutung des Alkohols in seinem Leben zu führen. Ihm eine Entziehungskur vorzuschlagen, daran war überhaupt nicht zu denken.

Auch im nicht abgeschickten Brief gebe ich mich am Ende versöhnlich.

Ich denke so viel über uns nach und wie es wieder besser laufen kann. Ich sehne mich so nach Dir. Die letzten Tage war ich sehr traurig und unglücklich, und ich habe das Gefühl, Dir ist das so egal mit uns. Das macht mich noch trauriger.
Du bist doch mein Mann! Ich möchte ja auch etwas tun, dass es klappt mit uns – reich mir doch Deine Hand. Es ist doch so einfach.
Deine Cornelia

Nach sechs Jahren mit Andreas fehlte mir der klare Blick auf unsere Beziehung. Ich appellierte an ihn, bot meine Mitarbeit an, machte sein Problem letztlich zu meinem und geriet so auch in meiner Ehe tief in die Co-Abhängigkeit. Noch war ich weit davon entfernt zu verstehen, dass ich mein Problem mit Andreas letztlich nur allein lösen konnte.

Ich werfe mir nicht vor, damals so gedacht zu haben. Ich war vierunddreißig Jahre alt, meine Kinder waren eins und vier, mein Mann verdiente das Geld, viel Geld, ich hatte nicht einmal einen Job. Das war nicht gut so, aber es war so. Nicht nur, aber auch deshalb kämpfte ich so gut, wie ich konnte, um unsere Ehe. Ich dachte an die Kinder, die große Wohnung, an unseren Plan, ein Haus zu kaufen, und an die schönen Urlaube. Und vor allem liebte ich Andreas ja auch. Es gab gute Gründe, fand ich, an unserer Beziehung zu arbeiten und dieses Leben mit ihm weiterzuführen. Außerdem beherrschte ich die Disziplin, eine Ausrede für sein Fehlverhalten zu finden. Er muss viel arbeiten und trägt in der Bank ein hohes Maß an Verantwortung, sagte ich mir. Das hohe Gehalt verdient sich nicht von selbst, und es ermöglicht letztlich unseren hohen Lebensstandard.

Das war alles nicht falsch, gab ihm aber in Wirklichkeit natürlich überhaupt nicht das Recht, sich so zu verhalten, wie er es tat.

Andreas kam aus der Kneipe, spätabends, als er noch ins Auto stieg und in Richtung unserer Wohnung fuhr. Weil er aber auffällig langsam unterwegs war, hielt ihn eine Streife an. Die Polizisten machten einen Test, nahmen ihn mit zur Wache und steckten ihn in eine Ausnüchterungszelle. Ab einem Alkoholgehalt im Blut von 1,0 Promille treten laut der Deutschen Hauptstelle für Suchtfragen Gleichgewichts-, Seh- und Sprachstörungen auf. Mit 2,0 Promille setzt das Betäubungsstadium ein, es kommt zu Erbrechen und zu Störungen des Gleichgewichts, des Gedächtnisses und der Orientierung.

Andreas hatte 1,8 Promille.

Alkohol zu trinken ist in unserer Gesellschaft ja weitgehend akzeptiert, schon Jugendliche, aber eben auch Erwachsene erzählen Geschichten, wer wie viel getrunken und was er dann alles angestellt habe. Nach dem Trinken noch zu fahren nehmen viele Menschen eher als kleine lässliche Sünde wahr denn als verantwortungslose Gefährdung auch anderer. Andreas hatte schon einmal ein Fahrverbot erhalten und mir das damals erzählt, ohne dass es ihm peinlich war. Nun musste er den Führerschein erneut abgeben, und zwar für ein komplettes Jahr.

Verblüffend war, wie Andreas darauf reagierte. Er trank ab sofort gar nichts mehr.

Es kam nun die MPU auf ihn zu, die Medizinisch-Psychologische Überprüfung, die oft auch als Idiotentest bezeichnet wird, was übrigens schlicht falsch ist. Bei der MPU geht es darum, die Fahreignung von Verkehrsteilnehmern zu überprüfen, die womöglich sogar wiederholt auffallen, weil sie Verkehrsregeln missachten und damit andere gefährden. Sie besteht aus verschiedenen Tests und psychologischen Gesprächen mit Gutachtern.

Andreas nahm die MPU wie wohl die allermeisten Menschen ernst. Er musste beim Arzt regelmäßig seine Leberwerte kontrollieren lassen. Er besuchte Gruppenkurse. Dort saß er dann in einer Runde mit Schwerstalkoholikern. Mein Eindruck war, dass in diesen Trainings das Thema »Sucht« keineswegs ausgespart wurde.

Sein Körper selbst konfrontierte ihn ohnehin mit dem Thema, und das auf eine Weise, die mich verblüffte: Andreas bekam schon beim Anblick eines Bieres Kopfschmerzen. Als wir einmal über Nacht auf einem Geburtstag in Schleswig-Holstein waren, zog er sich nach einer Stunde zurück.

Wir hatten in jenem Jahr eine gute Zeit. Andreas trieb

viel Sport und fuhr mit dem Rad zur Bank. Er war gut drauf, viel entspannter als sonst. Die abendlichen Treffen mit seinen Kumpels fielen weitgehend aus. An den Wochenenden fuhren wir oft an die Ostsee. Und wir suchten auch weiterhin ein Haus für uns und unsere Kinder.

Abschied

Meine Mutter baute ab. Oft lag sie mit geschlossenen Augen auf dem Bett, wenn ich in ihr Zimmer im Pflegeheim kam. Ich räumte dann ein wenig herum, erzählte ihr etwas und war nicht immer sicher, ob sie das auch wahrnahm und verstand. Einmal allerdings, im Frühsommer 2003, sagte sie zu mir: »Ich hab dich so lieb.«

In den folgenden Wochen zeichnete sich ihr Tod ab. Das war auch der Eindruck der Pflegekräfte. Am Morgen des 15. Juli erhielt ich einen Anruf aus dem Heim, dass es nun so weit sei. Ich solle losfahren. Thomas machte gerade mit seiner Familie Urlaub in Griechenland. Ich rief ihn nicht an. Er hätte es ohnehin nicht so schnell nach Hamburg geschafft.

Ich brachte Paula bei einer Freundin unter. Andreas bot nicht an, mich ins Pflegeheim zu begleiten, und ich bat ihn auch nicht darum. Das zu tun kam mir einfach nicht in den Sinn. Offenbar bedurfte ich seines Beistands nicht. Er fuhr wie gewohnt in die Bank.

Ich selbst zögerte meine Fahrt noch ein wenig heraus. Der Grund war einfach: Ich hatte schlicht Angst vor dem, was mich erwartete.

Als ich ankam, das Zimmer erreichte, anklopfte und hineinging, war meine Mutter bereits tot. Sie lag in ihrem Bett, zurechtgemacht. Ich habe sie noch mal gestreichelt und auch mit ihr geredet, wohl eine halbe Stunde lang. Dann habe ich ein paar persönliche Dinge an mich genommen, wie das Fotoalbum, und das Zimmer verlassen.

Thomas sagte ich erst einige Tage später Bescheid, als er wieder zurück in Hamburg war. Ich wollte ihn während seines Urlaubs verschonen. Die traurige Nachricht überraschte ihn unterdessen nicht.

Die Urnenbeisetzung fand wie bei meinem Vater auf dem Altonaer Hauptfriedhof statt. Ein Trauerredner sprach, derselbe wie bei meinem Vater ein Jahr zuvor. Wir spielten »Somewhere over the rainbow« von Judy Garland, dieses Lied hatte meine Mutter sehr gemocht. Ein paar Verwandte kamen und sogar auch frühere Arbeitskolleginnen. Und wie es so ist, saßen wir dann noch zum Leichenschmaus im Bahrenfelder Forsthaus auf ein »Rundstück warm« zusammen, ein typisch hamburgisches Gericht, das aus zwei mit Rinderbraten belegten Brötchenhälften mit brauner Soße und Gewürzgurke besteht.

Zehn Tage nach ihrem Tod hätte meine Mutter Geburtstag gehabt, sie wäre zweiundsiebzig Jahre alt geworden. An diesem Tag brachte ich Paula in den Kindergarten und bat Andreas, mit Emma zu Hause zu bleiben. Ich wollte den Geburtstag auf irgendeine Art würdigen, ihn jedenfalls nicht einfach vorbeiziehen lassen. So setzte ich mich ins Auto und fuhr zuerst etwas ziellos herum, dann über die Elbchaussee in den Hamburger Westen, durch Blankenese und zum Falkensteiner Ufer. Vielleicht leiteten mich die Kindheitserinnerungen an die Elbe, die hier schon breiter wird. Manches Mal war ich hier mit meinen Eltern spazieren gegangen. Ich parkte und kaufte mir ein Bottermelk-fresh-Eis von Langnese, das meine Mutter oft gegessen hatte. Danach fuhr ich in die Neustadt zum Michel, der Hauptkirche St. Michaelis. Ich wurde nicht christlich erzogen und bin auch nicht gläubig, aber nun zog es mich in diese schöne Kirche hoch über dem Hafen, in der ansonsten Trauerfeiern für große Persönlichkeiten stattfinden. Ich zündete meiner Mutter eine Kerze an und setzte mich. Auf freien Seiten meines Ringbuch-Kalenders habe ich mich dann noch einmal in Ruhe und ganz für mich von meiner Mutter verabschiedet. Ich schrieb:

GISELA HOPPE
25.7.31 * 15.7.03 †

Was Du mir gabst, Mutti:
Das Leben geschenkt und mir nach Deinen Möglichkeiten Liebe und Zuwendung gegeben, aber oft warst Du überfordert und so sehr mit Dir selbst beschäftigt. Habe leider viele traurige, schwierige Zeiten bei Euch mitgemacht. Trotzdem ist aus mir ein zuversichtlicher, optimistischer Mensch geworden. Habe viel Glück bisher im Leben gehabt – vielleicht gerade deshalb?

Schenk mir weiter das Glück, dass es meinen Kindern, meinem Mann und mir immer gut gehen wird u. wir glücklich sind.

Meine liebe Mutti, ich hätte gern mit Dir eine freund-

schaftliche Mutter-Tochter-Beziehung geführt. Warum hast Du Dich so kaputt gemacht, zerstört? Was hat Dich so gequält, warum warst Du mit Dir u. Deiner Umgebung immer so unzufrieden?

Ich hoffe, daß Du jetzt Deinen Frieden gefunden hast und vielleicht doch noch ein wenig stolz auf Dich und Dein Lebenswerk bist!? Und ich werde nicht vergessen, daß Du mir sagtest am 28.6.03, daß Du mich so lieb hättest. One of these moments ...

Ich werde es besser machen!!!

In feinen Kreisen

In diesem Sommer 2003 machten wir drei Wochen Urlaub auf Sylt. Wir mieteten ein Haus und hatten eine schöne Zeit. Ich akzeptierte, dass ich nun keine Eltern mehr hatte. Aber ich hatte eine Familie, zwei Kinder, die mich brauchten, und einen Mann, dessen Verhalten mich Hoffnung schöpfen ließ. Andreas wirkte aufgeräumter, klarer. Er regte sich viel weniger als sonst auf. Er war abstinent.

Zurück in Hamburg, lief unser Leben wieder im bekannten Trott, viel Arbeit bei Andreas, während ich mich vor allem um die Kinder und den Haushalt kümmerte. Diese Aufteilung gefiel mir weiterhin nicht, aber ich war erst einmal zufrieden damit, dass mein Mann nicht trank.

Wir verfolgten weiterhin das Projekt Hauskauf, jetzt weitaus intensiver, und irgendwann hatten wir Glück: In Blankenese erhielten wir den Zuschlag für ein hübsches Einfamilienhaus mit Garten. Ungefähr zur selben Zeit begab sich Andreas in die Medizinisch-Psychologische Untersuchung. Er bestand sie und bekam seinen Führerschein zurück. Leider beendete er damit auch die Zeit der Enthaltsamkeit. Es ging nicht ruckartig wieder los, Andreas musste sich erst einmal an den Alkohol herantasten. Zwei Gläser Wein bereiteten ihm einen gewaltigen Kater, der einem Migräneanfall nahekam. Ich sehe ihn noch, wie er seinen Kopf mit einem Gefrierbeutel voller Eiswürfel kühlte.

Vielleicht war es ein Zeichen, dass sein Körper sich gegen das Comeback des Alkohols auflehnte. Doch die Gegenwehr war nicht so stark wie seine Sucht. Nach einiger Zeit trank er wieder wie eh und je, regelmäßig und hemmungslos, in Gesellschaft und sehr wahrscheinlich auch im Verborgenen. Anders als früher bei meinen Eltern habe ich bei meinem Mann nie in Kleiderschränken und anderen Verstecken nach Alkohol gesucht – aus Selbstschutz, weil ich dort ja auch etwas hätte finden können.

Ich hatte meinen alten Mann zurück und damit auch mein altes Leben, auch wenn sich dieses nun in der Idylle unseres schönen Hauses abspielte. Im Garten bauten wir für Paula und Emma ein großes Trampolin auf.

Wir meldeten die Mädchen in einem Tennisklub an. In den vornehmen Hamburger Elbvororten, zu denen Blankenese zählt, trifft man in solch einem Verein zwangsläufig nicht nur mit Menschen aus der Mittelschicht. Alteingesessene Hamburger Familien zählten zu den Mitgliedern, in denen das Geld nicht mehr verdient werden musste, und auch ein paar prominente Gesichter tummelten sich dort.

Andreas und ich hielten uns manche Stunde im Tennisklub auf, lernten dort andere Eltern und Familien kennen und fühlten uns einigen bald freundschaftlich verbunden. Ein Verein bringt die Leute zusammen, das gilt auch für Großstadtviertel, in denen vorwiegend vermögende Menschen leben. Ich selbst musste mir das neue Milieu erst einmal erschließen, Andreas hingegen bewegte sich von Beginn an sicher in den feinen Kreisen. Allerdings fiel schnell auf, dass er trank, meistens mehr als die anderen.

So wurde ich mehr denn je zur Aufpasserin, zur Außenministerin und zuweilen zur Beauftragten für Krisen-PR. Das immer selbe Ziel: Ich mühte mich darzustellen, dass es so schlimm nicht sei mit Andreas und dass wir eigentlich eine normale Familie seien. Das fiel mitunter schwer, etwa wenn Andreas bei einem Auswärtsspiel von Paulas Mannschaft andere Eltern angeschrien hatte. Eine Mutter, im Klub war sie Elternbetreuerin, und wir hatten uns angefreundet, sagte mir, nur ihr Ex-Mann habe es geschafft, sie so sehr zur Weißglut zu bringen wie Andreas. »Conni, ich mag dich unheimlich gerne, aber dein Mann geht gar nicht.«

Auch mit den Trainern bekamen wir irgendwann Probleme, sie wollten sich ungern in ihre Arbeit hineinreden lassen, und wenn das schon sein musste, dann wenigstens in einem respektvollen Ton. Doch Andreas, der ja ohnehin kein gelassener Mensch war, förderte mit dem Alkohol seine Aggressivität zutage. Die traf dann im Tennisklub auch mal mich. Ich musste das Getuschel gar nicht hören, konnte mir genau vorstellen, wie die anderen Eltern über uns als Paar sprachen. Manchmal wurde es mir auch direkt berichtet.

Wer versucht, die Verantwortung für die Sucht seines Partners zu tragen, hält ein System am Laufen, in dem dieser maximal bequem weitertrinken kann. Er hält der Sucht unwissentlich die Türe auf. So beschreibt es die Coachin Julia Maria Kessler in ihrem Buch *Mitgefangen in der Sucht*. Ich kann das nur dick unterstreichen, denn ja, genau das ist eben die verflixte Co-Abhängigkeit: Man wird zum Ermöglicher, zum Unterstützer, übertrieben gesagt zum Mittäter, und zwar, ohne sich darüber im Klaren zu sein.

In diese Rolle schlüpfte ich auch dann, wenn ich voller Engagement versuchte, Andreas' Ausraster zu verhindern. Ich sah zu, dass er sich nicht geärgert fühlte, und antizipierte alles, was ihn auch nur stören könnte. Das ist wahrscheinlich der Job, den persönliche Assistenten von Spitzenpolitikern oder Superstars erledigen. Ich traute mich auch mal, Andreas nahezulegen, nicht ganz so viel Alkohol zu trinken. Ich selbst trank fast gar nichts mehr, damit er nicht argumentieren konnte, ich würde ja auch trinken.

»Hören Sie auf, gegen das Suchtmittel zu kämpfen. Diesen Kampf können Sie nicht gewinnen«, schreibt die Deutsche Hauptstelle für Suchtfragen. »Das einzig Sinnvolle ist: Kämpfen Sie für sich – und dafür, zu einem neuen eigenen Leben zu finden.« Die Broschüre, in der dieser Ratschlag steht, hätte ich damals gern in die Finger bekommen. Ich war weit davon entfernt, so zu handeln.

Mit mir über unsere Probleme zu sprechen – in Wirklichkeit über sein Problem –, verweigerte Andreas über Jahre. Damals, bei seinem Training für die MPU, hatte er von anderer

Stelle zu hören bekommen, dass er ein Suchtproblem habe, dies aber wohl längst wieder verdrängt. Eine Entziehungskur kam für ihn nicht infrage.

Keine Einsicht, nirgends, stattdessen ging er in die Offensive. »Was du nur immer willst«, sagte er und dass ich ihn nicht immer bedrängen solle. Er schaffe schließlich die Kohle ran.

Ich müsse mal zum Arzt, sagte er allen Ernstes zu mir – als sei er gar nicht Teil des Lebens, das wir führten, und als sei es normal, zu trinken und den Partner dann anzuschreien. Das war dann noch mal eine andere Nummer, als nur den eigenen Alkoholkonsum kleinzureden – nun rief er mich zum Problemfall aus. Geschickt kehrte er die Schuld um, laut Coachin Julia Maria Kessler »ein cleveres Prinzip, sein Gegenüber auf verlorenen Posten zu befördern und selber das letzte Wort zu haben«.

Lass die Leute reden, sagte er, wenn ich ansprach, dass wir im Tennisklub kein gutes Bild abgäben. Das Gerede störte mich aber, und für die Kinder fand ich es unzumutbar. Sollten sie es mitbekommen, würden sie sich schämen für ihre Eltern. Dieses Gefühl kannte ich zur Genüge und wollte es unseren Mädchen unbedingt ersparen. Aber, auch das war mir damals nicht klar, obwohl ich es als Kind im Grunde nicht anders erlebt hatte: Für Suchtkranke ist die Nebenwirkung des eigenen Verhaltens im Zweifel kein Kriterium. Sie kreisen um sich selbst und vermögen es nicht, sich in die Lage ihrer Familie zu versetzen.

Entschlossen

Ein Skiurlaub · Mein Ausstieg

Unser soziales Umfeld im Tennisklub schmolz zusammen. Man mied uns nicht direkt, wenn wir auf den Tennisplatz kamen. Aber die Einladungen zu Dinnerpartys und Geburtstagsfeiern wurden mit der Zeit spärlicher. Ein streitbarer Charakter, der keinem Konflikt aus dem Weg ging, so mögen einige Andreas wahrgenommen haben. Andere werden ihn abgestempelt haben als Trinker, der im Zweifel Ärger macht.

Auch mehrere Paare, die wir aus anderem Zusammenhang kannten und mit denen wir schon gemeinsam in Urlaub gefahren waren, wandten sich von uns ab. Sie wollten sich die Wutausbrüche nicht antun, so einfach war das. Eine Freundin erklärte mir das mal genauso.

»Wir können das nicht mehr ertragen, Conni«, sagte sie.

»Ich stehe zu meinem Mann«, erwiderte ich.

Danach haben wir uns einige Jahre nicht mehr gesprochen.

Ich habe damals durchaus viele Gründe dafür gesehen, mich von Andreas zu trennen. Aber letztlich hatte ich dafür nicht die Kraft und zugleich auch gute Gegenargumente.

Die Kinder waren anfangs ganz klein und dann immer noch zu jung, um ihnen eine Trennung zuzumuten, fand ich. Und dann hegte ich stets die Hoffnung, dass sich alles bessern würde. Diese Hoffnung war sozusagen gelernt und die große Konstante in meinem Leben, genau wie die selbst eingeredete Verpflichtung zu helfen. Andreas, so empfand ich es, brauchte meine Hilfe. Das Wort »Helfersyndrom« kam mir dabei nicht in den Sinn.

Ich sah mich außerdem nicht als Alleinerziehende – in welcher Wohnung denn und mit welchem Geld? Letztlich war er stärker oder, anders gesagt, mächtiger als ich, und ich musste das akzeptieren. Ich traute mir nicht zu, auf eigenen Beinen zu stehen. Deshalb stützte ich unser Modell und damit seine Art zu leben. Er konnte trinken, jeden Tag, hatte zwei Kinder, ging seinem Job bei der Bank nach, lebte in einem sehr gut vorzeigbaren Zuhause. Grenzüberschreitungen seinerseits sanktionierte ich nicht, fungierte vielmehr als verlässliche Partnerin. Letztlich war ich keine Gefährdung, sondern ein Garant seines Lebens zwischen Sucht, Familie und Beruf.

Wenn es laut wurde bei uns, im Sommer, bei offenen Fenstern, bekamen die Leute von nebenan sicher manchmal mit, wie wir uns stritten. Eine Nachbarin, mit der ich mich angefreundet hatte, und eine andere Freundin fassten 2008 gemeinsam den Entschluss, mich aus meiner Ehe herauszuholen. Sie wollten zuerst mal Sport mit mir treiben, mich stark machen, körperlich und mental.

Dazu kam es dann doch nicht, aber selbst wenn wir uns

dreimal die Woche morgens ein paar Stunden gestärkt hätten – ich hätte mich ihnen mit Sicherheit nicht komplett of-
fenbart. Das lag nicht daran, dass ich dazu keine Lust gehabt oder ihnen nicht vertraut hätte. Einfach mal alles loszuwerden, das stellte ich mir schon sehr befreiend vor. Doch
ich hätte mir das nicht erlaubt, weil ich die Reaktion meiner
Freundinnen gar nicht hören wollte. Die konnte ich nämlich
exakt vorhersehen. Trennung, sofort, hätte ihr Urteil gelau-
tet. Aber einen Masterplan für die Umsetzung der Trennung
hätten sie auch nicht in der Tasche gehabt.

Absurderweise wies mir bei manchem Streit Andreas
den Weg zur Tür. Ich solle doch gehen, wenn es mir nicht
passe, schrie er dann. Er war sich seiner Sache sehr sicher,
und das leider nicht zu Unrecht.

Ein Skiurlaub

2009 fuhren wir in den Hamburger Winterferien in die
Schweiz. Andreas hatte Probleme mit der Schulter, er würde
nicht auf die Skipiste können. Doch die prächtige Bergku-
lisse war die Reise allemal wert. Die Sonne schien, der
Schnee strahlte. Unser Hotel lag direkt am Fuß der Piste.

Paula und Emma hatten morgens ihren Kinderskikurs
gemacht, danach holte ich sie am Treffpunkt ganz oben an
der Bergstation des Sessellifts ab. Wir waren mit Andreas
zur Mittagspause verabredet, einige Hundert Höhenmeter
weiter unten, in einem Hüttenrestaurant direkt am Hang.
Emma allerdings, die seit einem halben Jahr zur Grund-

schule ging, war bereits völlig kaputt. »Ich kann nicht mehr, Mama«, sagte sie, »und ich hab Hunger und Durst.«

Nach gutem Zureden ließ sie sich fünf Minuten später auf die lange Abfahrt ein, unter Protest und in permanentem Schneepflug. So kamen wir nur langsam voran, zumal Emma auch immer wieder komplett stoppte, um sich kurz auszuruhen. Irgendwann, sicher zwanzig Minuten später als ausgemacht, erreichten wir die Hütte.

Andreas saß mit einem Weizenbier vor sich an einem Holztisch auf der Sonnenterrasse. Rechts von ihm hatten noch zwei weitere Skifahrer Platz genommen. Ich sah ihn, winkte kurz, doch zuerst schnallten wir ein paar Meter weiter unsere Skier ab und stellten sie samt Stöcken in einen Ständer. Die Kinder zogen ihre Jacken aus, sie schwitzten. Es war weit über null Grad und der Schnee entsprechend nass und schwer. Auch ich fühlte mich gut geschafft nach einigen Stunden auf der Piste.

»Ist ja alles ganz schlimm anstrengend wieder, oder?« Das war der Satz, mit dem Andreas uns empfing, weder in nettem Ton noch mit netter Botschaft. Er unterstellte uns, verwöhnt zu sein und nicht wertzuschätzen, was wir hatten. Ich hatte diesen Vorwurf schon so oft gehört. Vielleicht frustrierte es Andreas, dass er selbst nicht auf Brettern stehen konnte, vielleicht war er dadurch auch etwas missgünstig. Eines war er ganz sicher nicht an diesem Mittag Anfang März: nüchtern.

Ich ging nicht auf seinen bissigen Kommentar ein, bat ihn stattdessen freundlich, etwas zur Seite zu rutschen. Das regte Andreas allerdings noch mehr auf. Das gehe ja wohl nicht, er sitze jetzt hier, seit einer halben Stunde übrigens schon, und wieso solle er sich denn jetzt wegbewegen.

Er suchte Streit. Und deshalb weigerte er sich, für mich auf der Bank ein bisschen Platz zu machen. Welche wütenden Worte er mir nun alle an den Kopf warf, weiß ich nicht mehr, sehe aber noch die beiden Skifahrer vor mir, die mit am Tisch saßen und jetzt ungewollt Zeuge eines Spektakels wurden. Andreas sprang auf, empörte sich und schimpfte. Wir würden ihn anwidern, er haue jetzt ab, schrie er. Ohne sich noch einmal umzudrehen, stapfte er los.

Emma rannte ihm nach. »Papa, bleib hier, bitte«, bettelte sie. Doch Andreas ließ sich nicht erweichen. Das Verständnis, dass man seine Frau und seine Kinder nicht anschreit, erst recht nicht ohne Grund und in der Öffentlichkeit, war ihm komplett abhandengekommen.

Mir verging der Appetit. Ich holte den Mädchen noch schnell eine Portion Kaiserschmarrn, sie aßen, dann fuhren wir den Rest der Piste zu unserem Hotel herunter. Wir schnallten die Skier ab, verstauten sie im Kellerraum des Hotels und tauschten die schweren Skischuhe mit unseren Winterstiefeln. Hoch aufs Zimmer, wo wir womöglich auf Andreas treffen würden, wollte ich jetzt nicht gehen.

Ein paar Meter neben dem Hotel lag ein kleines Waldstück. Ich ging dorthin, Paula und Emma begleiteten mich. Ich setzte mich in den Schnee und weinte. Meine Töchter weinten auch. Gegenseitig haben wir uns dann getröstet. »So schlimm ist es ja auch wieder nicht«, sagte Paula tapfer. »Papa hat sich sicher schon wieder beruhigt«, ergänzte ich.

Dass Andreas in diesem Skiurlaub selbstverständlich weitertrinken würde, behielt ich für mich.

So geht es nicht mehr weiter, dachte ich später, schon der Mädchen wegen. Sie waren co-abhängig, unmittelbar konfrontiert mit der Alkoholsucht ihres Vaters und emotional schwer davon betroffen. Da konnte ich mir nicht länger etwas vormachen.

Der Kölner Suchtforscher Michael Klein hält in seinem Aufsatz »Kinder im Kontext elterlicher Suchtstörungen – ein Update« fest, dass in Deutschland »3,4 Millionen Kinder bei einem Elternteil mit regelmäßigem Rauschtrinken leben oder gelebt haben«. Aufgrund der konservativen Erhebungs- und Schätzungsmethoden geht der Wissenschaftler von einer Dunkelziffer und somit von einer noch höheren Gesamtzahl betroffener Kinder aus. »Insofern«, folgert Klein, »ist es passend, die Situation von Kindern in alkoholbelasteten Familien als prioritäres Public-Health-Problem in Deutschland anzusehen.«

Als Mutter fragte ich mich immer öfter, welches Bild beziehungsweise Vorbild ich Paula und Emma eigentlich vermittelte. Ich duckte mich weg, ertrug das unfaire und ungehobelte Verhalten meines Mannes geduldig, nahm Schuldzuweisungen hin und relativierte meinen Töchtern gegenüber Ausraster und Gemeinheiten. Alles andere als vorbildlich verhielt ich mich vor ihnen, und das Frauenbild, das ich vermittelte, gefiel mir selbst am wenigsten. Jedes Mal, wenn ich mir das klarmachte, fühlte ich mich schlecht. Wie würde sich diese ganze Situation in unserer Familie eigentlich auf die Mädchen und die Entwicklung ihrer Persönlichkeit auswirken?

Töchter aus suchtbelasteten Familien heiraten zweieinhalb Mal so häufig einen suchtkranken Partner wie Frauen ohne familiäre Suchtbelastung. Das wusste ich damals noch nicht, habe es mir aber halbwegs ausgemalt. Denn inzwischen hatte ich ja verstanden, dass mir selbst genau das passiert war. Mein Schicksal, daran bestand kein Zweifel, würde also auch meinen Töchtern drohen, wenn ich nicht eine radikale Veränderung herbeiführte.

Mein Ausstieg

Co-Abhängige können sich Unterstützung in Selbsthilfegruppen holen. Am Ende muss der Partner eines Alkoholabhängigen sich jedoch selbst gegen die herrschenden Zustände stemmen, muss den Kampf heraus aus der Co-Abhängigkeit allein führen. Bis man dafür gewappnet ist, kann einige Zeit vergehen.

So war es auch bei mir. Natürlich habe ich Erlebnisse wie jene im Skiurlaub nicht einfach verdrängt. Danach lief ebenfalls nicht alles harmonisch, nett und respektvoll. Andreas konnte auch in der Obstabteilung des Supermarkts ausrasten und mich mit lauten Kommentaren vor fremden Menschen demütigen. Dem standen dann auch wieder schöne Szenen gegenüber, zum Beispiel, wenn Andreas sich mit den Mädchen in Gesellschaftsspiele vertiefte oder wenn sie zusammen im Garten tobten.

Im Frühjahr 2011 erlebten Emma und ich, wie Andreas zu Hause beim Frühstück die Margarine an die Wand warf. Danach wurde ich gleichgültiger. Ich ärgerte mich nicht mehr, wenn er nachts schwer betrunken nach Hause kam. Ich sorgte mich weit weniger darum, was andere über uns denken mochten. Ich hatte es satt, immer nur die Heulende zu sein, die etwas auszuhalten hatte. Ich verschaffte mir – zuerst einmal innerlich – ein Stück Freiheit.

Einmal, in den Herbstferien 2012, Tage später wollten wir nach Paris fahren, regte sich Andreas vor den Kindern so sehr über mich auf, dass er die Kontrolle verlor und mir mit einem Kissen auf den Kopf schlug. Ich floh ins Schlafzimmer, aus dem ich aber nicht wieder wegkonnte. Er kam, stieß mich aufs Bett und warf mit einem Stoß Zeitschriften nach mir. Die Mädchen kamen dazu. »Papa, lass Mama!«, schrie Paula.

Der Krug geht so lange zum Brunnen, bis er bricht. Nach diesem Zwischenfall ging es bei mir nicht mehr um das Ob, sondern um das Wie. Ich brauchte eine Strategie, musste mir über die einzelnen Schritte klar werden. Dafür vertraute ich mich nun endlich meiner Freundin Marie an.

»Es geht nicht mehr weiter so«, sagte ich zu Marie, »ich will mich von Andreas trennen.«

»Echt jetzt? Was ist denn los?«

»Soll ich dir mal ein paar Storys erzählen?«

Und das tat ich dann.

Es erleichterte mich, all meine Erlebnisse endlich einmal zu teilen, die zahlreichen Erfahrungen und Ereignisse sprudelten nur so aus mir heraus. Marie war völlig überrascht, wie weit ich gedanklich schon war. Aber sie konnte meine Beweggründe vollständig nachvollziehen.

»Wir haben uns oft unseren Teil gedacht«, sagte sie. »Man hat ja gesehen, wie er sich in Gesellschaft verhalten hat. Aber ich dachte, das würde bei euch einfach so weiterlaufen.«

Ich erzählte weiteren Freundinnen von meinem Plan. Die Reaktionen waren jedes Mal eindeutig. »Endlich bist du so weit«, bekam ich zu hören. Jede Bestärkung tat mir extrem gut. Überhaupt fühlte es sich gut und richtig an, sich zu öffnen, etwas zu unternehmen und aktiv zu werden in eigener Sache.

Ich kontaktierte eine Anwältin mit dem Schwerpunkt Familienrecht, die ich einmal auf einer Feier kennengelernt hatte.

Im November 2012 schimpfte Andreas nach dem Abendessen wegen irgendeiner Kleinigkeit. Die Mädchen waren schon in ihren Zimmern. Ich sagte meinem Mann, dass es so nicht mehr weitergehe. Das hatte er schon öfter von mir gehört, doch diesmal schob ich noch einen Satz nach, mit fester Stimme und so entschlossen, wie es irgendwie ging.

»Ich habe den Entschluss gefasst, mich von dir zu trennen«, sagte ich und schaute ihn dabei an.

Andreas schrie nicht. Er verspottete mich nicht. Er verstand unmittelbar in dem Moment, dass ich es ernst meinte. Wohl um seine Erschütterung auszudrücken, fasste er sich mit beiden Händen an den Kopf.

»Ich will nicht mehr mit dir zusammenleben«, legte ich nach.

»Dann müssen wir das jetzt aber sofort den Kindern sagen«, erwiderte er und stand auf.

Daran hatte ich nicht gedacht: Paula und Emma waren noch gar nicht im Bett. Ich hatte keinen guten Zeitpunkt gewählt, um ihm das Ende unserer Ehe anzukündigen. Aber das war jetzt nicht mehr zu ändern.

Andreas kam mit den Mädchen zurück. Vielleicht erhoffte er sich Beistand. Vielleicht wollte er auch einfach nur Drama.

Unsere Töchter schluchzten, als sie von meiner Ansage hörten, dann brachen sie in Tränen aus, standen auf und gingen zusammen in Paulas Zimmer. Die Tür knallten sie hinter sich zu. Als ich ein paar Minuten später zu ihnen kam, hieß es nur: »Mami, raus!« Ich war die Böse. Aber nur für den Moment.

Andreas ließ sich krankschreiben. Er ging zu einem Therapeuten. Und er schrieb mir liebe Zettel, wie er das früher getan hatte. Doch er erreichte mich nicht mehr. Er hatte zu oft Grenzen überschritten. Ich hasste ihn deshalb nicht und habe ihn auch nicht verachtet, das tue ich bis heute nicht. Die Abhängigkeit von Alkohol ist eine Krankheit. Die Verantwortung für diese Krankheit und für den Umgang mit ihr trägt aber der oder die Kranke und nicht der Partner oder die Partnerin.

Es ging jetzt nicht mehr um Andreas, und auch wenn er sein Leben von Grund auf ändern würde – ich wollte mich nicht von ihm aufhalten lassen. Das hatte ich mir fest vorgenommen. Und das habe ich dann auch geschafft – auch wenn die Trennung nicht einfach war und zu vielen höchst emotionalen und deprimierenden Momenten führte.

Im Sommer 2013 zog ich in eine schöne helle Wohnung, die groß genug für eine Erwachsene und zwei Heranwachsende war. Ich erzielte noch kein geregeltes Einkommen, hatte aber das Glück, den Vermieter von früher zu kennen. Er erinnerte sich noch an mich und vor allem an Andreas.

Seit etlichen Jahren arbeite ich nun wieder als Goldschmiedin. Dieses Handwerk bietet mir die Möglichkeit, meinen Lebensunterhalt zu verdienen und mich dabei mit Dingen zu beschäftigen, die mir große Freude bereiten.

Zu meinen Töchtern habe ich ein inniges Verhältnis. Sie studieren an der Universität und haben sich zu selbstbewussten jungen Frauen entwickelt. Beide haben nach der Trennung auch viel Zeit, viele Wochenenden und zahlreiche Urlaube mit ihrem Vater verbracht.

Als co-abhängig würde ich mich nicht mehr bezeichnen, und doch tauchen die Gedanken an meine Kindheit und meine Eltern sowie an meine Ehe immer mal wieder in meinem Kopf auf. Mir geht es nicht darum, zu vergessen oder zu ignorieren, was gewesen ist. Schließlich sind all die Erfahrungen ein wichtiger Teil meines Lebens. Mir ist wichtig, dass ich diese Zeiten differenziert betrachten kann und frühzeitig etwas bemerke, wenn sich alte Verhaltensmuster ankündigen.

Ich führe heute ein selbstbestimmtes Leben. Für viele mag das selbstverständlich sein. Ich weiß es zu schätzen.

ANHANG

Erste Hilfe für Kinder suchtkranker Eltern

Was du tun kannst – zehn Punkte des Kölner Beratungsprojekts kidkit.de, die vielleicht helfen können, besser mit der Situation zu Hause umzugehen:

Such dir Verbündete!

Wenn ein Familienmitglied suchtkrank ist, ändert sich für jeden in der Familie etwas. Oft wird aber in der Familie gar nicht darüber gesprochen, dass etwas nicht stimmt. Innerhalb der Familie wird vielleicht das Gefühl vermittelt, dass man lieber nicht darüber reden sollte, was man fühlt und welche Ängste man hat. Viele, denen es so geht wie dir, erzählen gar nicht mehr von ihrer Familie aus Angst, andere könnten von der Sucht und den damit verbundenen Problemen erfahren.

Doch es kann sehr hilfreich sein, sich jemandem anzuvertrauen, um das loszuwerden, was einen so sehr beschäftigt und belastet. Andere an deinen Gefühlen teilnehmen zu lassen, heißt nicht, dass du deine Familie hintergehst! Wenn es keiner aus deiner Familie ist, dem du von deinen Sorgen und Ängsten erzählen kannst, dann gibt es vielleicht einen guten Freund oder eine Freundin? Vielleicht aber auch jemanden aus deiner Verwandtschaft oder einen Lehrer oder eine Lehrerin?

Auch wenn es schwer ist, überwinde dich! Du hast keinen Grund, dich für die Sucht deiner Eltern zu schämen. Du wirst feststellen, dass deine Freunde auch Probleme bewältigen müssen, vielleicht sogar ähnliche, über die sie vielleicht auch mit dir reden wollen. Gute Freunde sind dafür da, sich gegenseitig zuzuhören, sich zu unterstützen und Rat zu geben.

Hol dir Hilfe, wenn du sie brauchst!
Auch in deiner Umgebung gibt es Beratungsstellen (Suchtberatungsstellen, Familienberatungsstellen, Kinder- und Jugendberatungsstellen, das Jugendamt), in denen Fachleute arbeiten, mit denen man gut sprechen kann und die dir und deinen Eltern helfen können. Du kannst mit einem guten Freund oder einer Person, der du vertraust, zu solch einer Beratungsstelle gehen, vielleicht gibt dir das mehr Sicherheit!

Falls du nicht direkt mit jemandem reden möchtest, dann schreib uns in der Online-Beratung. Oder schau doch mal auf unserer Pinnwand vorbei, da können sich alle unterhalten, und manchmal bekommt man da ein paar gute Tipps von Gleichaltrigen, die vielleicht sogar das gleiche Problem zu Hause haben.

Es ist wichtig, dass du dir Hilfe suchst, wenn dich deine derzeitige Situation oder auch Dinge aus der Vergangenheit sehr belasten. Hör dabei auf deine Gefühle, und sprich mit Leuten, denen du vertraust!

Lass es dir gut gehen!

Auch wenn es deinem Vater oder deiner Mutter nicht so gut geht, muss das bei dir nicht auch so sein. Jeder Mensch darf fröhlich sein und schöne Dinge erleben. Es ist wichtig, dass du dafür sorgst, dass es dir besser geht. Triff dich mit Freunden, und geh deinem Hobby nach. Unternehmungen oder der Kontakt zu anderen Leuten können einen manchmal, zumindest kurzzeitig, auf andere Gedanken bringen.

Mach dir einen Notfallplan!

Es ist wichtig, dass du im Notfall immer weißt, wen du anrufen oder zu wem du gehen kannst. Überlege dir, wem du vertraust, wer dir im Notfall weiterhelfen kann, und lerne die Telefonnummer dieser Person auswendig. Das kann zum Beispiel deine Oma sein, eine nette Nachbarin, deine beste Freundin oder dein bester Freund. Es wäre schön, wenn du zu dieser Person jederzeit hingehen kannst, bei ihr etwas essen oder auch mal schlafen kannst. Bei akuter Bedrohung oder Gefahr kannst du natürlich auch jederzeit die Polizei rufen (Tel.: 110).

Vertrau auf jeden Fall auf dein Gefühl! Wenn du merkst, dass es brenzlig wird, dann hol dir Hilfe!

Lerne zu genießen!

Lachen und albern sein gehört zum Leben dazu! Es ist manchmal schwer, fröhlich zu sein, wenn einen die Familiensituation so sehr belastet. Aber es ist wichtig, dass du auch Fröhlichkeit zulässt. Suche dir gezielt Dinge, die dir Spaß machen. Vielleicht hilft dir das, um abzuschalten und für einen Moment deine Probleme zu vergessen.

Sag auch mal NEIN!
Zum Beispiel, wenn du dich um vieles kümmern musst, wie einkaufen, putzen, oder wenn du andere Dinge im Haushalt erledigen musst. Natürlich ist es super, wenn du mithilfst. Ein Stück weit ist das sicher auch total normal. Das machen andere zu Hause auch. Es sollte aber nicht so weit gehen, dass du gar keine Zeit mehr für dich hast, um dich mit Freunden zu treffen, um schöne Dinge zu erleben, Spaß zu haben, und natürlich auch für deine Hausaufgaben. Du bist noch kein Erwachsener, und das ist auch gut so! Deshalb solltest du deine Jugend so weit genießen können, wie es eben möglich ist.

Gib die Hoffnung nicht auf!
Vielleicht hört sich das Gelesene für dich ganz schlimm an, oder du denkst, bei mir ist alles noch viel schlimmer. Für jeden ist es mal schwer, und du musstest das durch die Sucht deines Vaters oder deiner Mutter schon sehr früh erfahren. Aber du kannst lernen, dass man auch die schlechten Tage überstehen kann. Das Wichtigste ist, auf seine Gefühle zu hören und sich auch an die schönen und guten Situationen im Leben zu erinnern. Vergiss nicht: Auch wenn es mal schwierig ist, Schwieriges kann überstanden werden.

Sei stolz auf dich!

Wenn man schwere Zeiten durchsteht, entwickelt man oft auch besondere Fähigkeiten. Du hast zum Beispiel schon ein besonderes Fingerspitzengefühl dafür entwickelt, wie man erkennt, dass es jemandem nicht gut geht. Du bist durch die schwere Zeit selbstständiger geworden und hast vielleicht Initiative und Kreativität gelernt – und hoffentlich deinen Humor bewahrt. Du hast hier gelernt, dass man nicht aufzugeben braucht und dass man sich Hilfe holen kann. Und du hast dich hier informiert und so dein Wissen erweitert. Jeder Schritt, den du unternimmst, ist ein Erfolg, erscheint er auch noch so klein.

Fühl dich nicht verantwortlich!

Erkenne, dass dein Tun und Handeln nichts mit der Suchterkrankung deiner Eltern zu tun hat. Du trägst nicht die Verantwortung für deine Eltern und bist auch nicht der Grund dafür, dass sie zu viel trinken oder Drogen nehmen. Egal, was du tust, du wirst deine Eltern nicht davon abhalten können, Alkohol zu trinken oder Drogen zu nehmen! Informiere dich darüber, was Sucht überhaupt ist. Achte darauf, wie es dir damit geht, und höre und vertraue auf dich und deine Gefühle.

Vertrau auf deine Gefühle und sei aktiv!

Es ist besser, aktiv zu sein und die Initiative zu ergreifen, als in Starre und Hilflosigkeit zu verfallen! Probiere neue, positive Dinge aus, und vertraue dir dabei selbst. Vielleicht klappt nicht immer alles sofort, darauf kommt es aber auch nicht an. Kein Mensch ist perfekt. Wichtig ist, dass du so bist und bleibst, wie du bist!

Quelle: kidkit.de, Online-Beratungsangebot u. a. der Drogenhilfe Köln

Unterstützung für Co-Abhängige

Ein guter Landepunkt im Internet ist **hilfenimnetz.de,** eine Homepage, die zu einem gemeinsamen Angebot des Kölner Projekts KIDKIT und der Interessenvertretung NACOA Deutschland führt.

Das **Blaue Kreuz Deutschland e. V.** (https://www.blaues-kreuz.de) ist engagiert in der Suchthilfe, in der Sucht-Selbst-hilfe und bietet auch Orientierung für Angehörige.

Bei der **Deutschen Hauptstelle für Suchtfragen** (DHS, https://www.dhs.de) kann eine Broschüre mit dem Titel »Ein Angebot an alle, die einem nahestehenden Menschen helfen möchten. Alkohol, Tabak, illegale Drogen, süchtiges Verhalten« heruntergeladen werden, unter https://www.dhs.de/fileadmin/user_upload/pdf/Broschueren/Ein_Angebot_an_alle.pdf.

Ebenfalls bietet die DHS »Informationen, Tipps und Hil-fen für Frauen, deren Angehörige Probleme mit Rausch- und Suchtmitteln haben« an, unter https://www.dhs.de/infomaterial/frau-sucht-gesundheit-informationen-tipps-

und-hilfen-fuer-frauen-deren-angehoerige-probleme-mit-
rausch-und-suchtmitteln-haben.

Die **Familiengruppen der Angehörigen und Freunde von
Alkoholikern** (https://www.Al-Anon.de) stehen vor Ort all
jenen offen, deren Leben aktuell oder in der Vergangenheit
durch das Trinken einer nahestehenden Person geprägt und
belastet worden ist. Eine Suche nach der nächstgelegenen
Gruppe und dem Kontakt: https://al-anon.de/meeting-
finder/

Literatur

Ein Buch voller wertvoller Erkenntnisse und Hilfestellungen
für Betroffene hat die Systemische Coachin Julia Maria Kessler geschrieben: *Mitgefangen in der Sucht. Wie du dich aus der Co-
Abhängigkeit bei Alkoholismus befreist*, 2. Aufl. 2022, München.

Außerdem lesenswert:

»Bitte, bitte erfülle mir den Wunsch. Danke!« ZEIT-Ma-
gazin Nr. 51/2023 vom 29. November 2023.
Klein, Michael: »Kinder im Kontext elterlicher Sucht-
störung – ein Update«, in: *SuchtAktuell*, Jg. 26 (2019), H 1,
S. 10–19.
Klein, Michael; Thomasius, Rainer; Moesgen, Dana:
»Kinder von suchtkranken Eltern – Grundsatzpapier zu
Fakten und Forschungslage« In: Die Drogenbeauftragte

der Bundesregierung (Hrsg.): *Kinder aus suchtbelasteten Familien*, S. 4–26.

Konrad, Sandra: *Das bleibt in der Familie*, 7. Aufl. 2018, München.

DANK

Ich danke vielen Menschen, von denen sich einige hier im Buch wiederfinden. Ihr wisst, dass ich euch meine.

Ich danke meinem Bruder, der sich mit mir an gemeinsame Jahre erinnert hat und manches weitaus genauer wusste als ich.

Und ich danke ganz besonders Hans-Peter Junker. Ohne ihn gäbe es dieses Buch nicht, er hatte die Idee für den Titel und hat mich mit vielen wertvollen Ratschlägen unterstützt.